LEXIKON
DER ZAUBERPFLANZEN

Christian Rätsch

LEXIKON DER ZAUBERPFLANZEN

aus ethnologischer Sicht

VMA-Verlag
Wiesbaden

VMA-Vertriebsgesellschaft
Modernes Antiquariat mbH & Co.
Verlags-KG, Wiesbaden

Lizenzausgabe 1992 mit freundlicher Genehmigung
des Originalverlages
ISBN 3-928127-07-1

Herstellung: Print & Art, Graz/Austria

Für Albert Hofmann

INHALTSVERZEICHNIS

„In den Kräutern ist die ganze Kraft der Welt. Derjenige, der ihre geheimen Fähigkeiten kennt, der ist allmächtig.“

Indische Weisheit

VORWORT

Die Begegnung mit fremden Kulturen gehört zu den aufregendsten Erlebnissen in unserer modernen Welt. Noch tiefer wird das Erleben, wenn solche Begegnung mit dem Einblick in eine andere Wirklichkeit einhergeht. Das Tor zu solchen anderen Wirklichkeiten ist die Zauberei. Seit Anbeginn der Menschheit steht die Zauberei mit Pflanzen in Zusammenhang. Schamanen nehmen Pflanzen ein, um den Körper zu verlassen und um in andere Wirklichkeiten zu reisen. Heiler essen Pilze oder trinken Ayahuasca, um die gewöhnlich nicht wahrnehmbaren Ursachen von Krankheiten zu finden, und um ihre Heilkräfte zu entfalten. Wahrsager und Hellseher berauschen sich mit Stechapfel, Fliegenpilz oder Ololiuqui, um Verborgenes und Zukünftiges zu erschauen. Manchen Kräutern wird nachgesagt, sie bewirken die Levitation. Fakire schlucken enorme Mengen Opium, um schmerzunempfindlich zu werden und um die Körperkräfte zu potenzieren. Alchemisten brauen Unsterblichkeitselixiere aus geheimen Wurzeln, Zauberer „verhexen“ ihre Opfer mit Paternostererbsen oder Bilsenkrautsamen. Priester verbrennen Weihrauch, um mit den Göttern in Kontakt zu treten. Hexen begeben sich mit Hilfe der Flugsalben auf Astralreisen und Yogis vereinen sich mit Hilfe von Hanf mit dem Gott Shiva. Die Zauberpriester der Andenländer kauen so viel Coca, bis sie die Omen und Zeichen ihrer Umwelt deuten und verstehen können. All diese zauberischen

Fähigkeiten werden pharmakologisch, also durch die Pflanzenwirkstoffe unterstützt oder gefördert.

Das vorliegende Buch ist ein erster Versuch, sich der Fülle von Pflanzen, die in ethnographischen Kontexten der Zauberei dienen, lexikalisch zu nähern. Es kann deshalb nur unvollständig sein, möchte aber zum vertieften Verständnis des Wunderbaren in unserer Welt beitragen. Durch zukünftige Forschungen und Erfahrungen kann vielleicht eines Tages das hier skizzierte Bild der Zauberpflanzen erweitert und abgerundet werden.

Ich möchte mich bei allen Menschen, die meine Arbeit auf diesem Gebiet unterstützt haben, von ganzem Herzen bedanken, besonders bei Claudia Müller-Ebeling, Albert Hofmann, Ralph Metzner Terence McKenna, Stan Grof, Herman de Vries, Galan O. Seid, Nirmol und Anupama, Ulrike und Werner, Sigi und Ossi, Dennis Alegre, Hanscarl Leuner, Hartmut Laatsch, Michael Schlichting und meinen Eltern.

Die Erforschung der Zauberpflanzen ist ein Abenteuer, das weit über die Beschränkungen der akademischen Wissenschaft hinausgeht. Wer dieses Abenteuer sucht, dem sei hiermit ein Wegweiser gegeben.

Christian Rätsch

EINLEITUNG

WAS IST ZAUBEREI?

„Denn im Bewußtsein ist das *Wunderbare,* mit ihm gelangt man über die Dinge hinaus."

Antonin Artaud

Die Welt ist eine Einheit, die aus zwei Polen besteht. Das Zusammenwirken dieser Pole erschafft alle Erscheinungen und bestimmt alle Erfahrungen. Manche nennen diese Pole Gut und Böse, Licht und Dunkel, Tag und Nacht, Positiv und Negativ, Gott und Teufel, Himmel und Hölle, These und Antithese, Sein und Nichts – aber auch männlich und weiblich, wahr und falsch, lebendig und tod. Die Welt offenbart sich in jedem Element, das zur Einheit gehört. Jedes Element ist *ein* Aspekt der Welt, widerspiegelt *eine* Erfahrung der Welt, sie ist Ausdruck und Zugang eines Aspektes des Seins. So ist jeder Mensch *ein* Teil des Ganzen. In allen Mythologien gibt es einen paradiesischen Urzustand, der statisch und einheitlich war. Mit dem Erscheinen des Menschen wurde dieser Urzustand unmöglich. Der Mensch brach auf, um die Gesamtheit der Welt zu erfahren. Dabei offenbarten sich ihm die wohlgesonnenen Götter und deren mißgünstige Gegenspieler. Der Mensch trat aus dem statischen Paradies in die wandelbare Welt. Das Paradies hatte aber nur einen Ausgang. Einen Eingang gab es nicht mehr. Aber die Erinnerung blieb, und die Suche begann.

Der Mensch möchte in einer heilen Welt leben, möchte selbst heil, gesund, erfolgreich und glücklich sein. Er möchte leben, und zwar gut. Er träumt von einem Paradies auf Erden. Lebt er mit Pflanzen, Tieren und Göttern im Einklang, d. h. im *Ein-verständnis,* kann er sich diesen Wunsch vielleicht erfüllen. Aber das

Universum zeigt sich noch von einer anderen Seite. Es ist dunkel, krank, zerstörerisch, zersetzend.

Der Mensch erfährt die Welt als Wirklichkeit. „Tatsächlich ist jeder sein eigener Philosoph, denn jeder Mensch erlebt die Welt gemäß seiner Einzigartigkeit auf einmalige Weise und macht sich von ihr dementsprechend sein eigenes persönliches Bild. Jeder muß in seiner besonderen Wirklichkeit zurechtkommen.“ (Hofmann 1986: 13) Jeder möchte mit seiner Wirklichkeit zufrieden sein. Ist er es nicht, versucht er sie zu verändern. Also muß die Erfahrung von der Welt verändert werden, damit sich die Wirklichkeit ändert. Die Veränderung kann aber nur durch das Wirken der Götter und Dämonen und durch Zauberei erreicht werden.

Die Welt ist ein Strom ständiger Wandlung. Alles Leben verändert sich, es verwandelt sich. Das Bewußtsein kommt aus dem Nichts, wächst an der Welterfahrung zu einem Menschen heran und geht schließlich zurück in das Nichts. Wo man hinsieht: überall Verwandlung. Und diese Verwandlung wird von den Gesetzen der Götter bestimmt; sie wird planmäßig verlaufen. Doch ist sie lenkbar, sie kann wiederum verwandelt werden. Wer die Gesetze der Wandlung kennt, kann sie sich zunutze machen, er kann sie lenken, er kann einen Zauber wirken. Zauberei ist die bewußte, gewünschte Verwandlung der sich ständig verändernden Welt.

Die Zauberei bedient sich gewöhnlich nicht wahrnehmbarer oder beherrschbarer Kräfte des Universums. Um sich diese Kräfte dienstbar zu machen, bedarf es eines Wissens. Es ist das Wissen von den inneren Zusammenhängen der Dinge, von den metaphysischen Wirkungen der Dinge. Dieses Wissen erlangt man nur durch Einweihung. Zauberei ist das geheime Wissen um die Nutzung der verborgenen Kräfte des Universums.

Es gab niemals ein Volk, das nicht die Zauberei kannte. In jeder menschlichen Gemeinschaft gibt es Geschichten von Zauberern, von Menschen, die sich gewöhnlich unsichtbare Kräfte und Gesetze zu eigen machen, die damit der Gemeinschaft nützen, indem sie Kranke heilen, Verzweifelten helfen, Nöte abwenden,

Fruchtbarkeit bewirken und die dunkle Seite des Universums bannen. Es gibt aber auch solche, die damit der Gemeinschaft schaden, indem sie Krankheiten und Tod schicken, Unglück säen, die Fruchtbarkeit zum Erliegen bringen und die helle Seite des Universums trüben. Überall, wo es guten Zauber gibt, kennt man auch den bösen Zauber. Guter Zauber und böser Zauber sind wiederum zwei notwendige Pole einer Einheit, sie spiegeln das Drama der Welt, das Spiel zwischen Gott und Dämon wider. Und wer zaubern kann, der kann beides: Gutes und Böses bewirken.

WAS SIND ZAUBERPFLANZEN?

„Alle ‚Medizinen‘, ‚Talismane‘, ‚Zauberkörner‘, ja selbst Gifte wirken nicht ohne das Wort. Wenn sie nicht ‚besprochen‘ sind, nützen sie nicht. Aus sich selbst heraus haben sie keinerlei Aktivität. Erst die Intelligenz des Wortes löst diese Kräfte und macht sie wirksam.“

Janheinz Jahn, Muntu

Um Zauber zu wirken, bedarf es nicht nur des notwendigen Wissens, es bedarf eines entsprechenden Rituals und eines geeigneten Werkzeugs. Der Zauber wird durch das Ritual aktiviert, durch das Werkzeug geleitet. In allen menschlichen Kulturen gibt es Rituale der Zauberei, überall gibt es eine Reihe von Zaubermitteln, die nach geheimen Überlieferungen oder Anordnungen der Götter und Dämonen hergestellt und genutzt werden.
Wer die inneren Zusammenhänge der Dinge kennt, kann auch die in den Dingen verborgen liegenden Zauberkräfte erkennen und nutzen. Zauberer können diese Kräfte sehen, d. h. erkennen, benennen und ihren Zielen entsprechend lenken. Seit der Frühzeit der Menschen gibt es unzählige natürliche und künstliche Dinge, die als Zaubermittel genutzt werden: Muscheln und Schnecken, Steine und Minerale, Pflanzen und Tiere, Trünke und Speisen, Bilder und Plastiken, Schmuck und Stoffe, Waffen und Werkzeuge, Zeichen und Altäre (vgl. Biedermann 1976, Nemec 1976). Als Zaubermittel stehen Pflanzen bei Zauberern meist an erster Stelle. Durch ihr Wissen, durch ihr rituelles Wirken, machen die Zauberer aus den Pflanzen Zaubermittel. Erst durch sie, erst durch den kulturellen Gebrauch wird eine Pflanze zu einer Zauberpflanze. Zauberpflanzen sind somit Werkzeuge der Zauberer, die der Verwandlung der Wirklichkeit dienen. Sie können zum Nutzen oder zum Schaden der Menschen eingesetzt werden.

Eine Auswahl dieser Pflanzen wird in diesem Buch vorgestellt. Die Betrachtung ist eine ethnologische und ethnopharmakologische. Die Ethnologie erforscht die Kultur des Menschen. Die Ethnopharmakologie erforscht den kulturellen Gebrauch von pharmakologisch wirksamen Mitteln (vgl. Dobkin de Rios 1984, Efron 1967). Deshalb wird jede Pflanzenmonographie durch die Erkenntnisse der Pharmakologie ergänzt. Wenn die Zauberpflanzen unter ethnologischen Gesichtspunkten – analytische und vergleichende Forschung – betrachtet werden, ergibt sich eine gewisse Systematik oder Klassifizierung der Zauberpflanzen. Die hier erstmals vorgestellte Klassifizierung stellt einen ersten Ansatz dar und soll durch zukünftige Forschungen verbessert, erweitert und überarbeitet werden.

Zauberdrogen und Prophetenpflanzen

Pflanzen, die von Zauberern eingenommen oder verabreicht werden, um in gewöhnlich unsichtbare Wirklichkeiten Einblick zu gewinnen oder verborgene Aspekte des Seins zu erkennen, können Zauberdrogen oder Prophetenpflanzen genannt werden (vgl. Rätsch 1986b, Schultes & Hofmann 1980). Diese Pflanzen sind der pharmakologischen Forschung zufolge als Halluzinogene, Psychedelika, Entheogene, Psychotomimetika, Psychodysleptika oder Ekstatika benannt worden. Am treffendsten hat Albert Hofmann, der Erforscher der mexikanischen Zauberdrogen, die Wirkung der Halluzinogene definiert: „Die Halluzinogene unterscheiden sich von allen anderen psychoaktiven Stoffen durch ihre außerordentlich tiefgreifenden Wirkungen auf die menschliche Psyche. Sie bewirken umwälzende seelische Veränderungen, die mit einem veränderten Erleben von Raum und Zeit, den grundlegenden Kategorien der menschlichen Existenz, verbunden sind. Auch das Bewußtsein der eigenen Körperlichkeit und des eigenen Selbst wird zutiefst verändert. Die Halluzinogene bringen uns in andere Welten, in eine Art Traumwelten, die aber als ganz real erlebt werden, noch intensiver und deshalb gewissermaßen noch realer als die gewöhnliche Alltagswelt. Dabei bleibt das Bewußtsein und das Erinnerungsvermögen, wenn die Dosis nicht zu hoch ist, voll erhalten, was ein wichtiger Unterschied gegenüber den Opiaten und anderen Rauschmitteln ist, deren Wirkung mit einer Bewußtseinstrübung verbunden ist. Die Sinnesempfindungen, vor allem der Geruchssinn, werden sensibilisiert. Die Gegenstände erscheinen plastischer, die Farben leuchtender, oft durchscheinend mit einem magischen Glanz. Die Umwelt nimmt eine neue Bedeutung an, die Gegenstände beginnen zu leben. Das Zeitgefühl ist weitgehend gestört. Oft scheint die Zeit ganz stillzustehen. Man lebt zeitlos, ganz im Hier und Jetzt, was zu einer ungeheuren Intensivierung des Erlebens führt.“ (Hofmann 1975: 12f.) Pflanzen, die solche Erfahrungen im Menschen bewirken können, gelten in den meisten Kulturen als heilig und werden außerhalb der Zauberei bei sakralen Anlässen, oft in gemeinschaftlichen Kreisritualen eingenommen (vgl. La Barre 1970, Müller-Ebeling & Rätsch 1987). Sie dienen oft der Bereitung von Trankopfern (vgl. Huber 1929). Viele Pflanzen, die in diesem Buch vorgestellt werden gehören zu dieser Kategorie: *Alraune, Ayahuasca, Balche', Borrachero, Engelstrompete, Fliegenpilz, Gaise Noru Noru, Goldkelch, Guatillo, Hanf, Haoma, Iboga, Jambur, Jurema, Kava-Kava, Koribó, Manaka, Mutterkorn, Ololiuqui, Peyote, Pilze, San Pedro, Schnupfpulver, Soma, Stechapfel, Tabak, Teonanacatl, Villca, Wahrsagesalbei.*

Zaubermedizinen

Pflanzen, die von Zauberern unter Ritualen zu Heilmitteln für Krankheiten, die von bösem Zauber oder durch Götter/Dämonen verursacht wurden, hergestellt und dem Kranken übergeben werden, können als Zaubermedizin bezeichnet werden.

Dabei können Pflanzen des täglichen Lebens, wie Mais und Kartoffeln, aber auch seltene Pflanzen, die nur der Zauberer kennt, verwendet werden. Die Zaubermedizin ist der Träger einer Zau-

1: Ayahuasca-Liane *(Banisteriopsis caapi)*, eine der in Südamerika am häufigsten benutzten Zauberpflanzen.

2: Bois Malgache oder Yaxhalalché' *(Pedilanthus itzaeus)*, eine Euphorbiacee, die vor bösen Zauberern schützt, hier die Ortschaften bei den Mayaruinen von Uxmal.

berkraft, die ihr durch ein bestimmtes Ritual, durch Zaubersprüche, Beschwörungen oder Weihungen einverleibt wird (vgl. Schindlbeck 1978). In diese Kategorie können prinzipiell *alle* Pflanzen, die es gibt, aufgenommen werden. Dennoch sind es meist die gleichen, die von den Zauberern bevorzugt werden. Einige davon – die wichtigeren – sind in dieses Buch aufgenommen worden: *Allermannsharnisch, Aloe, Amate, Benzoe, Bohnen, Dattelpalme, Eisenkraut, Ginseng, Kaffee, Kaneelbaum, Knoblauch, Lotus, Mais, Mistel, Orchideen, Raute, Salomonssiegel, Tamariske, Tulasi, Wein.*

Unsterblichkeitselixiere

Pflanzen, die durch eine rituelle Zubereitung zu Elixieren für die Erhaltung der Jugend, die Verlängerung des Lebens oder die Unsterblichkeit verwendet werden, fallen in diese Kategorie. Viele Zauberer und Alchemisten haben nach derartigen Elixieren gesucht, und der Legende nach auch gefunden (vgl. Metzner 1986, 1987). Einige Pflanzen, die hier beschrieben werden, gelten als Ingredienzien von Unsterblichkeitselixieren: *Fliegenpilz, Fo-ti-tieng, Ginseng, Haoma, Ling-chih, Lotus, Seerose, Soma, Tee, Wein.*

Liebeszauber und Aphrodisiaka

Pflanzen, die durch den kulturellen Gebrauch in einer begehrten Person Liebe erwecken und auf eine andere Person richten sollen, können als Liebeszauber bezeichnet werden. Dabei kann eine entsprechende, meist unter komplizierten Ritualen gesammelte Pflanze unter das Essen der betreffenden Person gemischt werden, oder in ihrem Wohnbereich oder in ihrer Kleidung versteckt werden. Es gibt auch Liebeszauber, bei denen eine Pflanze eingenommen wird, die den betreffenden Menschen für das andere Geschlecht generell anziehend macht (vgl. Aigremoint 1987, Gifford 1964, Hirschfeld & Linsert, 1930). Aphrodisiaka sind Mittel, die eingenommen oder auf den Körper aufgetragen werden, um die sexuellen Gelüste zu erwecken, und um das erotische Erleben zu steigern (vgl. Müller-Ebeling & Rätsch 1986). Die Grenze zwischen Liebeszauber und Aphrodisiakum ist dabei oft verschwommen. Manchmal kann ein und dieselbe Pflanze als Liebeszauber *und* Aphrodisiakum, also als aphrodisischer Liebeszauber, benutzt werden. Deshalb ist hier eine Kategorie eingerichtet worden. Viele Pflanzen, die in diesem Buch angeführt werden, fallen unter diese Kategorie: *Akonit, Allermannsharnisch, Alraune, Artemisia, Betel, Bilsenkraut, Bohnen, Brechnuß, Coca, Colorines, Dita, Eisenkraut, Engelstrompete, Fliegenpilz, Fo-ti-tieng, Galangan, Ginseng, Ginster, Goldkelch, Guaraná, Hanf, Hexensalben, Holzrose, Iboga, Ingwer, Kaffee, Kalmus, Knoblauch, Kolanuß, Lakshmana, Lattich, Mandrake, Meerträubel, Muskatnuß, Niando, Orchideen, Quebracho, Safran, Sassafras, Seerose, Stachelmohn, Stechapfel, Tollkirsche, Tollkraut, Yohimbé.*

Magische Räucherungen

Viele aromatische Pflanzen und Pflanzenprodukte (Harze, Öle) werden geraucht oder geräuchert. Die Tradition, mit Weihrauchgemischen heilige Handlungen und Orte zu reinigen, ist sehr alt. Dem liegt der Glaube zugrunde, daß die in den Pflanzen lebenden Geister durch das Feuer aus ihrer sterblichen Hülle befreit werden und so bestimmte Dinge bewirken können. Sie sollen meist Dämonen oder personifizierte Krankheiten vertreiben oder die Götter gnädig stimmen (vgl. Henglein 1985, Vinci 1980). Manche Räucherungen dienen auch zur Erzeugung von veränderten Bewußtseinszuständen. Sie werden oft von Schamanen und Wahrsagern eingeatmet, um in Trance zu verfallen und das gewöhnlich Unsichtbare und Verborgene zu erschauen. Im Laufe der Menschheitsgeschichte sind Hunderte von Pflanzen zu Räucherstoffen verarbeitet worden. Im vorliegenden Buch sind einige wenige, mehr mit der Zauberei assoziierte Räucherpflanzen angeführt: *Aloe, Artemisia, Benzoe, Bilsenkraut, Coca, Hanf, Kalmus,*

Kaneelbaum, Lebensbaum, Lorbeer, Mohn, Nieswurz, Pichi-Pichi, Safran, Sassafras, Sumpfporst, Tabak, Tagetes, Teufelsdreck, Wacholder, Zeder.

Amulette und Fetische

Amulette sind Objekte, denen eine unsichtbare, physikalisch nicht nachweisbare (Zauber)kraft innewohnt, die dem Besitzer in gewünschter Weise hilft. Amulette haben meist eine passive Schutzfunktion als auch eine aktive Akkumulation gewünschter Zustände. Amulette werden meist vom Besitzer permanent getragen oder an einem besonderen dafür hergerichteten Ort aufbewahrt. Amulette werden entweder von Zauberern oder „normalen" Menschen hergestellt. Unzählige natürliche und künstliche Objekte sind in der Geschichte der Menschheit als Amulette benutzt worden. Oft waren und sind es Pflanzenteile, die sich wegen der Form und Beschaffenheit gut tragen lassen (Samen, Fruchtschalen, Wurzeln) (vgl. Kriss-Rettenbeck & Hansmann 1977, Scanziani 1972). Pflanzen, von denen Teile als Amulette gebraucht werden, sind: *Agave, Allermannsharnisch, Aloe, Alraune, Betelnuß, Bohnen, Colorines, Engelstrompeten, Ginseng, Kolanuß, Ling-chih, Lotus, Mandrake, Mais, Mistel, Muskatnuß, Orchideen, Peyote, Stechapfel, Tabak, Teonanacatl, Wacholder.* Fetische sind natürliche oder künstliche, überwiegend zusammengesetzte Sakralobjekte, in denen eine persönliche oder fremde Macht (Zauberkraft) wohnt, die vom Besitzer des Fetisch kultisch verehrt und zu seinen Zwecken nutzbar gemacht wird. Fetischen werden Opfer dargebracht und sie werden mit Gebeten beschworen. Die meisten Fetische werden aus Hölzern und Wurzeln geschnitten. Durch das Zurechtschneiden laden sie sich mit Zauberkraft auf. In viele anthropomorphe Fetische sind in der Nabelgegend kleine Kästchen eingearbeitet. Darin werden magische Objekte aus dem pflanzlichen, tierischen und mineralischen Reich deponiert (vgl. Thiel et al. 1986). Pflanzen, die im Fetischglauben eine Rolle spielen sind: *Aloe, Alraune, Amate, Ginseng, Iboga, Yohimbé, Zeder.*

Zauberstäbe und Zauberwerkzeuge

Viele Pflanzen liefern das Rohmaterial, aus denen unter Ritualen von Zauberern verschiedene Zauberwerkzeuge hergestellt werden. Dazu gehören Zauberstäbe, Zaubernetze, Hexenbesen, Wünschelruten, Zauberdolche, Schüsseln und Schalen zum Aufbewahren von Zauberdrogen usw. (vgl. Gessmann o. D.) Einige Pflanzen, die in diesem Buch auftauchen, liefern Materialien für die Herstellung von Zaubergeräten: *Agave, Amate, Ginster, Hanf, Haoma, Mistel, Zauberhasel, Zeder.*

Zwieselbäume

Bei manchen Völkern herrscht der Glaube, daß Krankheiten von einem Menschen abgestreift werden können, wenn man ihn durch natürliche oder künstliche Löcher zieht. Dabei werden nicht nur Löcher in Felswänden und Häusern benutzt, sondern auch gespaltene oder verwachsene Bäume. Bäume, die durch Blitzschlag, das Wirken eines Zauberers oder ohne ersichtlichen Grund Stämme haben, die ein Loch oder einen Spalt bilden, heißen Zwieselbäume (vgl. Feilberg 1897). Die Art des Baumes ist dabei unbedeutend.

Gifte und Todeszauber

Es gibt viele Pflanzen, die schon in geringen Dosierungen zu heftigen Vergiftungen führen (vgl. Engel 1987, Roth et al. 1984). Solche Pflanzen waren bei dem „gewöhnlichen" Volk immer sehr gefürchtet und gemeinhin gemieden. Diejenigen – ob Zauberer oder nicht –, die sich mit solchen Pflanzen beschäftigen, werden oft als Giftmischer und Hexen geächtet. Das Wissen um Giftwirkungen von Pflanzen gehört bei den meisten Völkern zu dem Bereich der Zauberei. Gifte spielen auch bei Gottesurteilen eine wichtige Rolle (vgl. Lewin 1929). Pflanzen, die durch rituelle

Handlungen dazu gebraucht werden, andere Menschen zu töten, heißen Todeszauber (vgl. Davis 1986, Resch 1987). Gift und Todeszauber sind oft identisch und bilden deshalb eine Kategorie. Eine Reihe von Pflanzen, die hier vorgestellt werden, fallen darunter: *Akonit, Brechnuß, Colorines, Ikema, Kalabarbohne, Paternostererbsen, Pilze.*

Zu dem Wissen der Zauberer gehört auch die Kenntnis der als Antidote wirksamen Pflanzen.

WER BENUTZT ZAUBERPFLANZEN?

„Im Kreis dieses Tanzes liegt eine Geschichte der Welt beschlossen, zwischen zwei Sonnen, derjenigen, die untergeht und derjenigen die aufgeht. Und wenn die Sonne untergeht, treten die Zauberer in den Kreis . . ."

Antonin Artaud

Nur ein Wissender kann eine Zauberpflanze benutzen. Woher kommt das Wissen? Es hat viele Quellen. Es wird durch die Tradition von einer Generation an die nächste gegeben. Es wird den Menschen durch göttliche Offenbarung verliehen, etwa im Traum, bei einer Vision – sei sie überraschend oder durch bestimmte Zauberdrogen ausgelöst, oder in der Versenkung und Meditation. Viele Zauberpflanzen werden als Lehrer betrachtet. Sie schenken den Menschen Visionen, in denen ihnen der rechte Weg des Lebens gezeigt wird, in denen geheime Kräfte von Heilkräutern oder Amuletten offenbart werden oder in denen sie Kontakt zu gewöhnlich unsichtbaren Wesen bekommen. Das Wissen um die Zauberei stammt aus solchen Visionen.

Welche Menschen benutzen nun Zauberpflanzen? Es sind meist solche, die durch Vorhersehung, göttliche Offenbarung, Berufung aus der Geisterwelt oder durch andere Zauberer dazu auserwählt werden. Ihnen wird mit dem Wissen um die Zauberpflanzen auch ein ethischer Auftrag übergeben. Sie haben die Auflage, anderen Menschen zu helfen und die Gemeinschaft zusammenzuhalten. Sie werden in der ethnographischen Literatur als Schamanen, Medizinmänner, Fetischpriester, Zauberdoktoren, Zauberpriester oder schlicht Heiler genannt. Es gibt auch Menschen, die sich aus eigenem Interesse den Zauberpflanzen zuwenden. Sie suchen sich damit den ebenfalls gesellschaftlich vorgeschriebenen Weg des Priesters, Kräuterkundigen oder Wahrsagers aus. Sie gehen dazu in die Lehre bei einer erfahrenen Person.

Menschen, die ihre persönliche Macht stärken wollen, verschreiben sich den dunklen Mächten. Sie benutzen Zauberpflanzen nur, um ihre eigenen Bedürfnisse durchzusetzen und um andern zu schaden. Sie gehen im Geheimen in die Lehre. Solche Personen werden in der ethnographischen Literatur als Hexen, Schwarzmagier, Schwarzkünstler und Schadenzauberer bezeichnet. Aber auch „gewöhnliche" Menschen benutzen Zauberpflanzen, meist aber nur die weniger gefährlichen. Das Wissen um die Herstellung vieler Amulette, Aphrodisiaka und Liebeszauber ist oft Gemeingut. Auch das Wissen um Giftwirkungen findet sich bei nahezu jedem. Oft ist das Wissen der gewöhnlichen Menschen aber sehr oberflächlich, rudimentär, manchmal sogar falsch.

Abb. 1: Zauberpriester der Inka brauen einen Zaubertrank (Pomo de Ayala, 16. Jahrhundert).

QUELLEN, LITERATURLAGE, FORSCHUNGSSTAND

Da das Wissen um die Zauberpflanzen ein Geheimwissen ist, in den esoterischen Bereich vieler Kulturen fällt oder es nur durch Einweihung erlangt werden kann, stellt sich natürlich die Frage: Woher stammen all die Informationen zu so vielen Zauberpflanzen, wie sie in diesem Buch versammelt sind?

Ganze Generationen von Forschern haben an der Klärung dieser Frage mitgewirkt. Ihren langwierigen Forschungen, detaillierten ethnographischen und persönlichen Berichten und ihren Publikationen ist es zu verdanken, daß heute ein gewisser Überblick zum Thema Zauberpflanze möglich wird (besonders hervorzuheben sind die Bücher von Bibra 1855, Hartwich 1911, Lewin 1980, Schultes & Hofmann 1980). Aber auch die Prozeßakten der Inquisition, die Aufzeichnungen der frühen Missionare und Soldaten liefern einige Informationen, meist leider nur unvollständig und durch die christliche Terminologie und Weltanschauung arg entstellt. Es tauchen immer wieder handschriftliche Texte auf, in denen Zauberer alter Völker ihr Wissen niederlegen. So werden bei archäologischen Grabungen Zauberpapyri, Wahrsagealmanache und Zauberbibliotheken gefunden. Alles Schriften, die ehemals nur für den Eingeweihten bestimmt waren.

Seit der Jahrhundertwende herrscht ein reges wissenschaftliches Interesse an der Erforschung der Zauberpflanzen. Bei der chemischen und pharmakologischen Analyse solcher Pflanzen sind mehrfach Wirkstoffe entdeckt worden, die das wissenschaftlich-medizinische Weltbild revolutioniert haben. Die Entdeckung der Opiumalkaloide, des Kokains, des Meskalins, der Amphetamine hat tiefe Veränderungen in der Medizingeschichte bewirkt (vgl. Rätsch 1987f). All diese starken Wirkstoffe stammen aus den Pflanzen, die von den Zauberern der verschiedenen Völker oft schon seit Jahrtausenden genutzt wurden. Bei dem heutigen Trend in der Wissenschaft, sich zu spezialisieren, ist es nicht weiter verwunderlich, daß manche Ethnopharmakologen sich aus-

schließlich auf das Studium der Zauberpflanzen gestürzt haben (z.B. Emboden, Dobkin de Rios, Diaz, Furst, Reichel-Dolmatoff). Eine vollständige Bibliographie der Publikationen, die Informationen über Zauberpflanzen enthalten, würde sicherlich ein mehrbändiges Werk abgeben. Ich habe in der Bibliographie am Ende des Bandes einige ausgewählte Primär- und Sekundärliteratur zusammengestellt. Die Literaturangaben am Ende jeder Pflanzenmonographie sind dort nachzuschlagen. Ich habe möglichst solche Literatur angegeben, die dem interessierten Leser bei vertieftem Interesse weiterhelfen kann. Ich habe mich ebenfalls bemüht, die gängigen Standardwerke anzuführen.
Die Abkürzung *RR* bezieht sich auf den zweibändigen Ausstellungskatalog *Rausch und Realität,* herausgegeben vom Rautenstrauch-Joest-Museum in Köln.

DIE ZAUBERPFLANZEN VON A BIS Z

„Pflanzliche Energien haben ganze Epochen in der Geschichte der Menschheit zu beeinflussen und zu formen vermocht. Indem sie in die inneren Bereiche des Menschen Eintritt fanden, konnten sie seine geistige Welt durchdringen."

Aleíjos

AGAVE (Agava americana). Die Agave ist eine alte Kulturpflanze der mesoamerikanischen Indianer. Sie lieferte Rohmaterialien, Medizin, Nahrung und Zaubermittel. Aus der Agave wird ein *octli, metl* oder *Pulque* genannter berauschender Trunk gewonnen. Er wird aus dem Saft, der sich im Blütenschaft der Agave über Jahre angesammelt hat, gebraut. Dazu wird der Blütenschaft eingeschnitten, sobald er zu treiben beginnt. In der entstandenen Höhlung sammelt sich ein honigsüßer Saft. Er wird abgezapft und für drei Wochen vergoren. Ist die Pulque reif, hat sie eine schmutzig graue Farbe, einen leicht säuerlichen Geruch und schmeckt wie Weizenbier. In der Agavenpflanze lebt die jugendliche Göttin Mayahuel. Sie wurde in der Urzeit aus dem Himmel geraubt und in die nördlichen Wüsten entführt. Dort ist sie von den Dämonen getötet und zerstückelt worden. Aus ihren Knochen machte der wohltätige Schöpfergott Quetzalcoatl die erste Agavenpflanze. Die Pulque stand unter dem Schutz des Pulquegottes Pahtecatl, „Medizin-Herr", und einer Schar von Göttern, die Centzontotochtlin, „Vierhundert Kaninchen", genannt wurde. Diese Götter waren Mondwesen, die den Kreislauf vom Absterben und Wiederaufleben der Natur symbolisierten. Sie wurden verehrt, wenn die Zeit der Ernten kam. Dann war das Trinken von Pulque ein religiöser Akt. Es war aber nicht erlaubt, mehr als vier Schalen zu trinken. Bei den alten Azteken wurde Pulque auch medizinisch genutzt. Pulque war auch bei anderen mexikanischen Indianern bekannt. Die Huaxteken, die am Golf von Mexiko lebten, benutzten Pulque in allen Ritualen. Anders als die Azteken verherrlichten sie den dadurch ausgelösten Rausch. Es gibt eine Reihe von Hinweisen auf einen sexualmagischen Gebrauch von Pulque. Demnach verehrten die Huaxteken erotische Statuen. Männer legten sich mit Frauen vereinigt vor den Statuen hin und ließen sich von den Zauberern Klistiere mit Pulque verabreichen. Dabei scheint ein ritueller Analverkehr vorherrschend gewesen zu sein (vgl. →*Coca*).

Die Agave gehört noch heute zu den von mexikanischen Indianern am meisten benutzten Heilpflanzen. Alle Pflanzenteile, sowie die Pulque sind medizinisch brauchbar. Die Pulque wird oft als Basis für Heilkräuter und Zauberpflanzen, wie →*Ololiuqui,* →*Peyote,* →*Stechapfel* und →*Windensamen* benutzt. Pulque gilt auch als Aphrodisiakum. Die Blätter der Agave dienen als Amulette. Am Haus angebracht halten sie Böse fern, bewahren den Haussegen und schützen vor dem bösen Blick und den krankheitsbringenden Winden.

Pharmakologie: In dem Pflanzensaft sind ca. 8% Zucker (Agavose) enthalten, ein scharfes ätherisches Öl, 3–4% Hecogenin, Saponine, etwas

Papain und Oxalsäure. In den Blattgeweben entstehen Wirkstoffe „ungeklärter Natur“, die als biogene Stimulatoren wirken.

Literatur: Rätsch 1987f, Smet 1985.

AKONIT (Aconitum spp.). Überall auf der Welt gibt es Akonit-Arten. Sie werden meist als Gift-, Zauber- und Heilpflanzen verwendet. Akonit war die heilige Pflanze der Hekate, der Herrin der nächtlichen Wesen, der Zauberei und Giftmischerei. Der Akonit ist aus dem Geifer des dreiköpfigen Cerberus, des Höllenhundes, entstanden. Theophrast und Dioskurides berichten von der Zauberwirkung der skorpionförmigen Akonit-Wurzel. Mit ihr kann man einen sich nähernden Skorpion in Lähmung bannen, wenn man die Wurzel in seine Richtung hält. Mit →*Nieswurz* kann dieser Zauber wieder gelöst werden. Die botanische Zuordnung des griechischen Akonites ist ungewiß. Der überall in Mitteleuropa gedeihende, oft wegen der schönen blauen Blütenstände kultivierte Blaue Eisen- oder Sturmhut *(Aconitum napellus)* wird seit alters her als Gift gefürchtet und somit zu den Hexenpflanzen gezählt. Er nimmt eine prominente Stellung in der Geschichte der politischen Giftmorde, die oft als das Wirken von Zauberei gedeutet werden, ein. Er findet sich auch als wirksamer Bestandteil der →*Hexensalben* und im Liebeszauber. „Dabei kam es jedoch wegen der schwierigen Dosierbarkeit der Droge häufig weniger zur Steigerung der Liebeskraft, als vielmehr zur Liebesraserei oder gar zum Tode“ (Haerkötter 1986: 52). Der Gelbe Eisenhut *(Aconitum vulparia)* galt früher als wölfeabwehrendes Zauberkraut und wurde als Wolfsgift ausgelegt (Giftköder). Im Himalayagebiet werden verschiedene Akonitarten als „Große Medizin“ verwendet. Die Tibeter heilen damit Erkrankungen des Herzens, die durch Dämonen verursacht werden. Die indische Art *Aconitum ferox* wurde zur Herstellung von Pfeilgiften verwendet. In der chinesischen Kräuterheilkunst werden viele Akonit-Arten als Medizin benutzt. Oft sind sie Bestandteil von aufwendig produzierten Lenz- und Verjüngungsmitteln. Die Akonit-Art *Fu-tzu* war wichtigster Bestandteil des *Hanshi*-Pulvers (auch „Fünf-Mineralien-Pulver“). Dieses aus Akonit, zermahlenen Stalaktiten, Austernschalen *(Ostrea gigas)* und aromatischen Kräutern bestehende Pulver wurde in sexualmagisch-taoistischen Kreisen als Aphrodisiakum in Branntwein getrunken. He Yan, der Entdecker des Pulvers, lobte es sehr: „Wenn man das Fünf-Mineralien-Pulver einnimmt, werden nicht nur Krankheiten geheilt, sondern auch der Geist wird erweckt und zur Klarheit geöffnet.“ Die Ainu, die Ureinwohner Japans, verwenden Akonitwurzeln in ihrem schamanischen Bärenzeremoniell. Das Bärenfest ist der magisch-religiöse Mittelpunkt in der paläolithisch anmutenden Ainukultur. Dazu gehört die rituelle Herstellung eines Pfeilgiftes für die Bärenjagd. Das Gift *surku-kik* wird von den Schamanen unter geheimen Beschwörungen bereitet. Erst das gemeinsame Wirken von Zauberformeln und dem Pflanzenextrakt von Akonitwurzeln macht das Gift kräftig genug, um den „übernatürlichen" Bären zu erlegen.

Pharmakologie: Alle Akonit-Arten enthalten hochtoxische Diterpen- und Nor-Diterpen-Alkaloide. Der Eisenhut enthält das sehr gefährliche Alkaloid Aconitin (tödliche Dosis bei einem Erwachsenen 3–6 mg). Manche Pharmakologen nehmen an, daß Aconitin in sehr geringen Dosierungen halluzinogen wirke, und durchaus das Gefühl zu fliegen auslösen könne. Die Pharmakologie des *Han-shi*-Pulvers ist ungeklärt.

Literatur: Clifford 1984, Mitsuhashi 1976, Wagner in RR I: 320–323.

ALLERMANNSHARNISCH (Allium victorialis). Die mit einem netzartigen Gewebe umhüllte Wurzel des Allermannsharnisch, auch Siegwurz genannt, hat im europäischen Raum als wichtigster Ersatz der echten →*Alraune* gedient. Die Alraune war sehr teuer und gesucht. Nur die Reichsten konnten sie sich als Zaubermittel leisten. Für die Armen bot der Aller-Manns-Harnisch, der „Schutz aller Männer", eine kostengünstige Alternative. Die Siegwurz, die auch „wilde Alraune" heißt, galt als Zaubermittel gegen Verwundungen, Schadenzauber, böse Geister und Gespenster. Ritter trugen sie als Amulett, in der Hoffnung dadurch „hieb- und stichfest" zu werden. Bergknappen diente sie als Schutz vor den tückischen Bergmännlein, vor Steinschlag und Lawinen. In der Schweiz wurden die Wurzeln des Allermannsharnisch bis in die sechziger Jahre des 20. Jahrhunderts hinein als „Alraunen" oder „Alrunmennle" in Apotheken verkauft. (Vgl. →*Pukusa*)

Pharmakologie: Die Wurzel enthält steroidale Saponine und Chelidonsäure (vgl. →*Knoblauch*).

Literatur: Gessmann o. D.

ALOE (Aloe barbadensis syn. Aloe vera). Es gibt in den subtropischen Zonen der Alten und Neuen Welt viele Aloe-Arten, die meist farbenprächtige Blütenstände austreiben. Von der Aloe wird meist der eingedickte Blattsaft benutzt. Im allgemeinen wird er einfach Aloe genannt.

Diese Aloe wurde schon von den Sumerern und Ägyptern in magischen Räucherungen und Salben verwendet. Die magischen, in Muschelschalen aufbewahrten aloehaltigen Augensalben wurden zur Heilung der „Ägyptischen Augenkrankheit“ (Trachom) erfolgreich eingesetzt. Im Altertum gehörte Aloe zu den drei heiligen Räucherstoffen und wurde bei allen religiösen und magischen Handlungen verbrannt. Aloe war auch in Indien und China als Böses abwehrender und die Seele reinigender Räucherstoff bekannt.
In der Karibik und in ganz Lateinamerika ist die *sabila* genannte Aloe eine der wichtigsten Heil- und Zauberpflanzen. Aus ihr werden Amulette und Talismane hergestellt. Die ethnomedizinischen Verwendungen der Aloe sind so zahlreich, daß man kaum eine Krankheit findet, die nicht mit Aloe behandelt wird. In Mexiko, Kolumbien und Venezuela wird die Aloe auch *Sábila Sagrada,* „Die Heilige Wissende“, genannt. In der lateinamerikanischen Volksmedizin wird sie oft mit magischen Formeln beschworen. In der Aloe wohnt eine Göttin, die dem Menschen durch Opfer und Gebete wohlgesonnen ist, ihn mit Gesundheit, Reichtum und Frieden beschenkt. Der mit den richtigen Zauberformeln bereitete Aloentee macht sterile Frauen fruchtbar und heilt alle Krankheiten. Viele Indianer betrachten die Aloe als ein heiliges Wesen, weil sie immergrün ist, jede Trockenperiode überlebt und sogar ohne Wurzeln, einfach auf dem Boden liegend oder in einem Korb in der Luft hängend, lebt. Diese unbändige Lebenskraft überträgt sich auf einen Kranken und macht ihn wieder gesund.

Pharmakologie: Der eingedickte Blattsaft ist eine harzartig-kristalline schwarze Substanz, die Hydroxyanthracen-Derivate (bis 40% Aloin), Anthracenderivate, Chromonderivate (Aloesine) und den Bitterstoff Aloenin enthält. Die Anthracene wirken als heftige Dickdarmlaxative. Die Anthrone reizen die Schleimhäute und steigern deren Sekretion.

Literatur: Rätsch 1987f.

ALRAUNE (Mandragora spp.). Es gibt mehrere Alraunenarten, die im östlichen Mittelmeerraum, dem Vorderen Orient und im indischen Subkontinent vorkommen. Die Gestalt ist immer gleich. Eine lange, oft anthropomorph erscheinende Wurzel, aus der die Blätter direkt herauswachsen. Überall, wo die Alraune wächst, und auch über die Grenzen ihres Verbreitungsgebietes hinaus, gilt sie als *die* Zauberwurzel. Es gibt vermutlich keine Zauberpflanze, die sagenumwobener und begehrter ist als die Alraune. Über ihre Geschichte als Zauber- und Heilpflanze, Amulett und Talisman, Galgenmännlein und Pflanzengeist sind ganze Bibliotheken geschrieben worden. Bei den alten Ägyptern galt die Alraune *(Mandragora officinarum)* als Potenzmittel, Aphrodisiakum und Fruchtbarkeitsspender. Ein koptischer Name bedeutet „Teufelshoden". Die Alraune wurde oft dem →*Wein* zugesetzt, um seine Wirkung aufzubessern. Sie war auch den mesopotamischen Magiern als Zaubermittel bekannt. Die Alraune war eine Pflanze der Götter, eine Nahrung der Satyrn und eine magische Wunderwaffe. Im Altertum bildeten sich die berühmten Rituale zum Ausgraben der Wurzel durch Rhizotome aus. Man glaubte, daß in der Wurzel ein Geist wohne, der den unvorsichtigen Rhizotomen beim Herausziehen der Wurzel töte. Deshalb wurden die Wurzeln oft von Hunden aus der Erde, dem dunklen Reich der Hekate, gezogen. Oft wurde die Erde um die Wurzel herum mit Urin, Menstruationsblut oder Sperma geweiht. In Rumänien haben sich bis ins 20. Jahrhundert hinein sexualmagische Rituale zum Ausgraben der Wurzel erhalten. Wer eine Alraunenwurzel besitzt, wird Liebe erwecken, Glück im Spiel und Geschäft haben, fruchtbar (potent) und gesund bleiben, vor Schadenzauber und Gespenstern geschützt sein, wahrsagen und prophezeien können und ewiges Leben erlangen. Die Alraune war die wichtigste Zauberpflanze der Hebräer, später auch der Araber und vieler asiatischer Völker. „Den Alraun lernten die Chinesen spätestens im 13. Jahrhundert von Muslimen in Mittel- oder Westasien kennen; die chinesische Bezeichnung *(ya-pu-lu)* ist eine Umschreibung von *yabrûh.* Die klassische Gebrauchsanweisung lautet: man grabe einen Gang in die Erde, bis man an die Wurzel kommt, diese lasse man von Hunden herausbuddeln, die freilich danach durch den Gifthauch der Pflanze umkommen. Man verstecke sie dann noch ein Jahr in der Erde, dann werde sie getrocknet. Schon eine kleine Kostprobe mache den Menschen drei Tage lang gefühllos und wie tot." (Eberhard 1983: 20) Die Alraune erfreute sich großer Beliebtheit bei der Bereitung von Liebestränken und →*Hexensalben.*

Viele berühmte Zauberpflanzen des Altertums wurden mit der Alraune in Verbindung gebracht oder als Alraune gedeutet: →*Ginseng,* →*Haoma,* →*Jangida,* →*Laksmana,* →*Moly,* →*Soma,* →*Tollkirsche,* →*Tollkraut.* Da die Alraune selten war, nur unter großen Gefahren zu sammeln und sehr teuer war, wurde die Wurzel oft gefälscht oder durch andere Pflanzen ersetzt: →*Allermansharnisch,* →*Ginseng,* →*Ingwer,* →*Mandrake,* →*Orchideen,* Schöllkraut (*Chelidonium majus;* vgl. Mitrovic 1907: 233) und die Zaunrübe (*Bryonia spp.;* vgl. Dahl 1985).

3: Die *Brunfelsia* hat viele indianische Namen. Sie gehört zu den kaum erforschten Zauberpflanzen der Neuen Welt.

4: Der von den Tarahumara als „Falscher Peyotl" betrachtete Kaktus *(Epithalanta micromeris)* bildet die roten „Chilitos" genannten Früchte. Der Kaktus wächst oft in der Nähe alter Ruinen. Dieses Bild ist bei Teotihuacán in Zentralmexiko entstanden.

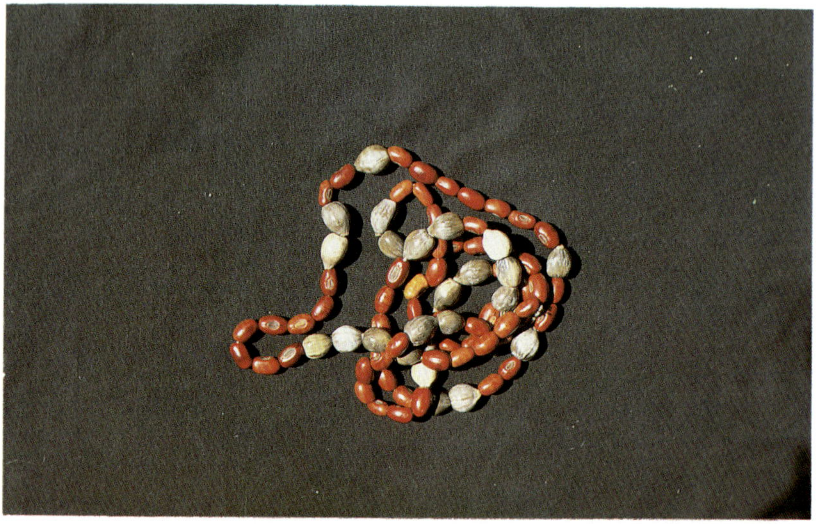

5: Die roten Bohnen des Korallenbaumes *(Erythrina americana)* werden zur Zauberei, Wahrsagerei und zur Erzeugung der berüchtigten „Frauenräusche" in Mexiko und Guatemala gebraucht. Indianische Kette aus Chiapas.

6: Epená, die „Samen der Sonne" *(Anadenanthera peregrina)*; daraus werden die außerordentlich stark wirksamen Schnupfpulver der Amazonasindianer hergestellt.

Pharmakologie: Alle Alraunen-Arten enthalten bis zu 0,4% Alkaloide (Scopolamin Atropin, Apotropin, Hyoscyamin, Hyoscin, Cuskhygrin, Solandrin, Mandragorin und weitere Tropan-Alkaloide. Diese Inhaltsstoffe wirken stark psychoaktiv, führen zu hypnotischen Zuständen, können aber auch Raserei auslösen und zum Tode durch Atemlähmung führen. Über die aphrodisierende Wirkung liegen nur widersprüchliche Berichte vor.

Literatur: Berry & Jackson 1976, Eliade 1942 und 1982, Jackson & Berry 1979, Khlopin 1980, Kreuter 1982, Marzell 1927, Mehra 1979, Müller-Ebeling 1987, Rahner 1957, Schlosser 1986, Schmidbauer 1968 und 1984, Starck 1986, Tercinet 1950, Thompson 1968.

AMATE (Ficus spp.). In Mexiko wachsen etwa 50 verschiedene Feigenbaumarten, die nach dem aztekischen Namen *amatl* (von *ama-quahuitl,* „Papierbaum") als Amate bezeichnet werden. Aus der Rinde dieser Bäume wurde schon in präkolumbischen Zeiten Rindenbastpapier hergestellt, das den gleichen Namen wie der Baum trug. Das Rindenbastpapier wurde zu Kleidung, zu Büchern und zu Zauberfiguren verarbeitet. Viele mexikanische Codices sind auf solchem Papier geschrieben. Ein regelrechter Zauberpapierkult hat sich bei den Otomí-Indianern im zentralen Mexiko erhalten. Die frische Rinde wird zunächst vom Stamm geklopft, gewässert, gepreßt und dann getrocknet. Aus dem Papier werden unter Beschwörungen und Zauberformeln Figuren geschnitten, die sowohl in der Weißen als auch in der Schwarzen Zauberkunst verwendet werden. Oft werden Pflanzengeister dargestellt. Sie werden bei den Pflanzungen vergraben und sorgen für gutes Wachstum und reiche Ernten (Flurzauber). Außerdem schützen sie die Pflanzen vor Tieren, Krankheiten, Winden und Dieben. Anthropomorphe Papierfiguren werden als Amulette getragen und bei der Krankenheilung gebraucht. Sie stellen den Kranken als gesunden Menschen dar, und werden vom Zauberer mit Weihrauch- und Pulqueopfern (vgl. →*Agave*) geehrt. Mit Zaubersprüchen wird nun der Krankheitserreger (ein Dämon, böser Wind, oder Schadenzauber) aus dem Kranken vertrieben und in der Papierfigur gebannt. Die Figur wird dann an einem verborgenen Ort vernichtet. Ähnlich kann auch ein Liebeszauber, aber auch ein Todeszauber mit den Papierfiguren ausgeübt werden. Beim Liebeszauber wird der Geist des Geliebten in Papier geschnitten, beim Todeszauber das Bildnis eines Feindes. Es wird dann mit Dornen oder den verholzten Spitzen der →*Agave* durchbohrt, mit Blut getränkt und vergraben.

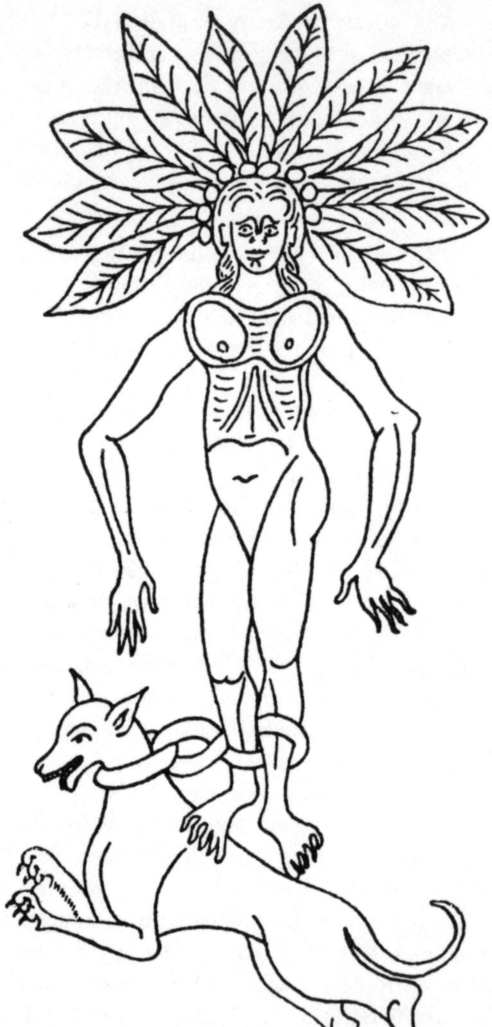

Abb. 2: Alte Darstellung der Alraunenwurzel als Galgenmännlein (England, 13. Jahrhundert).

Pharmakologie: Die frische Rinde enthält einen leicht toxisch und allergen wirkenden Latex.

Literatur: Christensen & Mari 1979, Knecht 1966, Reko 1947, Spranz 1961, von Hagen 1944.

ARTEMISIA *(Artemisia spp.).* Überall in der Welt werden Artemisia-Arten, zu denen der Beifuß *(Artemisia abronthanum)* und der Wermut *(Artemisia absinthium)* gehören, medizinisch und magisch genutzt. In Indien ist die Artemisia dem Vishnu und Shiva geweiht. In einem griechischen Zauberpapyrus gilt sie als Mittel, das Freundschaft und Liebe erweckt. Die Artemisia hat ihren Namen nach der Göttin Artemis (Diana) erhalten. Artemis war die Göttin der Jagd, des Wachstums der Pflanzen, der Fruchtbarkeit, der Grenze zwischen Wildnis und Zivilisation. Sie wurde genau wie Dionysos orgiastisch verehrt. Später wurde sie zur Göttin der Hexen und Zauberinnen. Ihr waren die beiden Artemisia-Pflanzen (Wermut und Beifuß) heilig. Daraus wurden berauschende, aphrodisierende Trünke (vermutlich auf → *Wein*-Basis) gebraut, die getrunken wurden, um sich ekstatisch mit der in den Frauen verkörperten Göttin zu vereinigen. Der ägyptischen Göttin der Magie, Isis, war die Artemisia ebenfalls heilig. In assyrischen Keilschrifttexten werden die Zauberkräfte zweier Arten gelobt. Artemisia-Arten werden seit dem Altertum als Liebeszauber und Aphrodisiaka, Abortativa, Zusätze zu Bier und → *Wein,* Tonika, Fruchtbarkeits- und Heilmittel gebraucht. In China werden die Samen von *Artemisia keiskiana* zu Lenz- und Verjüngungsmittel verarbeitet.

Sogar die Eskimos, die nur eine Handvoll Heilkräuter kennen, benutzen die *Artemisia tilesii,* die in den nördlichen Tundren vorkommt. Sie sammeln das Kraut und benutzen es im frischen oder getrockneten Zustand, und gebrauchen es bei Hauterkrankungen (Entzündungen), Gelenkschmerzen und Husten. Das Kraut wird solange gekocht, bis eine tiefgrüne Flüssigkeit entsteht. Damit werden vorbeugend die Hände der Kleinkinder gebadet und entzündliche Hautstellen abgewaschen. Dieser Sud soll erstaunliche antibiotische Wirkungen haben. Viele nordamerikanische Indianer benutzen die frischen Zweige verschiedener Artemisia- oder Wermutarten. Äußerlich oder innerlich als Tee getrunken gelten die Zweiglein als gutes Mittel bei Rheuma. Wenn junge Mädchen Menstruationsschmerzen, -störungen oder -unregelmäßigkeiten haben, gehen sie in eine Schwitzhütte und räuchern dazu mit Artemisiazweigen. Nach einem furchtbaren Schrecken atmen die Apachen den Rauch von *chin de i ze,* der „Teufelsmedizin", *(Artemisia frigida)* ein. Die Cheyenne haben ein bestimmtes Sammelritual, das die Heilwirkung der Pflanze verbessert: „Dieses heilige Beifußkraut wird beim Kräuter- und Wurzelsammeln sorgfältig mit den Spitzen gegen Norden und mit den unteren Stengeln nach Süden ausgebreitet. Die Häuptlingspflanze, die immer zuerst geerntet wird, legt man am Südende auf die Stengel. Dann werden ihre einfachen Genossen ordentlich der Reihe nach daneben gelegt, bis sie die Beifußspitzen erreicht haben. Dann geht es in der anderen Richtung weiter, und so weiter schleifenartig hin und zurück. In genau rückwärtsgehender Reihenfolge werden die Kräuter dann verbraucht, bis man schließlich wieder bei der Häuptlingspflanze ankommt, die zuallerletzt verbraucht wird." (Storl 1986: 134f) Ein Dekokt aus den Blättern und Zweigspitzen des Sage-Busches *(Artemisia scopulorum)* wird bei der *Evil Way Ceremony* der Navahos getrunken, um die „Geister-Infektion", die Alpträume und Offenheit für Böses bewirkt, zu heilen. In den Prärien wächst der Heilige Steppenbeifuß *(Artemisia ludviciana),* der auch als *sage* bekannt ist. Diese Pflanze ist für alle nordamerikanischen Schamanen die bedeutendste Zauberpflanze. Mit ihr wird alles Böse vertrieben, der Zugang zum Reiche Wakans geöffnet, das Kranke geheilt und das Gesunde vor Krankheiten geschützt. Als die Spanier nach Mexiko kamen, fanden sie dort eine Pflanze, die genau wie der heimatliche Wermut aussah, aber besonders aromatisch duftete. Diese Pflanze *(Artemisia mexicana)* wurde von den mexikanischen Indianern als gute Medizin geschätzt. Sahagún schrieb darüber: „Es ist ein Heilmittel für viele Dinge; es heilt viele Dinge ... Und wenn jemand Angst in seinem Herzen hat oder von einer Laune bedrückt wird, dann soll Iztauhyatl und Quauhyayaual zermahlen werden, das Innere der Stengel, ohne die äußere Rinde; das Innere ist weiß und etwas süßlich im Geschmack. Man trinkt es, um wieder gesund zu werden, gekocht, nur der Aufguß wird gebraucht. Jemand der hustet trinkt es auch." Die Azteken kannten sogar eine Zauberin, die auf die Anwendung dieses Krautes spezialisiert war: „Techichinani, ‚Die jemanden saugt', die, wenn an der Brust ein Kind erkrankt, so saugt sie es mit Wermutkraut, saugt Blut heraus oder Eiter. Einige wurden darnach gesund, andere nicht." (Sahagún) Heute werden die mexikanischen Wermutarten als →*Hanf*-Ersatz geraucht.

Im peruanischen Andenraum gehört der Wermut *(Artemisia absinthium)* – dort *ajenjo* oder *ajincuy* genannt – zu den gebräuchlichen Heilpflanzen, die in jedem Kräutergarten zu finden sind. Die Blätter werden als Badezusatz benutzt, besonders, um die bösen Winde zu vertreiben. Ein Tee

Abb. 3: Stilisierter Pflanzengeist auf einem mexikanischen Zauberpapier aus dem Amatebaum (Zeichnung: C. Rätsch).

gilt bei Koliken, die durch zu viel Kälte ausgelöst wurden und Winden als Hausmittel. Aber alle Indianer warnen davor, daß Schwangere mit der Pflanze in Berührung kommen oder sie einnehmen. Denn sie gilt als Abortativum. Die *copa-copa* genannte Wermutart wird als mildes Rauschmittel verwendet und bei Unterkühlung als Tee getrunken, um den Körper zu erwärmen.

Pharmakologie: Die meisten Artemisia-Arten enthalten das ätherische Öl Thujon. Thujon hat wurmtötende, toxische, psychedelische, abortative, narkotische und antidotische Wirkungen – je nach Dosierung und Gebrauch.

Literatur: Albert-Puelo 1978, Brøndegaard 1972, Tierny 1974.

AYAHUASCA (Banisteriopsis caapi, Banisteriopsis spp.). Mit Ayahuasca wird in Amazonien gewöhnlich ein berauschendes Getränk bezeichnet, das aus einer Liane des Genus *Banisteriopsis* und anderen, meist DMT-haltigen Pflanzen *(Banisteriopsis rusbyana, Psychotria viridis,* aber auch *→Engelstrompete, →Jurema, →Manakawurzel)* hergestellt wird. Den Indianern gilt das Gebräu als „Trunk der wahren Wirklichkeit" und ist heilig. Er wird nur von Schamanen, Zauberern und Heilern hergestellt und bei der Krankenheilung und für religiöse Zeremonien verwendet. Der Gebrauch von Ayahuasca ist sehr weit verbreitet und mit einem reichen Mythenschatz verbunden. Der Trank wird auch Yagé, Natema, Caapí, Nape und Bejuco de oro genannt. Die am häufigsten dafür verwendete Liane ist *Banisteriopsis caapi.* „Die Standorte dieser Pflanzen, um die sich unheimliche Sagen gebildet haben, wie um die Kraken des Meeres, und von denen man sagt, daß sie nachts Wanderer mit ihren Ästen umschlingen, zerdrücken und erdrosseln, werden von den Eingeborenen ängstlich geheim gehalten, der aus ihnen bereitete Rauschtrank aber merkwürdigerweise nicht . . . Zahlreiche indianische Stämme gebrauchen sie mit der Absicht, sich in diesen Rausch, in dem sie prophetische Gaben zu erlangen glauben, zu versetzen. Sie bereiten aus der Pflanze unter verschiedenen Zeremonien ein Getränk, das in der Stille der Nacht und in der Dunkelheit eingenommen werden muß, angeblich weil es dann stärker wirkt und die Träume reichhaltiger werden . . ." (Reko 1986) – „Die Indios glauben", schrieb der Missionar Pater Tastevin an seinen vorgesetzten Bischof, „geradezu an eine telepathische Wirkung des Yagé, wie sie den Trank, den sie aus der Ayahuasca oder Caapipflanze herstellen, nennen. Sie nehmen davon, um zu wissen, ob ein Kranker ge-

nesen wird, um in die Zukunft zu blicken, um wahr zu sagen, um zu erfahren, wie es z. B. einem der Ihren, der auf Reisen ist, geht usw. Auch glauben sie, Gefahren, die ihnen drohen, dadurch rechtzeitig erkennen zu können." (ebd.) Die von den Indianern Amazoniens benutzten Methoden des Gebrauches von Ayahuasca sind fast immer gleich. Folgendes Beispiel ist typisch: „Wenn sich ein Zaparo-Zauberer zu einem Kranken begibt, was stets nur nachts geschieht, versäumt er niemals, zuvor dieses Getränk wiederholt und in kleinen Schlucken zu nehmen. Er glaubt, dadurch erleuchtet zu werden und die Krankheit schon, ehe er den Patienten noch gesehen hat, richtig beurteilen zu können. Die Naturgeister, so meint er, flüstern ihm dann die Behandlungsweise zu und enthüllen ihm auch den Namen der richtigen Medizin." (ebd.) Bei den Muinane gelten die meisten Krankheitsursachen als Folgen eines bösen Zaubers. Um die Krankheit heilen zu können, muß der Zauberer in einem hell-sichtigen Zustand, herbeigeführt durch Ayahuasca, den bösen Zauberer ausmachen. Zuerst muß der Heiler die „reale Welt" verlassen und an einen Ort weit über der Erde reisen. Vom Himmel aus sieht er die Erde als einen großen Ball. Außerdem kann er jeden Menschen auf der Erde sehen und erkennen. Alle Personen stehen aufrecht, außer dem bösen Zauberer. Den sieht der Heiler geduckt sitzen und sich in die hohlen Hände blasen.
Ayahuasca hat auch Eingang in die Praktiken der suburbanen Zauberer in Brasilien, Kolumbien, Ecuador und Peru gefunden. Die Ayahuasca-Liane wird dabei als „Lehrer" verehrt.

Pharmakologie: Alle *Banisteriopsis*-Arten enthalten die ß-Karboline Harmin, Harmalin und Harmol, die auch in der →*Steppenraute* nachgewiesen wurden. Die ß-Karboline wirken als MAO-Hemmer, d. h. sie verhindern den Abbau von bestimmten Neurotransmittern und körperfremden Aminen. Den Ayahuasca-Trünken werden meist DMT-haltige Substanzen zugefügt. DMT (N,N-Dimethyltryptamin, 5-Methoxy-N,N-Dimethyltryptamin) ist oral nicht wirksam (vgl. →*Schnupfpulver*). Es wird von dem Enzym Mono-Amino-Oxydase (MAO) abgebaut, bevor es die Blut-Hirn-Schranken passieren kann. Wird DMT aber mit ß-Karbolinen kombiniert, ist es oral wirksam. Für die dem Ayahuasca zugeschriebenen psychedelischen Wirkungen ist also die Kombination von Harmin, Harmalin und DMT verantwortlich. Andere Zauberpflanzen enthalten auch MAO-Hemmer: →*Iboga*, →*Niando*, →*Raute*, →*Steppenraute*, →*Yohimbe*.

Literatur: Ayala Flores & Lewis 1978, Deltgen 1979, Dobkin de Rios 1970 und 1972, Langdon 1979, Lewin 1986, Münzel 1977, Naranjo

1983, Reichel-Dolmatoff 1971, 1975 und 1978, Rouhier 1986, Walton 1969.

BALCHÉ (Lonchocarpus violaceus). Der Balche'-Baum war und ist vielen mesoamerikanischen Völkern (Maya, Lakandonen, Pokomchi) ein heiliger Baum, dem starke Zauberkräfte zugeschrieben werden. Aus der Rinde und Wurzel werden Balche' genannte, berauschende Trünke gebraut. Die Pflanzenteile werden unter Beschwörungen in ein Honigwasser gelegt, das sogleich gärt. Diesem Gebräu wurden viele andere Zauberpflanzen *(→Seerosen, →Stechapfel, →Tabak),* Gewürze *(Kakao, Vanille, Frangipani),* Kröten *(Bufo marinus)* und Baumfrösche *(Dendrobates spp.)* beigemischt. Der Trank wird nur im zeremoniellen Rahmen getrunken. Die alten Maya kannten auch ein magisches Ritual, bei dem Balche' rektal verabreicht wurde (vgl. →*Agave*). Die Heiler der modernen Maya benutzen Balche'-Gebräue bei der Divination. Dazu legen sie einen Quarzkristall über Nacht in den Trunk ein. Dadurch können sie am nächsten Tag, meist nach dem Genuß von →*Ololiuqui* oder →*Stechapfel* Einblick in gewöhnlich Unsichtbares gewinnen.

Pharmakologie: Die Rinde enthält Rotenon und verschiedene Longystiline, die chemisch mit Kawain analog sind (vgl. →*Kava-Kava*). Rotenon hat toxische, purgative aber auch berauschende Wirkungen. Die Gesamtwirkung des Balche'-Trankes läßt sich nur aus bisher unbekannten Synergismen erklären.

Literatur: Emboden 1979, Ma'ax & Rätsch 1984, Rätsch 1985 und 1986a, Smet 1985.

BENZOE (Styrax tonkinense). Das angenehm vannilleartig duftende Harz der hinterindischen und indonesischen Styraxbäume wird Benzoe genannt. Es wird zwischen *Siam-Benzoe* und *Sumatra-Benzoe* unterschieden, obwohl beide Harze von der gleichen Stammpflanze kommen. In Asien kommt es hauptsächlich unter dem chinesischen Namen *An-hsi-hsiang* in den Handel. Benzoe ist ein uraltes Heilmittel, natürliches Kosmetikum und gehört zu den wichtigsten medizinischen und rituellen Räucherstoffen. Benzoe wird bei Halsentzündugen, trockenem Husten, Asthma und Bronchitis inhaliert. In den Händen der malaiischen Zauberer entfaltet Benzoe auch magische Kräfte. Ein B'lian (Zauberer) aus Ulu Aring hat das magische Ritual für eine Tierverwandlung mit Benzoe beschrieben: „Du gehst tief in den Jungle und hier, wenn du ganz allein bist, hockst Du nieder und zündest Weihrauch (Benzoe) an. Hierauf formst Du Deine rechte Hand zu einer Röhre und bläst durch dieselbe in der Höhe Deines Gesichtes nach drei Richtungen den aufgefangenen Rauch. Dann wiederholst Du diesen Prozeß, indem Du jetzt die Hand ganz auf den Boden hältst. Nun sagst Du einfach *ye chöp* (‚Ich gehe fort'), und sofort wird Deine Haut sich verwandeln, Streifen erscheinen, es wächst Dir ein Schwanz und Du wirst ein Tiger. Wenn Du dann sagst *ye wet* (‚Ich gehe heim') so wirst Du sofort wieder Deine normale Gestalt annehmen." (nach Martin 1905). Es gibt auch Hinweise, daß Benzoe von den taoistischen Alchemisten zur Herstellung von lebensverlängernden Elixieren benutzt wurde. In der Alchemie wird Benzoe dem Element Luft und dem „Planeten" Sonne zugeordnet.

Pharmakologie: Die Droge besteht hauptsächlich aus Coniferylbenzoat; daneben finden sich Cinnamylbenzoat, freie Benzoesäure, Vanillin. Diese Stoffe wirken expektorant und schwach desinfizierend; bewußtseinsverändernde Wirkungen konnten bisher nicht festgestellt werden.

Literatur: Henglein 1985: 33, Martin 1905, Skeat 1967, Wagner 1985: 90.

BETEL (Areca catechu und *Piper betle).* Im allgemeinen werden zwei völlig verschiedene in Asien heimische Pflanzen als *betel* bezeichnet: eine Kletterpflanze aus der Familie der Pfeffergewächse *(Piper betle)* und eine Palme, auch Arekapalme *(Areca catechu)* genannt. Von dem Betelpfeffer werden die frischen Blätter verwendet, von der Arekapalme die Betelnuß, der „Bissen der Lust". Die Betelnuß wird seit alters her in den indischen und südostasiatischen Medizinsystemen als Heilmittel und Stimulans genutzt. Betel gilt als eine Art Universalheilmittel. Innerlich wird es bei Kopf- und Bauchschmerzen, Geschlechtskrankheiten und Verdauungsproblemen; äußerlich bei Fieber, Glieder- und Gelenkschmerzen, Rheumatismus, Erschöpfung, Hautjucken, Insektenstichen, frischen und schwerheilenden Wunden, Zahnerkrankungen usw. benutzt. In der ayurvedischen Medizin ist Betel in vielen Kombinationspräparaten enthalten. Nach altindisch-brahmanischer Überlieferung gehört Betel zu den acht Arten Genuß: Düfte, Frauen, Kleidung, Gesang, Betel, Essen, Schlafstatt und Schmuck.

Die zerriebenen oder zerstoßenen Samen werden gewöhnlich mit verschiedenen Gewürzen (Nelken, Pfeffer, Kardamom, →*Kava-Kava,* →*Muskatnuß*) und gebranntem Kalk vermischt und in ein Betelblatt eingerollt. Dieser Betelbissen oder -priem ist in ganz Asien unter dem Namen *sirih* populär, und wird meist nach dem Essen gekaut. Der medizinische Gebrauch der Betelnuß sowie der hedonistische Gebrauch des Betelpriems sind sehr alt. Die Betelnuß wird schon bei Theophrast angeführt und taucht in frühen Sanskrittexten unter den Namen *Guváka* oder *Pinlang* auf. In Persien war das Betelkauen schon früh bekannt. Im 8. Jahrhundert lernten die Araber den Betelbissen kennen. Hunger- und Durstgefühle sollen durch Betelkauen gestillt und die Sinnlichkeit erregt werden.

In Indien ist der Betelgebrauch in ein soziales und religiöses Gefüge integriert: „Wie im sozialen Bereich so spielt Betel auch im Ritus eine Rolle als Kommunikationsmittel, um zwischenmenschliche Beziehungen oder die Beziehung zwischen Menschen und Übernatürlichem zu stimulieren und zu festigen. Im Gegensatz zum Alltagsverhalten ist jedoch die rituelle Form standardisiert, formalisiert und symbolisierend. Der einfachste Gebrauch von Betel im Ritus ist der in Form einer Opfergabe an die Götter. Es heißt, daß die Götter in ihrem Himmel keinen Betel haben und die Menschen ihnen deshalb Betel anbieten, um sie günstig zu stimmen." (Moser-Schmitt in RR II, 1981: 548) Dem Betelbissen kommt in Indien eine starke, sexuell geprägte Fruchtbarkeitssymbolik zu: „Das Blatt, das die Grundform eines Dreiecks hat, wird mit dem weiblichen Geschlechtsorgan der Vulva, *yoni,* identifiziert und ist somit repräsentativ für weibliche Fruchtbarkeit . . . Die Arekanuß wird auch als *phal* (= Frucht) bezeichnet. Das zum Behälter gefaltete Betelblatt birgt in sich Teile der Arekanuß, d.h. die aus dem männlichen Samen reifende Frucht. Die gefüllte Beteltasche symbolisiert den befruchtenden Mutterschoß, der sich öffnet, das Leben gebiert und die rote Farbe der Blutung hinterläßt." (Moser-Schmitt in RR II, 1981: 550)

Der Betelbissen wird auch als Aphrodisiakum und Liebeszauber gebraucht. Frauen oder Kurtisanen haben oft den Betelbissen derart „verzaubert", daß jeder, der ihn kaute, sofort die eigene Frau verließ und von großer sexueller Begierde ergriffen wurde. Erika Moser-Schmitt erklärt diese „zauberhafte" Wirkung mit zwei zusätzlichen Ingredienzien zu dem Bissen: Haschisch (vgl. → *Hanf*) und Opium (vgl. → *Mohn*). Auf den Malediven kommen in solche verzauberten Betelbissen einige → *Coca*-Blätter. Die Betelnuß wird auch alleine als Zaubermittel und Amulett gebraucht. In Marokko werden Betelnüsse gegen den bösen Blick getragen oder auf dem Holzkohlengrill geräuchert. Der Rauch soll die Dämonen bannen.

Pharmakologie: Die Arekanuß enthält einige Alkaloide: Arecolin, Arecaidin, Guavacin und Guavacolin. Arecolin hat parasympathomimetische

Eigenschaften und hat sich bis zu einem Gewissen Grad als MAO-Hemmer (Mono-Amino-Oxydase; vgl. →*Ayahuasca*) erwiesen und ist aus diesem Grund ein stimmungsaufhellendes Mittel. Beim Kauen mit Kalk wird das Arecolin zu Arecaidin aufgespalten, das lediglich stimulierende Wirkung hat. Das Betelblatt enthält ein ätherisches Öl, das leicht lokalanästhesierende und verdauungsfördernde Eigenschaften hat.

Literatur: Boulos 1983, Meier 1913, Penzer 1952.

BILSENKRAUT (Hyoscyamus niger, Hyoscyamus spp.). Bilsenkraut ist seit dem Altertum eine bekannte und gefürchtete Heil- und Zauberpflanze. Das Kraut gedeiht besonders gut in den subtropischen Zonen des Mittelmeeres, Kleinasiens bis nach Hinterindien. Die magischen Eigenschaften waren schon den alten Ägyptern und Sumerern bekannt. Im alten Griechenland war es dem Apollon zugeordnet und wurde als Narkotikum und als Wahrsagemittel benutzt. Wahrscheinlich war das Bilsenkraut *(Hyoscyamus albus)* der aktive Bestandteil des Räuchermittels, mit dem sich die Pythia in Delphi in die hellsichtige Ekstase versetzte. Die Germanen benutzten Bilsenkraut zum Regenzauber und stärkten ihren Met damit. Im Mittelalter wurde das kräftige Kraut zu den Hexenpflanzen gerechnet. Es wurde zu hellseherischen Zwecken gebraucht. Die Samen und das daraus gewonnene Öl gehörten aber zu den wichtigsten Heilmitteln der spätmittelalterlichen und frühneuzeitlichen Ärzte. Bilsenkraut wurde dem *Pilsener* (Pilsen = Bilsen(kraut)) Bier zugesetzt und unter die →*Hexensalben* gemischt. In den berüchtigten lasziven Badehäusern wurden Bilsenkrautsamen als liebesreizende Räucherung auf die Ofenplatten geschüttet. Im alten China war Bilsenkraut *(Hyoscyamus niger var. chinensis)* unter dem Namen *Lang-tang* bekannt. Die Samen und Blätter wurden in Wein eingelegt und bei verschiedenen Krankheiten verordnet. Diese Medizin sollte allgemein kräftigen und ermöglichen, direkt mit den Geistern und Teufeln in Kontakt zu kommen. In Kashmir wird getrocknetes Bilsenkraut mit →*Tabak* oder →*Hanf* vermischt als Halluzinogen geraucht. In den arabischen Ländern ist es unter dem Namen *bang* bekannt und wird als dämonenabwehrendes Räuchermittel, Narkotikum und Aphrodisiakum eingesetzt. Die Samen von *Hyoscyamus faleslez* werden auch dem rituell wichtigen, gewürzten →*Kaffee* beigegeben. Die Tungusen trinken einen Kaffeersatz aus gerösteten Bilsenkrautsamen *(Hyoscyamus physaloides).* Bilsenkraut ist vermutlich von den Spaniern in Amerika eingeführt worden, hat sich dort schnell verbreitet und wurde bald von den Schamanen und Medizinmännern vieler Indianer-

Abb. 4: Alte Darstellung der Pflanze Lang-tang (*Hyoscyamus niger* var. *chinensis* Makino) (aus dem *Chêng-lei pên-ts'ao* von 1249).

stämme als Zauber- und Heilpflanze gebraucht. Die Serí-Indianer, die am Golf von Kalifornien und auf der Haifischinsel leben, benutzen das Bilsenkraut genauso wie den →*Stechapfel.* Sie legen das Kraut oder nur die Samen in Wasser oder in alkoholische Getränke wie Chicha (vgl. →*Mais*) oder Pulque (vgl. →*Agave*) ein und trinken es als Schmerz- und Schlafmittel. Die getrockneten Blätter werden alleine oder mit →*Tabak* gemischt geraucht. Verschiedene nordamerikanische Indianerheiler haben eine Rauchmischung aus den Blättern vom Bilsenkraut, vom →*Stechapfel* und von verschiedenen →*Artemisia* und Salbeiarten *(Salvia spp.)* als „Tabak" für Asthmatiker und bei Keuchhusten empfohlen.

Pharmakologie: Alle Bilsenkrautarten enthalten die Tropan-Alkaloide Hyoscyamin, Scopolamin und Atropin, die anticholinerge, berauschende, psychedelische und in höheren Dosen toxische Wirkungen haben.

Literatur: Hansen 1981, Heiser 1969, Li 1978: 19, Perez de Barradas 1957: 310, Rätsch 1987e und 1987f, Rowell 1978.

BOHNEN *(Leguminosae).* Bohnen, die Samen von verschiedenen Hülsenfruchtgewächsen, spielen überall im Zauberglauben eine wichtige Rolle. Bohnen *(Phasaeolus vulgaris)* galten im Altertum als Hüter der Lebenskraft, als Nahrung der Götter, als heilige Ranken, als Zauberwaffen und Amulette. Mit Bohnen oder bohnenartigen Samen wird diviniert (vgl. →*Colorines,* →*Paternostererbsen*) und Flurzauber geübt. Anthropomorphe Bohnenwesen spielten im Schamanismus der peruanischen Küstenvölker eine hervorragende, leider nicht geklärte Rolle. Heute werden in Peru Felder von *Canavalia maritima*-Bohnen gegen alle schlechten Einflüsse geschützt. *Canavalia*-Bohnen wurden auch in mexikanischen Gräbern gefunden. An der Golfküste werden die getrockneten Samen und Blätter als →*Hanf*-Ersatz geraucht.
Die rote Mesalbohne *(Sophora secundiflora)* hat eine mindestens 7000 Jahre alte Geschichte als Zauberpflanze. Die getrockneten Bohnen wurden im Südwesten Nordamerikas als Nahrung der Toten in Gräbern deponiert. Der Mescalbohnen-Kult ist schon früh von dem →*Peyote*-Kult verdrängt worden. Allerdings hat sich die magische Bedeutung der Mescalbohnen bei den Wichita-Indianern, rudimentär auch bei den Apachen, Komanchen, Delawaren und Omaha, lange gehalten. Sie haben die Bohnen zermahlen und eingenommen, um sich rituell zu reinigen und um bei Einweihungsfeiern Visionen zu empfangen. Die Bohnen werden auch zu Fetischen verarbeitet und als Orakel befragt. Im Peyote-Kult

trägt der Leiter der nächtlichen Zeremonien Halsketten aus Mescalbohnen.

Pharmakologie: Canavalia-Bohnen enthalten das vermutlich psychoaktiv wirkende Alkaloid *l*-Betonicin. Mescalbohnen enthalten das Hauptalkaloid Cytisin (vgl. →*Ginster*) und die Nebenalkaloide N-Mythalcytisin, Lupinin, Δ^5-Dehydrolupanin, Anagyrin und Termopsin (vgl. →*Lupine*). Diese Alkaloide sind sehr toxisch und bewirken Übelkeit, erregen Erbrechen und führen zum Tod durch Atemlähmung.

Literatur: Adovasio & Fry 1976, Diaz 1979, Mercatante 1980, Sauer & Kaplan 1969, Schultes & Hofmann 1980.

Abb. 5: Anthropomorphe Darstellung einer Zauberbohne der Mochica (Peru, vorspanisch; nach Kutscher).

BORRACHERO (Methysticodendron amesianum). Der Borrachero, „Trunkenmacher", oder *culebra borrachero,* „Schlangen-Trunkenmacher" genannte Baum wird von den Sibundoy-Indianern in den kolumbischen Anden kultiviert. Er ist eng mit der →*Engelstrompete* verwandt und wird ebenso im Schamanismus verwandt. Die Schamanen bereiten aus den frischen Blättern einen Tee, den sie zum Heilen, Wahrsagen und Prophezeien einnehmen. Anscheinend wird der Trank auch bei Schadenzauber benutzt. Im großen und ganzen ist der Gebrauch mit dem der →*Engelstrompete* identisch.

In Kolumbien werden auch andere Zauberpflanzen als Borrachero bezeichnet: →*Engelstrompete*, →*Guatillo*, →*Manaka*, →*Stechapfel*, →*Winden*, *Desfontainia spinosa*, *Gaultheria anastomosans*, *Pernettya spp.*, *Vaccinium floribundum*, die alle für die gleichen Zwecke verwendet werden.

Pharmakologie: Alle Pflanzenteile enthalten die Tropen-Alkaloide Scopolamin und Atropin, sowie einige Nebenalkaloide von ungeklärter Struktur. Ein Borrachero-Tee wirkt erregend, halluzinogen oder hypnotisch.

Literatur: Schultes & Hofmann 1980.

BRECHNUSS (Strychnos nux-vomica). Brechnüsse sind die Samen des Strychninbaums. Der Strychninbaum ist eine alte Kulturpflanze des Menschen. Er ist mittlerweile in allen tropischen Zonen Asiens heimisch. Die Früchte und Samen, die „Krähenaugen" (wegen der Ähnlichkeit), dienten vornehmlich zur Herstellung von Pfeilgiften, wurden aber auch medizinisch genutzt. Brechnüsse waren auch wichtige Zaubergegenstände und wurden von vielen Zauberern als Gifte zum toxischen Schadenzauber, in geringer Dosis aber auch zum aphrodisischen Liebeszauber benutzt. In Indien und Persien sind viele aphrodisierende Getränke, Latwergen und Pillen (Gandschakini) bekannt, die Brechnuß enthalten. Ein indisches Majun-Rezept enthält neben →*Hanf*-Blättern noch →*Mohn*-Blätter, Blumen des →*Stechapfels*, Krähenaugen, Zucker und Milch. In Persien nehmen die „rechtgläubigen Muselmänner" einen Trank aus →*Hanf*, Krähenaugen, Kali und →*Wein* oder einen *bangue, baeng* oder *beng* genannten Tee aus →*Hanf*, →*Mohn*-Blättern und Krähenaugen als Aphrodisiakum zu sich.

Pharmakologie: Die Samen der Brechnuß enthalten mehrere Alkaloide und Glykoside. Die beiden wichtigsten Alkaloide sind die Indole Strychnin und das analoge Brucin. Die tödliche Strychnindosis liegt bei Erwachsenen bei 2–3 mg. Häufig treten bei Strychninvergiftungen harte Erektionen auf. In kleinen Dosen der Samen (größte Einzelgabe 0,1 g; größte Tagesgabe 0,2 g) ist es ein wirkungsvolles Aphrodisiakum (vgl. Stark 1984: 36). Bei etwa doppelter Dosis (200 mg der Nuß) kann es zu leicht psychedelischen Zuständen kommen, die durch die Schärfung der Sinnesfunktionen, besonders der Sehkraft, des Geruchs- und Geschmackssinnes gekennzeichnet sind. Wegen dieser Wirkung ist in der Drogenszene mitunter Strychnin oder Brechnuß als LSD verkauft worden. Hitler soll angeblich strychninsüchtig gewesen sein; er hat sich mit hohen Dosen in eine „euphorische Trance“ versetzt. Ein wirksames Gegengift bei Brechnuß- oder Strychninvergiftungen ist →*Kava-Kava.*

Literatur: Müller-Ebeling & Rätsch o. D., Stark 1984.

BUNTBLATT (Coleus blumei, Coleus pumilus). Es gibt etwa 150 Buntblatt-Arten, die zur Familie der Lippenblüter zählen, und allesamt aus den tropischen Gebieten der Alten Welt stammen. Sie wurden früh nach Amerika gebracht. Dort nahmen sie bald einen Platz in der einheimischen Zauberei ein. Die Mazateken benutzen die Blätter des Buntblattes als Ersatz für die →*Wahrsagesalbei.* Dabei wird die Art *C. pumilus* als „männlich“ *(el macho),* die Art *C. blumei* als „Kind“ *(el nene)* oder „Patenkind“ *(el ahijado)* gedeutet. Den mazatekischen Zauberern zufolge hat das Buntblatt ähnliche Wirkungen wie die →*Wahrsagesalbei.*
In Brasilien wird das Buntblatt *maconha* genannt und als Ersatz für Marijuana (vgl. →*Hanf*) genommen (ein anderer Marijuana-Ersatz ist *Cestrum laevigatum*). So steht das Buntblatt unter dem Schutz der Macumba-Gottheit Ossãe, dem Gott der heiligen Pflanzen und Heilkräuter (vgl. →*Jurema*). Ihm zu Ehren wird in Macumba-Zeremonien *maconha* (Buntblatt oder →*Hanf*) geraucht. Da bei den Macumba-Riten eine Trance angestrebt wird, während der die Gottheit von einem Tänzer Besitz ergreift und sich durch diesen ausdrückt, ist der *maconha*-Gebrauch besonders hilfreich, das menschliche Individuum für die göttlichen Wesen zu öffnen.

Pharmakologie: Bislang konnten keinerlei psychoaktive Inhaltstoffe festgestellt werden. Selbstversuche waren ebenfalls negativ. Der Buntblattgebrauch ist noch ein offenes Forschungsfeld.

Literatur: Schultes & Hofmann 1980.

CANNA (Mesembryanthemum sp.). Mit Canna, Kanna oder Channa wurde eine Zauberpflanze der Hottentotten beschrieben: „Sie kauten sie und hielten sie lange im Munde. Davon würden sie trunken und erregt. Ihre ‚tierischen Geister belebten sich‘, die Augen funkeln, ihr Gesicht zeigte Lachen und Frohsinn. Tausend charmante Ideen entstünden in ihnen, eine sanfte Freude, die sich über die einfachsten Scherze amüsiere.“ (Lewin 1980: 296). Heute werden verschiedene *Mesembryanthemum*-Arten als Canna bezeichnet. Wurzeln, Blätter und Stengel werden gekaut oder getrocknet geraucht. Allerdings stellen sich nicht die ehemals beschriebenen Wirkungen ein. Es scheint, als ob Canna eine der verlorenen

7: Der Fliegenpilz *(Amanita muscaria)* ist die wichtigste Zauberpflanze Eurasiens.

8: Ein Fliegenpilzhut im getrockneten Zustand. Nur so kann er die von Zauberern und Schamanen gewünschten Kräfte entfalten.

9: Ginsengwurzeln *(Panax ginseng)* gehören zu den ältesten Zauberpflanzen der Menschheit. Oben ein „Ginsengmännchen", unten ein „Ginsengweibchen". Die hier abgebildeten, wegen der anthropomorphen Gestalt sehr kostbaren Wurzeln wurden 1986 in Beijing erworben.

Zauberpflanzen ist. Möglicherweise wird sie von den Zauberern vor den weißen Forschern geheimgehalten. Vielleicht war die Pflanze Kankan *(Elaeophorbia drupifera)* mit „Canna" gemeint. Kankan wächst in Westafrika und wurde als Medizin, Fischgift und halluzinogener Zusatz zu →*Iboga*-Trünken benutzt (Emboden 1972: 29). Vielleicht ist Canna auch mit →*Hanf* oder den berauschend wirkenden Pflanzen *Sclerocarya caffra* und *Sclerocarya schweinfurthi* identisch.

Pharmakologie: In *Mesembryanthemum tortuosum* finden sich zwei betäubend wirkende Alkaloide (Mesembrin, Mesembrenin). Das Kauen von *Mesembryanthemum* hat ähnliche Effekte wie das Kauen von →*Coca.*

Literatur: Lewin 1980, Schultes & Hofmann 1980.

COCA *(Erythroxylon coca).* Im alten Inkareich war der Cocastrauch eine heilige Pflanze der Götter. Ihm wurde aufgrund seiner kräftigenden Wirkung eine göttliche Abkunft zugeschrieben. Die Coca war eine verführerische Frau, die die Menschen mit ihren Kräften segnen konnte. Die Blätter, deren Gebrauch streng geregelt war, wurden überwiegend zeremoniell gebraucht. Spezialisten sagten mit ihnen wahr, opferten sie den Inkas und den Göttern, verteilten sie bei religiösen und staatlichen Festen. Ein rein hedonistischer Gebrauch war unbekannt. Selbst die Verwendung der Cocablätter als Aphrodisiakum stand in einem religiös-rituellen Gefüge. Vor der Cocaernte mußte der Sammler mit einer Frau geschlafen haben, damit Mama Coca günstig gestimmt wurde. In ihrem Namen wurde dann ein Cocasud oder cocahaltige Speichel auf den Penis gerieben. Diese Prozedur verlängerte die erotischen Abenteuer, die sich unter dem Schutz der Göttin abspielten. Die Ärzte und Zauberpriester der Inka gebrauchten die Coca als Heil- und Narkosemittel. Bei Operationen, besonders aber bei den Schädeltrepanationen, wurden Cocaextrakte eingesetzt. Sie wird nach wie vor bei religiösen Festen und zur Wahrsagerei (vgl. →*Mutterkorn*), aber auch bei der schweren Arbeit in den Minen und im täglichen Leben benutzt. Coca spielte auch bei den Mochica-Chimu, einer altperuanischen, präinkaischen Kultur eine rituell-magische Rolle. Bei den Mochica war die anale Sexualmagie weit verbreitet. Dabei wurde den Kopulierenden ein Klistier gegeben, das vermutlich Gebräue aus Coca und anderen Zauberpflanzen (→*Engelstrompete,* →*San Pedro,* →*Villca*) enthielt (vgl. →*Agave*). Diese Praktiken sollten die Kontaktaufnahme mit gewöhnlich nicht sichtbaren Wesenheiten ermöglichen.

Der Coca-Gebrauch hat sich heutzutage bei vielen Amazonas-Indianern etabliert. Dabei steht er meist in einem magischen Zusammenhang, wie bei den Pirá-Indianern: „Jeder erwachsene Mann verwendet täglich etwa drei Stunden auf die Herstellung von Kokapulver aus den gerösteten Blättern des Kokastrauches. Dieses Pulver konsumieren die Männer tagsüber praktisch unablässig. Es macht sie körperlich leistungsfähiger, verhindert Ermüdung und betäubt das Hungergefühl. Aber nicht deswegen allein essen es die Yebámasa. Mit dem Koka nehmen sie zugleich die ihm innewohnende magische Kraft auf, die sich vitalisierend und damit schützend auf ihren Körper und Geist auswirkt. Daneben hat das Kokapulver eine wichtige soziale Funktion: das gegenseitige Anbieten von Kokapulver ist eine Kontakt- und Freundschaftsgeste." (Deltgen 1979: 23). Die Schamanen verschiedener Stämme rauchen soviele Coca-Blätter, bis sie über eine Brücke aus Rauch in die magischen Geisterwelten steigen können und von da aus ihre Zauberkräfte zum Wirken bringen.

Pharmakologie: Die Coca-Blätter enthalten bis zu 2,5% Alkaloide, besonders Kokain (bis zu 1%); daneben Cinnamylkokain, Benzoylekgonin, Hygrin, Cuskhygrin, *a*- und *ß*-Truxillin; und ätherisches Öl, Wachs, Gerbstoffe und Minerale. Als Hauptwirkstoff gilt das Kokain, das zentral erregende, euphorisierende und sinnlich stimulierende Eigenschaften, lokal angewendet auch anästhesierende Wirkungen hat.

Literatur: Andrews & Solomon 1975, Antonil 1978, Martin 1969, Mortimer 1974, Naranjo 1974, Quijada Jara 1982, Rätsch 1987f, Thamm 1986.

COLORINES (Erythrina americana). Die leuchtend roten Samen dieser Baumleguminosae (vgl. →*Bohnen*) werden von den Zauberern und Wahrsagern verschiedener guatemaltekischer Indianer (Ixil, Mam) zur Divination benutzt. Die Bohnen werden dabei zum Abzählen der bedeutungsvollen Tage des Wahrsagekalenders benutzt. Der Baum wird in den medizinischen Zaubersprüchen der Maya-Indianer als magisches Heilmittel beschworen. Die Azteken nannten ihn Tzompantli-Baum und assoziierten ihn mit dem Opfertod. Aus dem Holz wurden Götterfiguren geschnitzt. Heutzutage werden in Mexiko aus dem Holz kleine ithyphallische Figuren gearbeitet, die als Schutzamulette Herd, Küche und Speise beschützen sollen. Die roten Bohnen wurden als Aphrodisiaka und Traumdrogen benutzt. Sie scheinen für nymphomanische Frauenräusche benutzt worden zu sein.

Pharmakologie: Die Samen enthalten Cytisin und Indolalkaloide, die psychotrop wirksam sind (vgl. →*Bohnen,* →*Ginster,* →*Paternostererbsen*). Die Alkaloide scheinen berauschende Wirkungen zu haben, können aber ekstatische Raserei und den Tod auslösen.

Literatur: Heffern 1974, Rätsch 1986a, Reko 1986.

DATTELPALME (Phoenix dactylifera). Die Dattelpalme stammt aus Mesopotamien und wird dort seit 8000 Jahren kultisch verehrt. Die Völker des Zweistromlandes, die Araber und Ägypter hielten die Dattelpalme für einen heiligen Baum von göttlicher Herkunft und gebrauchten alle Pflanzenteile. Die Datteln wurden gegessen, oder ausgepreßt. Die Kerne zermahlen und als „Dattelkaffee" getrunken. Dattelkerne gehörten zu den Zaubergeräten der altägyptischen Magier. Über ihre magische Verwendung ist leider nichts weiter bekannt. Die Sumerer benutzten Wurzeln, Rinde, Blätter und Samen in der Medizin. Die Rispen wurden als Amulette und Zauberwaffen eingesetzt. Die Zauberpriester bedienten sich der Dattelrispen als magische Waffen. Sie stärkten diese Waffen mit einem Zauberspruch: „... Mein Bannspruch ist der Bannspruch Eas, Mein Zauberspruch ist der Zauberspruch Marduks, Der Bann Eas ist in meiner Hand, Die →*Tamariske,* die mächtige Waffe Anus, halte ich in meiner Hand; Die Blütenscheide der Dattel, machtvoll in der Entscheidung, halte ich in meiner Hand. Meinem Körper dürfen sie nicht nahekommen, Vor mir dürfen sie nichts Böses tun, Noch mir nachfolgen ... Durch den Himmel seist du gebannt! Durch die Erde seist du gebannt!" (Auszug, nach Sigerist 1963: 85f)
Vom Stamm der älteren Dattelpalmen wird ein Saft gezapft, der sich sogleich im Gärungsprozeß befindet und als Palmwein bekannt war. Er wurde besonders wegen seiner aphrodisierenden Eigenschaften gelobt. Er diente aber auch als ritueller Rauschtrank. Dazu wurde er mit verschiedenen anderen Zauberpflanzen, vermutlich →*Bilsenkraut,* →*Stechapfel,* →*Alraune* oder →*Hanf* gewürzt. Ein in Keilschrift verfaßter Text über die Rauschwirkung eines solchen Weines ist uns überliefert worden: „Wenn ein Mensch Rauschtrank getrunken hat und sein Kopf ihm gepackt ist, er seine Worte vergißt, während seines Redens sie auswischt, seinen Verstand nicht festhält, dem betreffenden Menschen seine Augen starr sind, sollst du zu seiner Genesung Süßholzsaft (ein traditionelles Antidot bei →*Stechapfel*vergiftungen) ... Bohnen, Oleander ... in eins zerreiben, er soll es mit Öl und Rauschtrank vor dem Herabkommen der Gula (= ‚am Abend bevor die Sterne aufgehen'), am Morgen, ehe die

Sonne aufgeht und ehe jemand ihn geküßt hat, trinken, so wird er genesen." (nach Sigerist 1963: 30) Die hier beschriebenen Symptome deuten auf die Wirkungsprofile der Nachtschattengewächse hin.

Pharmakologie: Außer Ribloflavin (Vitamin B_2) sind in der Dattelpalme keine Wirkstoffe enthalten. Die berauschende Wirkung des Palmweins geht auf den Alkoholgehalt zurück. Die aphrodisische Wirkung ebenfalls.

Literatur: Sigerist 1963, Thorwald 1962.

DITA (Alstonia scholaris, Alstonia venenata). Dita ist ein 30–40 m hoher Baum, der in den tropischen Wäldern Indiens und Südostasiens wächst. Aus der Rinde wurde früher Pergament gewonnen, das in der tantrischen Zauberkunst zur Herstellung von Amuletten diente. Die Rinde wird auch in der ayurvedischen und volkstümlichen Medizin gebraucht. Teebereitungen werden bei Epilepsie und Schwachsinn verordnet. Die Samen gelten als Aphrodisiakum und werden bei den sexualmagischen Übungen des Tantra eingenommen. Sie sollen die für die langen Rituale notwendigen dauerhaften Erektionen unterstützen und bei Männern die Ejakulation verhindern. Gerade aus den transformierten Energien der verhinderten Ejakulation beziehen die tantrischen Zauberer ihre Kräfte.

Pharmakologie: Die Ditasamen enthalten verschiedene halluzinogen wirkende Indolalkaloide (Alstovenin, Venenatin, Chlorogenin, Reserpin). In der Rinde finden sich die Alkaloide Ditamin, Echitamin und Echitenin.

Literatur: Miller 1985, Schultes & Hofman 1980.

EISENKRAUT (Verbena officinalis). Das Eisenkraut war eine der heiligen Pflanzen der Kelten und wurde von den Druiden für Heilzwecke und zur Bereitung von Zaubertränken gebraucht. Plinius hat über den Zaubergebrauch des Eisenkrautes bei den Galliern geschrieben, sie „würden die *verbenaca* zum Wahrsagen benutzen und die *magi* (Druiden) würden wahren Unsinn damit treiben. Wenn man sich damit salbe, so erlange man alles, was man wolle; das Kraut vertreibe Fieber, stifte Freundschaft und heile alle Krankheiten. Man müsse es beim Aufgang des Hundssternes (Sirius) sammeln, wenn weder Sonne noch Mond scheine, zuvor aber die Erde mit Wachs- und Honigopfer versöhnen. Mit Eisen müsse man einen Kreis um die Pflanze ziehen und sie alsdann mit der linken Hand ausgraben." Möglicherweise war der Gebrauch des Eisenkrautes auch mit den magischen Praktiken der Schmiede verbunden. Auch die Germanen benutzten das Eisenkraut als Amulett bei Friedensverträgen, gegen den bösen Blick und gegen das Beschreien der Hexen. Das Eisenkraut sollte Kraft verleihen („zäh wie Eisen“, „hart wie Stahl“) und als Aphrodisiakum wirken (die Härte des Eisens sollte sich auf den Penis übertragen). Bis in die Neuzeit hinein war Eisenkraut in Mitteleuropa eine geachtete Zauberpflanze. Sie sollte Gespenster und böse Geister vertreiben, brennende Liebe („wie glühendes Eisen“, „ein Eisen im Ofen“) erwecken, wunderbare und prophetische Träume verleihen und den Geist erfrischen. Das Kraut wurde als Amulett zum Schutz vor Dämonen getragen, gehörte aber auch zu den Ingredienzien der →*Hexensalben.* In der Volksmedizin gilt das Kraut als Allheilmittel.

Pharmakologie: Eisenkraut enthält verschiedene Glykoside (Verbenalin, Hastatosid), ätherisches Öl, Bitterstoff und Schleim. Die Pharmakologie ist noch ungeklärt (!). Parasympathomimetische Wirkungen konnten bei Tierversuchen festgestellt werden.

Literatur: Engel 1978, Gessmann o. D., Schöpf 1986.

ENGELSTROMPETE (Brugmansia candida, Brugmansia spp.). Schon in präkolumbischer Zeit gehörten die schönen Engelstrompeten oder Baumdaturas zu den kultivierten Zier- und Zauberpflanzen vieler südamerikanischer Indianer. Die Pflanzen vermehren sich nur durch Stecklinge, eingepflanzte Samen und Zucht. Wildformen sind nicht mehr bekannt. Die Engelstrompeten sind eng mit dem →*Borrachero* und dem →*Stechapfel* verwandt. Die Engelstrompeten werden auch *Huacacachu, yerba de Huaca, huanco, chamico, floripondio, toa, tonga, campanilla, maicoa* oder auch →*Borrachero* genannt. Aus allen Pflanzenteilen werden narkotische Trünke bereitet, die Visionen bewirken, die Zauberer in Ekstase versetzen, ihnen Gespräche mit den Geistern ihrer Ahnen ermöglichen, sie in Kontakt zu den Göttern bringen und ihnen Aufschluß über die in den Gräbern *(huacas)* verborgenen Schätze verleihen. Meist werden aber nur die Blätter oder die wundervollen, duftenden Trompetenblüten benutzt. Viele Indianer bauen heutzutage Engelstrompeten wegen der Schönheit an. Sie rauchen die getrockneten Blätter, Blüten und Samen bei Asthma, Bronchitis und Husten, oder einfach als Aphrodisiakum. Die frischen Blätter werden als Heilmittel auf offene Wunden, Schürfungen, Tumore, Knochenentzündungen, Verbrennungen, Gürtelrosen und schmerzende Gelenke und Hautpartien gelegt. Bei Kopfschmerzen und Unruhe binden sie frische erhitzte Blätter auf die Stirn. Die Heiler der mexikanischen Tzeltal-Indianer vermischen die getrockneten Blätter der *Brugmansia suaveolens* mit →*Tabak (Nicotiana rustica),* um „die Dinge sehen" zu können. Sie erkennen dann Krankheitsursachen und können ihre Heilkräfte fördern. Bei Verrenkungen und Verstauchungen oder schmerzende Stellen, die durch „Wind im Körper" zustande kommen, legen die Tzeltalen ein Pflanzenpflaster aus 2–3 Blüten und der gleichen Menge Rizinusblättern auf. In Mexiko heißt es, die frischen, noch duftenden Blüten bewirken einen tiefen Schlaf und schöne, erotische Träume, wenn sie unter das Kopfkissen gelegt werden. Die Blüten spielen auch im Liebeszauber eine Rolle.

Die kräftig wirkenden Samen der blutroten Engelstrompete *(Brugmansia sanguinea)* werden in Chicha (vgl. →*Mais*) eingelegt. Der Trunk gilt als mächtiges Aphrodisiakum. Engelstrompeten werden auch in Schnaps eingelegt und als Tonikum getrunken oder dem →*Ayahuasca* beigegeben.

Manche Brugmansia-Arten haben sich in allen tropischen und subtropischen Zonen als Zierpflanzen eingebürgert. Sie werden in Nepal, China, auf den Philippinen und in Indonesien genauso wie der →*Stechapfel* volksmedizinisch und magisch genutzt.

Pharmakologie: Die Engelstrompeten enthalten in allen Pflanzenteilen die zugleich zentral erregenden und dämpfenden und ebenfalls peripher dämpfenden Tropan-Alkaloide (hauptsächlich Hyoscine, Skopolamin und etwas Atropin). Schon bei geringer Konzentration kann es zu sogenannten „anticholinergen Delirien" kommen, die durch hypnagoge und halluzinatorische Zustände gekennzeichent sind. Der betäubende Blütenduft hat psychoaktive und aphrodisierende Wirkungen.

Literatur: Davis 1986, Lockwood 1979, Rätsch 1987f, Schultes & Hofmann 1980.

FANG-KUEI (Peucedanum japonica). Die Wurzel dieser ostasiatischen Umbellifere wird medizinisch genutzt. Alten Quellen zufolge hat sie jedoch zauberische Qualitäten, die in ihrer Wirkung nicht zu unterschätzen sind. Im *Tao Hung-ching* heißt es: „Fiebernde sollten sie nicht nehmen, denn sie wirkt betäubend und läßt Geister erscheinen."

Die in China gedeihende verwandte Art *Peucedanum decursivum* gilt seit alters her als Lenzmittel (= Aphrodisiakum) und Vermehrer der Lebenskraft. Die Wurzel hat auch nervenberuhigende Eigenschaften.

Pharmakologie: unbekannt, möglicherweise toxische Bestandteile.
Literatur: Li 1978, Stark 1984: 95.

Abb. 6: Alte Darstellung der Pflanze Fang-k'uei (aus dem *Chêng-lei pên-ts'ao* von 1249).

FLIEGENPILZ (Amanita muscaria). Der Fliegenpilz wächst in allen Teilen der Erde. Überall ist er bei Schamanen, Zauberern und Heilern eine begehrte Zauberpflanze, bei gewöhnlichen Menschen jedoch ein gefürchtetes Gift. Getrocknete Fliegenpilzhüte oder in dem Preßsaft der →*Trunkelbeere* oder des Weidenröschens *(Epilobium angustifolium)* eingelegte Stücke werden von den sibirischen Schamanen eingenommen, um in die schamanische Trance zu verfallen. Bei den taoistischen Alchemisten dienten Fliegenpilzextrakte als Zutaten zu diversen Unsterblichkeitselixieren. Im Hindukusch hat sich ein altes Ritual erhalten, bei dem Fliegenpilzstücke mit Bergspringkraut *(Impatiens montana)* und übersäuerter Ziegenkäselake gekocht werden. Diesem Sud werden gelegentlich die samentragenden Blütenkelche des →*Bilsenkrautes* beigemengt. Der Fliegenpilz heißt dort *tschasch baskon,* „Augenöffner". Der Fliegenpilz ist mehrfach mit den klassischen Zauberpflanzen →*Haoma* und →*Soma* in Verbindung gebracht worden.

Der Fliegenpilz war schon im Altertum bekannt. Die Ägypter nannten ihn „Rabenbrot", eine Bezeichnung, die sich bis in die Jetztzeit in Mittel- und Osteuropa erhalten hat. Nach Ranke-Graves verzehrten die Anhänger des Dionysos bei den dionysischen Festen und Mysterien den Fliegenpilz, „der enorme Körperkraft, erotische Potenz, wahnhafte Visionen und prophetische Gaben verlieh." (1985: 49) Man hat sogar das Urchristentum auf einen Fliegenpilzkult zurückgeführt (Allegro 1971). Bei den alten Germanen war der Fliegenpilz Wotan/Odin, dem Gott der Ekstase und Entdecker der zauberkräftigen Runen, zugeordnet. Der Sage nach entstehen Fliegenpilze dort, wo der Schaum aus dem Maul von Wotans Pferd auf die Erde tropft. Der Name Rabenbrot deutet auf die beiden allwissenden und alles sehenden Raben Wotans hin. Der deutsche Name „Fliegenpilz" leitet sich wahrscheinlich von der Fliege als Zaubertier und/oder der Kraft des Pilzes, den Menschen „fliegen zu lassen" her. Die Assoziation mit einem „Fliegengift" hat sich genauso als falsch erwiesen, wie die Behauptung, der Fligenpilz könne Menschen in Berserker verwandeln (vgl. →*Sumpfporst*). Der Fliegenpilz wächst auch in Nord- und Mittelamerika *(Amanita muscaria var. americana).* Die Lakandonen nennen ihn *äh kib lu'um,* „das Licht der Erde", und wissen, daß er das Bewußtsein verändert, wenn man ihn ißt. Die Schamanen der benachbarten Chuj-Indianer sammeln die Fliegenpilze in den Pinienwäldern und trocknen die Hüte. Wenn sie von einem Patienten konsultiert werden, rauchen sie eine Mischung aus den Fliegenpilzstückchen und einigen →*Tabak*-Blättern *(Nicotiana rustica).* Durch den Rauch versetzen sie sich

in eine Trance, in der sie die Krankheitsursachen erkennen können, und in der sie besondere Heilkräfte freisetzen. Der Genuß des Fliegenpilzes wird dort mit der Gottheit des Blitzes und Donners identifiziert. Ebenso benutzen einige Stämme aus Alaska den Pilz. Bei der Initiation der Dogrib-Schamanen werden Fliegenpilze gegessen. Der Initiant muß dabei bestimmten kulturell vorgegebenen Visionsmustern folgen können. Zuerst soll er den Tod erleben, dann die heilkräftige Ekstase. In Alaska wird der Pilz oft zur Divination gegessen oder geraucht. Ein ähnlicher Gebrauch ist bei den Ojibwa entdeckt worden.
Kürzlich ist bekannt geworden, daß die Igorot, die malayischen Ureinwohner der philippinischen Insel Luzon, einen traditionellen Fliegenpilzkult bewahrt haben. Sie nennen den Pilz *ampacao.* Sie kochen aus sechs frischen Pilzen einen halluzinogenen Trank, der bei Übergangsriten getrunken wird.

Pharmakologie: Der frische Fliegenpilz enthält Cholin, Acetylcholin, Muscarin, Muscaridin, Muscazon, Butyltrimethyl-ammonium und die Spurenelemente Selen und Vanadium. Im frischen Pilz ist auch Ibotensäure enthalten, deren Gehalt bei der Trocknung durch Decarboxylierung abnimmt. Aus der schwach wirksamen Ibotensäure entsteht so das stark psychedelisch wirkende Muscimol.

Literatur: Alegre 1980, Allegro 1971, in Efron 1967, Lowy 1974 und 1977, Ott 1976b, Pollock 1975, Rätsch 1986b und 1987f, Sandford 1973, in Schröder 1985, Schulte o. J., Wasson 1972 und 1979.

FO-TI-TIENG (Hydrocotyle asiatica minor). Diese kleine Sumpfpflanze kommt überall in Asien vor. In Sri Lanka werden die frischen Blätter gegessen. Sie geben Gesundheit und langes Leben. Der chinesische Name *fo-ti-tieng* bedeutet „Elixier des langen Lebens". Die Taoisten benutzten die Pflanze, oft in Kombination mit → *Ginseng,* um auf magische Weise der Unsterblichkeit näher zu kommen. Fo-ti-tieng wurde auch als Aphrodisiakum in der taoistischen Sexualmagie benutzt (vgl. → *Holzrose*).
Der Name Fo-tie-tieng scheint noch weitere Pflanzen zu benennen, die ähnlich benutzt werden: *Centella asiatica* (auch unter dem Namen *Gotukola* bekannt), *Polygonium multiflori* (auch unter dem Namen *Shoo Koo* bekannt).

Pharmakologie: In den Blättern und Samen von *Hydrocotyle asiatica minor* ist ein Alkaloid entdeckt worden, das noch die provisorische Bezeichnung „Vitamin X" trägt. Es scheint auf die Nerven, das Gehirn und die endokrinen Drüsen stimulierend und verjüngend zu wirken. In Gotu-kola ist der antibiotische Wirkstoff Asiaticosid enthalten.

Literatur: Miller 1985, Stark 1984.

GAISE NORU NORU (Ferraria glutinosa). Bei den ekstatischen Heiltänzen der Buschleute in der Kalahariwüste werden gelegentlich magische Pflanzen benutzt, um den Weg in die heilkräftige Trance *(Kia)* zu erleichtern. Die iklo-Buschleute nehmen dazu →*Hanf* oder Gaise Noru Noru: „Beim Tanz haben es alle – alle Männer getrunken, außer denen, die nicht vorhatten zu tanzen. Alle die getanzt haben, haben es getrunken. Diejenigen, die noch kein Kia erreicht hatten, haben mehr getrunken als die, die das Kia schon erreicht hatten. Wir Ältesten, die wir das Kia schon vor langer Zeit erlebt hatten, haben von dem Mittel nur ein bißchen getrunken . . . Du fühlst, wie sich bei dir im Bauch, in der Brust und im Rücken etwas zu bewegen beginnt. Im Rücken pulsiert es, und du spürst dort etwas wie ein Stechen . . . Du spürst, wie bei dir die Wirbelsäule vorne anfängt, mit dem Herzschlag zu pulsieren, und wie sie zu zittern beginnt. Ich sage, daß dieses Gaise Noru Noru stark ist, weil man es nicht einfach getrunken hat. Man mußte gewaschen werden, und man mußte mit bestimmten Nahrungsmitteln gefüttert werden. Gewisse Nahrungsmittel waren einem verboten, und man wurde mit frisch erlegtem Fleisch, dem Blut davon eingerieben. Danach wurde man wieder von etwas anderem gewaschen. All das ist mit diesem Gaise Noru Noru verbunden. Und deshalb sage ich, daß es stark war." (zit. nach Katz 1985: 299, 301, 307)
Der Gaise Noru Noru-Trank wird aus den Wurzeln gekocht.

Pharmakologie: Die Wurzel enthält noch nicht weiter erforschte psychoaktive Wirkstoffe.

Literatur: Katz 1985.

GALANGAN (Kaempheria galanga). Diese dem →*Ingwer* verwandte Pflanze wächst in den feuchten tropischen Zonen Südostasiens. Die aromatische Wurzel wird als Gewürz, Medizin und Zauberpflanze genutzt. Sie ist auch unter den Namen Marabawurzel oder Kampferwurzel bekannt. In Neuguinea wird aus der Wurzel ein halluzinogener Trank bereitet, der euphorisierend und aphrodisierend wirken soll. In der indonesischen Jamu-Medizin, wird die Wurzel allen stimulierenden, lebensverlängernden und liebeserregenden Pulvern zugesetzt.
Diese Zauberpflanze muß noch eingehend erforscht werden.

Pharmakologie: Der Wurzelstock enthält ätherische Öle, die psychoaktiv wirken. Ihre genaue chemische Zusammensetzung und Pharmakologie sind unbekannt.

Literatur: Schultes & Hofmann 1980.

GINSENG (Panax ginseng, Panax quinquefolium). Die in Ostasien beheimatete, inzwischen kultivierte Ginsengpflanze hat eine abenteuerliche, sagenumwobene Geschichte in der Zauberei, Alchemie und Medizin des Ostens. Die mit einer anthropomorphen Wurzel ausgestattete Pflanze wurde oft als →*Alraune* des Ostens bezeichnet. In Indien gilt sie als Bruder des →*Soma* und als Lebenselixier. Der Name Ginseng kommt von *gin,* „Mensch", und *seng,* „Essenz". Die Wurzel gilt als Kristallisation der Essenzen von Himmel und Erde in Form eines Menschen. In ihr leben die irdischen und himmlischen Lebenskräfte. Sie ist die materielle Manifestation des spirituellen Teils der Natur. Wer die Wurzel ißt, wird gesund und jung bleiben und vielleicht ewiges Leben erlangen. Die Wurzel wurde von den taoistischen Zauberern zur Herstellung der Unsterblichkeitselixiere verwendet und mit anderen Zauberpflanzen (→*Dattel,* →*Hanf,* →*Ingwer,* →*Mohn,* →*Tee,* →*Wein*) kombiniert. Im *Tao Hung-ching* heißt es, „Nekromanten benutzen sie (→*Hanf*-Samen) zusammen mit Ginseng, um die Zeit zu überbrücken und zukünftige Ereignisse zu erschauen." Die getrocknete, beschnitzte und gelegentlich bekleidete Wurzel ist ein mächtiges Amulett. Der Besitzer wird jung und gesund bleiben, fruchtbar sein, Reichtum und Ansehen gewinnen. Die Wurzel ist außerdem ein starkes Lenzmittel (Aphrodisiakum) und bewirkt Liebeszauber. Da anthropomorphe Wurzeln rar sind, werden sie entsprechend teuer gehandelt und oft gefälscht (etwa durch minderwertige *Panax*-Arten).
Es gibt auch eine in Nordamerika wildwachsende Ginsengart *(Panax quinquefolium).* Erstaunlicherweise hat sie bei nordamerikanischen Indianern eine ähnliche kulturelle Bedeutung als Zauberpflanze wie in Asien. In den entsprechenden Indianersprachen bedeuten die jeweiligen Namen „Menschen-Wurzel". Sie wird als Zaubermittel, Aphrodisiakum und Heilpflanze benutzt. Oft wird sie mit anderen Zauberpflanzen kombiniert. Mit →*Tabak (Nicotiana glauca)* wird sie geraucht, mit →*Lobelienkraut* vermischt als Liebeszauber benutzt.

Pharmakologie: Ginsengwurzeln enthalten einen biogenen Wirkstoffkomplex aus Panaquilon, Panaxin, Pancen, Photosterol, Panaxsäure, Ginsenin, Hormonen, Vitaminen, Zucker und Enzymen. Die Gesamtwirkung ist antidiabetisch, beruhigend, stimulierend, antidepressiv, aphrodisierend, kreislaufstärkend, allgemein tonisierend, stoffwechselanregend und harmonisierend. Vermutete psychoaktive Eigenschaften oder Wirkstoffe konnten bisher nicht festgestellt werden.

Literatur: Fulder 1984, Heffern 1976, Hu 1976, Kappstein 1980, Kimmins 1975, Kreuter 1982, Müller-Ebeling & Rätsch 1986.

GINSTER (Cytisus canariensis). Der Ginster stammt von den Kanarischen Inseln. Aus den gelben Blüten werden in der Volksmedizin aphrodisierende Liebestränke gekocht. Der Ginster ist in Mexiko eingeführt worden und hat sich dort weit verbreitet. Die Yaqui-Zauberer stellen aus der Samenkapsel einen Trank her, der ihnen die Möglichkeit gibt, wahrzusagen, in die Vergangenheit und Zukunft zu reisen und ihre Heilkräfte zu stärken. In sexualmagischen Zirkeln werden Ginsterblüten mit →*Hanf* vermischt als Aphrodisiakum geraucht.

Pharmakologie: Alle Pflanzenteile enthalten das toxische Alkaloid Cytisin (vgl. →*Bohnen,* →*Colorines*). Möglicherweise sind noch weitere psychoaktiv wirksame Stoffe enthalten.

Literatur: Fadiman 1965.

GOLDKELCH (Solandra brevicalyx). Diese Pflanze aus der Familie der Nachtschattengewächse gedeiht in den tropischen und gemäßigten Zonen Mittelamerikas. Die großen gelben Blüten werden von den Lakandonenfrauen als Schmuck verwendet. Den betäubenden Duft reiben sie als aphrodisierendes Parfüm auf ihre Kleider. Im alten Mexiko kannten die Azteken den Goldkelch unter dem Namen *Tecomaxochitl.* Die Blätter wurden mit Kakao gekocht und als Liebestrank getrunken. Vor Überdosierungen wurde gewarnt: man trocknete aus und konnte an übermäßigem Geschlechtstrieb sterben. Heutzutage werden Tees aus den Zweigenden als Liebeszauber getrunken.
Bei den Huichol-Indianern gehört der Goldkelch zu den *kieli,* „Pflanzen der Götter". Sie ist der Gegenpart zum →*Stechapfel,* der *kielitsa,* eine „Pflanze der schlechten Götter". Am Anfang der Welt war der Goldkelch ein Gott, der aus der Vereinigung der kosmischen Schlange und dem Regen geboren wurde. Später hat er sich – zum Segen der Menschen – in eine Pflanze verwandelt. Sie ist so mächtig, daß sie für jede Form der Zauberei Verwendung findet. Die Huichol sagen, daß jeder, der die Pflanze stört oder beleidigt mit Wahnsinn oder Tod bestraft wird.

Der Pflanze werden Opfergaben dargebracht, die sonst nur noch dem →*Peyote* zugedacht sind: Zeremonial- und Zauberpfeile, Maisfladen, Tequila, Wollgarnbilder, Münzen, Tabaksflaschen, Schmuck und Miniatursandalen. Initianten brauchen eine fünfjährige Lehrzeit bei einem erfahrenen Schamanen, bevor sie die Pflanze in der Zauberei benützen dürfen. Es heißt, die Visionen sind denen des Peyotes ähnlich, können aber leicht erschreckend sein. Die Blätter des Goldkelches gelten als starke Waffen und Amulette gegen jede Art von schwarzer Magie. Die Pflanze kann aber auch zur schwarzen Magie mißbraucht werden (Todeszauber).

Pharmakologie: Alle Pflanzenteile enthalten die Tropanalkaloide Hyoscyamin, Scopolamin, Atropin, Nortropin und Cuskohygrin, die allesamt psychedelische Wirkungen haben (vgl. →*Engelstrompete,* →*Stechapfel*).

Literatur: Knab 1977.

GUARANÁ (Paullinia cupana, P. spp.). Die Guaraná-Liane wächst im zentralen Amazonasbecken. Sie wird von den dortigen Stämmen, besonders den Maué und Mundurucu, angebaut, als Genußmittel, Medizin und Zauberpflanze gebraucht. In der Tupi-Mythologie hat die Guaraná-Ranke einen schamanischen Ursprung. Die Schamanin Omniamasabé, deren „Wissen um die wirkliche, dem Menschen jedoch verborgene Welt" sehr umfangreich war, wurde in der Waldeinsamkeit von dem Schlangengott Mboy geschwängert. Bald gebar sie einen Sohn. Ihre eifersüchtigen Brüder beauftragten daraufhin einen Schamanen, den Sohn zu töten. Der trank →*Ayahuasca* und nahm die Gestalt eines Arara-Papageien an. Dergestalt suchte und tötete er den Jungen. Als die Tränen der Mutter über den Leichnam flossen, verwandelte er sich in den Guaraná-Strauch. Seither essen die Schamanen die Guaraná-Früchte, um in die Geheimnisse der wissenden Schamanin Omniamasabé eingeweiht zu werden (Melzer 1987: 39–44). Die Samen werden nach dem Trocknen gemahlen, mit Wasser vermengt zu einem Teig geknetet. Aus dem Teig, unter den manchmal auch Maniokmehl und Kakaopulver gemischt wird, werden faustgroße Guaraná-Brote geformt, die beim Trocknen enorm hart werden. Zum Gebrauch raspelt man etwas von diesem Brot ab, setzt es mit kaltem Wasser an oder gießt es als Tee auf. Als leicht stimulierendes Genußmittel wird eine kleine Dosis bevorzugt.

Pharmakologie: Guaraná enthält bis zu 5% Coffein, Gerbstoff, Saponin, Harz, Stärke, einen roten Farbstoff und das wenig erforschte ätherische

Öl Guaranin. Der hohe Coffeingehalt macht Guaraná zu der kräftigsten Purindroge; sie ist dreimal so stark wie →*Kaffee.* Das Öl hat leicht psychoaktive und aphrodisierende Wirkungen. Erstaunlicherweise verringert Guaraná die Pulsfrequenz und verschärft die Wahrnehmung. Ein Guaraná-Trunk macht wach, weckt den Appetit, wird bei Migräne, Neuralgien, Menstruationskopfschmerzen, bei Blasenleiden, gegen Fieber, Durchfälle oder als Aphrodisiakum und Antidepressivum getrunken.

Literatur: Melzer 1987, Rätsch 1987f.

GUATILLO (Iochroma fuchsioides). Die auch *arbol de campanilla, nacadero, paguanda* und →*borrachero* genannte Pflanze wächst in den kolumbischen Anden. Die Schamanen der Kamsá–Indianer kochen aus den frischen Blättern und der Rinde einen Sud, den sie trinken, um hellsichtig und heilkräftig zu werden, wahrsagen und prophezeien zu können. Sie nehmen diesen Trank, der tagelang unangenehme Nachwirkungen hat, nur bei schwierigen Fällen ein.

Pharmakologie: Die Pflanze enthält Alkaloide, die vermutlich zu der Tropan-Gruppe gehören (vgl. →*Engelstrompete,* →*Stechapfel*) und halluzinogene Eigenschaften haben.

Literatur: Schultes 1977.

GUAYUSA (Ilex guayusa). In den Regenwaldgebieten Ecuadors wächst eine Stechpalme, die eng mit →*Maté* verwandt ist und Guayusa heißt. Die Blätter haben die gleiche Wirkung und den gleichen Geschmack wie Maté, so daß man beide Arten lange Zeit für die selbe Species hielt.

Der deutsche Missionar Franz Xavier Veigl schrieb 1785 „wenn sich der Barbar etwa einige Tage vom Hause entfernen will, so trägt er auch sein Töpfchen, samt einem Busche Guayassablätter, am Halse hangend mit sich." Die Jíbaro und die Canelos-Indianer trinken morgens Tees oder Abkochungen aus den Blättern. Sie glauben, daß die Pflanze Kraft und Geschmeidigkeit verleiht und dem Jäger glückverheißende Träume beschert. Starke Sude dienen ihnen als Brechmittel, zur Mundspülung und als Klistiere zur Magen-Darmreinigung der Kinder. Besonders die Schamanen trinken vor der Einnahme von →*Ayahuasca* sehr starke Guayusa-Zubereitungen, um sich innerlich völlig zu reinigen. Guayusablätter sind in Gräbern von indianischen Heilern gefunden worden, die aus der Zeit um 500 v. Chr. stammen. Sie lagen zusammen mit Schnupfröhrchen (vgl. → *Villca*) und Klistiergeräten in einem Medizinbeutel.

Pharmakologie: Die Guayusa-Blätter enthalten gebundenes Koffein, Theobromin, Theophyllin, Chlororgensäure, Aromastoffe (u.a. Spuren von Vanillin), fettes Öl, Gerbstoffe und Harze. Guayusa wirkt stark anregend, abführend, harntreibend und appetitmindernd; in höheren Dosierungen brechenerregend und berauschend.

Literatur: de Smet 1985, Rätsch 1987f, Trupp 1984.

HANF (Cannabis sativa syn. *Cannabis indica).* Die Hanfpflanze gehört zu den ältesten Kulturpflanzen der Menschheit. Ihre vielseitige Verwendung wurde von vielen Völkern in Asien und Europa entdeckt. Wie alt der Gebrauch von Hanfprodukten als Rausch-, Zauber- und Heilmittel ist, bleibt beim derzeitigen Forschungsstand noch ungewiß. Sicher wurde Hanf bereits vor 5000 Jahren als Medizin genutzt. Vermutlich wurde der Hanf in China kultiviert. Er galt den alten Chinesen als göttliche Pflanze, denn er barg nicht nur Heil- und Zauberkräfte in sich, er war auch als Nahrungs- und Rohstofflieferant wertvoll. Die alten Taoisten aßen Hanf, um die Konzentration beim Lesen heiliger Schriften zu erhöhen. Der Hanfstengel wurde als Zauberstab benutzt. Damit wurde unter Beschwörungen die Lagerstatt eines Kranken abgeklopft und so der böse Zauber gebrochen. „Im 15. Jahrhundert erwähnt das *rhya* zum ersten Mal rituellen oder schamanistischen Gebrauch von *Cannabis.* Das während der Han-Dynastie zusammengestellte Arzneibuch des Shen-Nung erwähnt *ta-ma* als Grundstoff eines Elixiers der Unsterblichkeit. Dieses Elixier verwandelte einen Sterblichen in eine göttliche transzendente Person. Die Lehre des Tao betont, daß man zur Erreichung der Ziele des Tao sein eigenes Bewußtsein vergessen müsse. Genau dieser Zustand läßt sich mit *Cannabis* erzielen." (Emboden in *RR* I: 328) Im *Pen Ts'ao Ching,* dem traditionellen Standardwerk der chinesischen Kräuterkunde steht: „Wenn *ma-fên* ekzessiv genommen wird, läßt es einen Teufel sehen. Wird es über einen langen Zeitraum regelmäßig eingenommen, läßt es einen mit den Geistern verkehren und den Körper schweben." Meng Shen, der Autor des medizinischen Buches *Shi-liao pen–ts'ao* (7. Jh.) gibt ein genaues Rezept an: „Diejenigen, welche die Geister sehen wollen, benutzen rohe *ma*-Früchte, Ch'ang-p'u *(Acorus graminae)* und K'uei-chiu *(Podophyllum peltantum;* →*Mandrake)* zu gleichen Teilen, drehen daraus Pillen von der Größe einer Murmel und nehmen sie täglich im Angesicht der Sonne ein. Nach hundert Tagen kann man die Geister sehen." Die taoistischen Alchemisten stellten aus Hanfblüten eine Räucherung her, die ihnen Visionen gab und der Unsterblichkeit näher brachte. Interessanterweise wurde Hanf auch mit dem →*Stechapfel,* mit →*Ginseng* kombiniert und als Gegenmittel bei →*Akonit*-Vergiftungen eingesetzt. Der alte assyrische Name lautete *quunabu,* „indischer Hanf". Vermutlich wurde die Pflanze schon um 3000 v. Chr. von den Sumerern aus Indien ins Zweistromland importiert. Der Hanf wurde als Heilmittel bei Schmerzen, Bronchitis, Blasenleiden, Rheumatismus und Schlaflosigkeit benutzt. Thorwald vermutet, daß der Hanf auch zur Erzeugung eines notwendigen Rauschzustandes bei den Wahrsagern und Zauberpriestern benutzt wurde. In Indien wird Hanf seit der vedischen Zeit (1400 v. Chr.) als Medizin und magische Pflanze in der religiösen und medizinischen Literatur geführt. Neben vielen medizinischen Verwendungen der Cannabisprodukte ist seit alters her der Gebrauch als beglückendes Aphrodisiakum belegt. Agehananda Bharati sagt, „daß *vijaya* (= Cannabis) das einzig wirkliche Aprodisiakum ist." Bei tantrischen Ritualen wurden Cannabisgetränke zur Unterstützung der erotischen Ekstase getrunken (Aldrich 1977). Im Yoga diente Hanf zur Förderung der *siddhis,* jenen geistigen Kräften, die im Volksmund Zauberei genannt werden. Pantanjali, der Begründer des klassischen Yoga sagt: „Die Siddhis sind entweder angeboren oder erwachen durch Anwendung gewisser Kräuter (Hanf, →*Soma,* oder →*Stechapfel*) oder durch Versenkung in das innerste Ich oder durch Askese." Die Hanfpflanze wird selbst religiös verehrt: „Für die Hindu ist der Hanf heilig. Ein Wächter lebt in den *bhang*-Blättern. Wenn man im Traum die Blätter, die Pflanze oder einen *bhang*-Tee sieht, wird man Glück haben. Die Sehnsucht nach Hanf kündet Fröhlichkeit an. Er heilt Durchfall, Sonnenstich, löst den Schleim, bescheunigt die Verdauung, reizt den Appetit, glättet die lispelnde Zunge, erfrischt den Intellekt, gibt dem Körper Munterkeit und erfüllt den Geist mit Frohsinn. Dieses sind die guten Dinge, wofür der Almächtige (Shiva; vgl. →*Stechapfel*) den Hanf gemacht hat . . Der Geist des Hanfes ist der Geist des Friedens und des Wissens. In der Hanf-Ekstase wird der Blitz der Ewigkeit die Düsternis der Materie in reines Licht verwandeln. Hanf ist der ‚Freuden-Spender', der ‚Himmels-Flieger', der ‚himmlische Führer', der ‚Himmel des armen Mannes', der ‚Besänftiger der Trauer'. Kein Gott, kein Mensch ist so gut wie der religiöse Hanf-Trinker." (*Hemp Drug Commision Report, 1884;* zit. in Andrews & Vinkenoog 1968: 145) In der ayurvedischen Medizin wurden und werden Hanfpräparate bei sehr vielen Krankheiten, besonders bei Appetitlosigkeit und Impotenz verordnet. Das populärste Hanfmedikament des Ayurveda ist *Jatiphaladi churna,* eine Rezeptur des *Sarngadhara Samhita.* Das Gemisch besteht aus *ganja* und einer Reihe exotischer Gewürze. Weitere Hanf-Aphrodisiaka heißen

10: Gestapelte Maiskolben *(Zea mays)* in einem mexikanischen Indianerdorf. Zauberer können mit Maiskolben – genau wie mit vielen anderen Nahrungspflanzen – ihre magischen Fähigkeiten erwecken.

11: Der Mutterkornpilz *(Claviceps purpurea)* befällt verschiedene Getreide und Gräser. Mutterkorn war der Bestandteil vieler Zaubertränke.

Madana modaka und *Kamesvara modaka.* Im altiranischen Zend-Avesta ist Hanf die erste von 10.000 Heilpflanzen (vgl. →*Haoma*). Die alten Germanen benutzten das Kraut als Tranquillizer und Dioskurides verordnete Hanfsamen bei Ohrenschmerzen. Demokrit sagte, daß Hanf mit →*Wein* und Myrrhe vermischt Visionen erzeugen würde (Touw 1981: 24). Seit dem 9. Jahrhundert wird Cannabis von Sufis als Mittel zur Unterstützung der religiösen Ekstase gebraucht. Die mittelalterlichen arabischen Ärzte priesen Hanf als heilige Medizin und Aphrodisiakum (Nahas 1982, Sami-Ali 1971). Man vermutet, daß selbst der Prophet ein stiller Haschischgenießer war. Laut Hildegard von Bingen ist Hanf für den Menschen heilkräftig, fördert die Verdauung, verstärkt zwar bei Kranken die Kopfschmerzen, ist aber gut für die Gesunden. Die moslemischen und arabischen Ärzte des Mittelalters benutzten Haschisch als Heilmittel bei Asthma, Tripper, Verstopfung, als Appetitanreger, Aphrodisiakum und universales Gegengift bei Vergiftungen aller Art. Es hieß, Haschisch sei „wunderschöne Musik für die Sinne des Hörens“ und „öffne die Pforten der (sexuellen) Begierde“ (Nahas 1982: 823). In Persien wurden bereits zu Anfang des 17. Jahrhunderts aus Blättern und Samen des Hanfs mit Honig Pillen gedreht, die als Aphrodisiakum dienten (Most 1973: 571). Bei den serbischen Zigeunern gilt die Hanfblüte, gepulvert, mit Menstruationsblut vermischt, als magisches Aphrodisiakum (Aigremont 1986: 24). In Zentralasien (Tashkent) gibt es viele Rezepte für *nasha* (Hanf), die erotischen Prozeduren oder als Aphrodisiaka dienen. Das stärkste Aphrodisiakum ist der „Fröhlichkeitsbrei“. Er besteht aus *nasha,* Mandelbutter, getrockneten Rosenblättern, Bertramwurzel *(Anacyclius pyrethrum),* Blütenblättern der Gartennelke, →*Safran,* →*Muskatnuß,* Kardamom, Honig und Zucker. Praktisch in allen Gebieten der Welt, in denen Hanf kultiviert wird, gilt die Pflanze als Heilmittel, Aphrodisiakum und Zauberpflanze.

Im wesentlichen werden für die unterschiedlichen Rezepturen folgende Hanfzubereitungen benutzt:

– die blühenden, getrockneten weiblichen Blütenstände *(ganja, Marijuana, Flores cannabica)*
– das von den Blütenständen abgesonderte Harz *(kif, Haschisch, caras, polen, Rhesina cannabica)*
– die frischen oder getrockneten Blätter *(bhang, Gras, Folia cannabica)*

In Asien und Afrika wird Hanf für einen psychedelischen Gebrauch meistens mit anderen psychoaktiven Substanzen wie Opium (→*Mohn*),

→*Stechapfel,* →*Tabak,* →*Wein* oder →*Brechnuß* kombiniert (Touw 1981: 26). Hanf wurde auch als Gegengift bei Opiumüberdosierung gebraucht.

Pharmakologie: Der aus den harzigen Drogenanteilen (Cannabinole, Cannabinoide) extrahierte Hauptwirkstoff ist das $\Delta^{1(9)}$-Tetrahydrocannabinol (THC). Weitere THC-Abkömmlinge haben nur geringen Anteil an der psychotropen Wirkung. Das THC scheint keine direkte Wirkung auf das Bewußtsein zu haben. Es löst einen innerkörperlichen enzymatischen Prozeß aus, der die angestrebte Bewußtseinsveränderung bewirkt. Dieser komplizierte Vorgang muß vom Körper erlernt werden.

Literatur: Aldrich 1977, Andrews & Vinkenoog 1968, Behr 1982, Brunner 1977, Crowley 1979, Kimmins 1977, Li 1974 und 1978, Nahas 1982, Rubin & Comitas 1976, Touw 1981.

HAOMA (bisher nicht eindeutig identifiziert). In der altiranischen heiligen Schrift, dem Avesta – der Grundlage der zoroastischen Religion – wird ein heiliger Zaubertrank erwähnt, der Haoma heißt. Haoma hat seine Entsprechung in dem vedischen →*Soma.* Haoma war eine im Gebirge wachsende Pflanze, die in einer Milchbereitung kultisch eingenommen wurde. Die Parsen nahmen Haoma-Getränke, um Visionen von einer wirklicheren Wirklichkeit zu erschauen, sich den Göttern zu nähern, Einblick in die Geisterwelt zu bekommen und die Ursachen von Krankheiten und Mißlagen zu erkennen: „Den goldfarbenen hochgewachsenen Haoma verehren wir, den die Lebewesen fördernden Haoma ... den Todwehrer Haoma verehren wir, Ich rufe zu mir herab deine Rauschbegeisterung, o goldfarbener ... die Drug (‚Vertreter der Lügenwelt' = Dämonen) besiegend ... Den goldfarbenen ... Haoma ... den Todwehrer (Haoma) verehren wir, alle Haoma's verehren wir ..." (Yast 20.1–2) Der Haoma-Trank war auch das bedeutendste Opfer an die Götter: „Ihr opferte er, der asagläubige Zaraθustra in dem arischen Vaejah der guten Daitya mit Haoma enthaltender (Milch) ... mit ... Sprüchen. Und er bat sie um diesen Erfolg ..." (Yast 9.25) Haoma war auch das wichtigste apotropäische Räuchermittel. Pflanzenteile wurden auch in der öffentlichen und privaten Zauberei benutzt. Ein Avesta-Text beschreibt den Gebrauch als Zauberpflanze: „Einen *vor dem Untergang rettenden* Haoma(stengel) trage ich (als Zauber) bei mir, einen sieghaften Haoma(stengel) trage ich bei mir, den Beschützer des Guts trage ich bei mir, den Schützer (meiner) Person trage ich bei mir, – wenn man einen Haoma(stengel) (als Amulett) ansteckt, entgeht man der Fessel in der Schlacht ..." (Yast 14.57) Im Iran haben sich bis heute in zoroastischen Gemeinden (rudimentäre) Haoma-Kulte erhalten. Dort wird der Haoma-Trank entweder aus Granatapfel-Saft *(Punica granatum)* und →*Meerträubel* oder aus →*Raute* und Milch hergestellt. Das apotropäische Räuchern wird mit der →*Steppenraute* gemacht. Möglicherweise war Haoma ein Trank aus der Steppenraute, aus Meerträubel und (vergorener?) Milch. Ein weiteres Rudiment des Haoma-Rituals hat sich in einem →*Fliegenpilz*-Kult im Hindukusch erhalten. (Vgl. auch →*Moly*)

Pharmakologie: Den Beschreibungen im Avesta zufolge, muß es sich bei dem Haoma-Trank um eine stark psychedelisch wirkende Droge gehandelt haben. Diese Wirkung läßt sich kaum mit der relativ schwachen Wirkung der →*Steppenraute* erklären. Ob der Zusatz von →*Meerträubel* die Wirkung derart steigert, müßte noch experimentell erforscht werden. Die →*Raute* fällt aufgrund kaum vorhandener psychoaktiver Wirkung als Kandidat aus. Der →*Fliegenpilz* hat starke Wirkungen, die vielleicht durch die Steppenraute und das Meerträubel unterstützt oder synergistisch verändert wird.

Literatur: Flattery 1984, Hermanns 1980, Wolff 1910.

HEXENSALBEN. Von den Hexen-, Flug- oder Buhlsalben, die immer wieder in den Akten der mittelalterlichen und frühneuzeitlichen Hexenprozesse auftauchen und als Ursache für das nächtliche Ausfahren zum Hexensabbat genannt werden, heißt es, daß sie einem damit gesalbten Menschen ermöglichen, eine innere Reise in zauberische Welten anzutreten. Außerdem sollen sie das wichtigste Zaubermittel der Hexen und Zauberer gewesen sein. In den Prozeßakten werden die Rezepte der Hexensalben meist nicht genannt oder nur angedeutet. Es hieß, daß sie aus Menschenfett, eingekochten Kinderleichen usw. hergestellt seien. Gelegentlich wurde auch festgehalten, daß die Salben „Thebaicum, Smyrnapaste, Drachenblut, Schlaföl" (mittelalterliche Synonyma für Opium; vgl. →*Mohn*) und →*Teufelsdreck* enthalten. Bis in die frühe Neuzeit hinein blieben die Rezepte für Hexensalben geheim. Doch wurden – besonders im 16. Jahrhundert – von vielen Gelehrten und Ärzten(!) verschiedene Rezepte aufgezeichnet, die nach deren Meinung eine pharmakologische Basis für die berichteten Erlebnisse des Hexenfluges, des Sabbats, der erotischen Auswüchse und Orgien besaßen. Erstaunlicherweise stimmten die Hexensalbenrezepte immer mit den Rezepten für die Pappelknospensalben *(Unguentum populi)* überein (de Vries 1986).

Alle überlieferten Rezepte sind Kompositionen aus mehreren Zauberpflanzen: →*Akonit*, →*Alraune*, →*Artemisia*, →*Betel*, →*Bilsenkraut*, →*Brechnuß*, →*Eisenkraut*, →*Hanf*, →*Kalmus*, →*Knoblauch*, →*Lattich*, →*Mohn*, →*Nachtschatten*, →*Nieswurz*, →*Orchideen*, →*Safran*, →*Seerose*, →*Stechapfel*, →*Teufelsdreck*, →*Tollkirsche*, →*Tollkraut*, →*Wein*, aber auch Schierling, Spanische Fliege, Weihrauch (Olibanum, →*Benzoe*), Hauswurz, Petersilie, Sellerie, Brunnenkresse, Pastinak, Klatschmohn, Salat. Ob die Rezepte für die Hexensalben tatsächlich Erfindungen der als „Hexen" und „Zauberer" angeklagten Menschen waren, eine alte Tradition in einem heidnischen mitteleuropäischen Fruchtbarkeitskult hatten oder eine Komposition der frühen Apotheker waren, bleibt unklar. Von Philtren oder Liebestränken des 16. Jahrhunderts, so wie sie von den Apothekern zusammengebraut wurden, ist bekannt, daß sie sehr viele der „Satanischen Pflanzen und Kräfte" in sich bargen. Sie enthielten – wie die „Hexensalben" – Alraune, Spanische Fliege, Safran und andere Gewürze (Zimt, Majoran, Lavendel, Pfeffer), Myrrhe, Mastix, Wolfsfett, Eisenkraut. Im 18. und 19. Jahrhundert kamen viele hexensalbenähnliche Rezepte in Frankreich auf, die besonders für sexualmagische Zwecke bestimmt waren.
Aus Mexiko sind Salben bekannt geworden, die von den *brujas* („Hexen") zum aphrodisischen Liebeszauber verwendet werden. In diesen Salben finden sich hauptsächlich Extrakte aus dem →*Stechapfel*.

Pharmakologie: Die Wirkung der auf den nackten Körper aufgetragenen Hexensalbe wurde von dem Volkskundler Will-Erich Peuckert drastisch beschrieben: „Wir hatten wilde Träume. Vor meinen Augen tanzten zunächst grauenhaft verzerrte Gesichter. Dann plötzlich hatte ich das Gefühl, als flöge ich meilenweit durch die Luft. Der Flug wurde wiederholt durch tiefe Stürze unterbrochen. In der Schlußphase schließlich das Bild eines orgiastischen Festes mit grotesken sinnlichen Ausschweifungen." Die Wirkungen der Hexensalben sind vermutlich wegen der Synergismen der Bestandteile zu erklären: „Psychopharmakologisch ist die Hexensalbe deshalb vielleicht interessant, weil wir hier offenbar die einzige toxische Ekstasetechnik auf der Welt vor uns haben, in der spezifische Komponenten des Erlebens durch die Art der Zusammensetzung der Psychopharmaka erreicht werden. Dieses Prinzip gezielter Wirkung durch die Kombination von Wirkstoffen ist bisher wissenschaftlich nicht untersucht worden." (Leuner 1981: 67)

Literatur: de Vries 1986, Hansen 1981, Harner 1973, Hauschild 1981,

Marzell 1964, Müller-Ebeling & Rätsch 1986, Peuckert 1960, Römpp 1950, Rose 1972, Schrödter 1981, Spilmont 1984, Urchs 1986, Wedeck 1966.

HOLZROSE (Argyreia nervosa, Argyreia tuberosa und *A. spp.).* Diese zu den → *Winden* zählende Pflanze wächst hauptsächlich auf Hawaii, kommt aber auch auf dem asiatischen Kontinent vor. Die Samen dieser Winde galten früher in Hawaii als Rauschmittel der armen Leute. Über einen kultischen Zaubergebrauch in der Huna-Religion kann nur spekuliert werden. In der kalifornischen Subkultur gibt es Kräuterpillen, die aus 5 Samen der Holzrose, aus Damiana *(Turnera diffusa),* → *Ginseng,* → *Fo-Ti-Tieng* und Bienenpollen gedreht werden (sogenannte *Utopian Bliss Balls).* Sie werden in modernen sexualmagischen Praktiken eingesetzt. Die ethnobotanische Erforschung der Holzrose steht noch am Anfang.

Pharmakologie: Die Samen der Holzrose enthalten 0,3% Lysergsäureamid und Ergolin. Die Wirkung ist dem → *Ololiuqui* vergleichbar (siehe auch unter → *Winde*). Es wurden bis zu 13 Samen eingenommen. Nach einer anfänglichen Übelkeit und einem zerreißenden Schwindel kommt es zu farbenprächtigen Visionen mystischen Inhaltes. Euphorisierende und aphrodisische Wirkungen sind beobachtet worden (Stark 1984: 27f).

Literatur: Emboden 1974, Smith 1985, Stafford 1983.

IBOGA (Tabernanthe iboga). In den tropischen Waldgebieten West- und Zentralafrikas wächst die Ibogapflanze aus der Familie der Hundsgiftgewächse. Seit vielen Jahrhunderten wird sie von den dortigen Völkern medizinisch, magisch und rituell gebraucht. Die Pflanze ist unter den Namen *iboga, eboka, libuga, bocca, mbasaoka, moabi, gifuma* usw. bekannt. Der Legende nach ist die Pflanze aus einem von einer Gottheit zerstückelten Pygmäen erwachsen. Überall wird die aphrodisierende Wirkung der Wurzel gepriesen. Im Kongo wird aus der Ibogawurzel ein kräftiges Aphrodisiakum hergestellt. Dazu läßt man Wurzelstücke einige Stunden in Palmwein ziehen (Bouquet 1969: 67). Die Wurzel entfaltet aber nicht nur aphrodisische Kräfte, sie verlängert auch alle erotischen Freuden, kann sogar Impotenz und Frigidität heilen und Fruchtbarkeit verleihen. Auch gibt es unzählige Berichte über die geheimen Kräfte der Wurzel. Wer sie lange genug kaut, kann ohne größere Anstrengung doppelt so schwere Lasten tragen wie gewöhnlich, doppelt so lange Strecken zurücklegen usw. Jäger kauen oft nächtelang auf den Wurzelstücken herum,

um genügend Ausdauer zu haben. Es heißt, die Wurzel verleihe die Kraft, zwei Tage lang unbeweglich zu verharren, um den begehrten Löwentrophäen nachzujagen.
Die Ibogawurzel wird sehr viel von den Zauberern und Fetischpriestern benutzt. Sie kauen die Wurzel oder kochen sie aus und trinken den Sud. Nach dem Genuß können sie wahrsagen, verborgene Dinge aufspüren (z. B. vergrabene Schätze, die von den Ahnen versteckt wurden), Krankheiten und deren Ursachen erkennen, epische Texte deklamieren und in das innere Wesen der Welt blicken. Wenn die Zauberer oder Fetischpriester mit ihren Fetischen kommunizieren, hilft ihnen der Ibogagenuß. Um Fetische aufzuspüren, Kraftplätze zu entdecken, mit den Geistern der Bäume, Quellen und Steine in Verbindung zu treten, nehmen sie Iboga. Oft stellen sie Zaubertränke her, die aus Iboga, →*Yohimbe,* →*Niando* und anderen, bisher botanisch nicht identifizierten Pflanzen bestehen.
Eine hervorragende Rolle spielt die Ibogawurzel im Bwiti-Kult. Bwiti ist der Name einer mystischen Gottheit, die in einer Geheimgesellschaft verehrt wird. Zu dieser Geheimgesellschaft werden nur Personen zugelassen, die Bwiti gesehen haben. Bwiti kann man nur sehen, wenn man sehr hohe Dosen Ibogawurzel zu sich nimmt. Die Initianten werden von den Zauberern lange und genauestens darauf vorbereitet. Sie bekommen dann soviel Ibogawurzeln zu essen, daß gewöhnliche Menschen an einer Überdosis sterben würden. Es scheint so, als ob ein Nahtoderlebnis provoziert wird, denn die Initianten sollen unter dem Einfluß der magischen Wurzel mit ihren Ahnen in Verbindung treten und von ihnen den rechten Weg des Lebens lernen. Gewinnen sie bei dieser Einweihung einen mystischen Einblick in das Wirken von Bwiti und das Wissen der Ahnen, werden sie in den Geheimbund aufgenommen. Derartige Kulte haben sich überall in Gabon, Kongo und Zaire gebildet und finden ständig Zuwachs. Diese mystischen Kulte sind eine Antwort auf die Unterdrückung durch Christentum, Islam und westliche Kultur. In diesem Sinne hat der Bwiti-Kult sehr viel mit der nordamerikanischen Indianerkirche, bei der →*Peyote* als Sakrament genommen wird, gemeinsam.

Pharmakologie: Alle Pflanzenteile enthalten das Hauptalkaloid Ibogain und mindestens 11 weitere Indol-Alkaloide (Thabernanthin, Ibogamin, Ibolutein usw.). Ibogain ist in stärkster Konzentration vorhanden. Der Alkaloidgehalt der Wurzeln ist am höchsten. Ibogain hat zentral stimulierende Wirkungen und agiert als MAO-Hemmer. Dadurch kommt es bei höheren Dosierungen zu lebhaften Phantasien, Visionen und eventuell zu Halluzinationen bei geschlossenen Augen. Viele Versuchspersonen, die Ibogain genommen haben, berichteten von langanhaltenden Erektionen, stundenlangen Kopulationen und ungeheuren sexuellen Gelüsten. Andere Personen hingegen von typischen Vergiftungserscheinungen. Kleine Dosen wirken anregend und stimmungsaufhellend. Sehr hohe Dosen wirken tödlich. Wenn Ibogain mit Yohimbin kombiniert wird, kann es zu sehr gefährlichen Rauschzuständen kommen, da Yohimbin ebenfalls ein kräftiger MAO-Hemmer ist (vgl. → *Yohimbe*). Wieso die Bwiti-Initianten Letaldosen überleben ist ungeklärt. Wahrscheinlich hängt es mit der inneren Erwartungshaltung zusammen. Ibogain wird seit einigen Jahren in der Psychotherapie erfolgreich eingesetzt.

Literatur: Bouquet 1969, Fernandez 1972, Müller-Ebeling & Rätsch 1986, Naranjo 1969, Pope 1969, Swiderski 1965.

IKEMA (Cynanchum caudatum). Dieses kleine Knollengewächs aus der Familie der Asclepiadaceae ist die heilige Pflanze der Ainu. Die Ainu sind die Ureinwohner von Japan. Ihre Religion wird getragen vom Schamanismus und einem paläolitisch anmutenden Bärenritual. Ikemawurzeln, die wie ein Gott verehrt werden, galten auch als Zaubermittel gegen böse Geister und dämonische Mächte. Wegen ihrer giftigen Eigenschaften wurde die Wurzel nur von den Schamanen zubereitet. Da die Kultur der Ainu weitgehend zerstört ist, bleibt auch das ursprüngliche Wissen um die Ikemawurzel im dunkeln.

Pharmakologie: In der Wurzelknolle findet sich ein komplexes Gemisch von Glykosiden, darunter etwa zwanzig neue steroidale Aglykone. Das Glykosidgemisch hat toxische Eigenschaften.

Literatur: Mitsuhashi 1976.

INGWER (Zingiber officinarum). Ingwer stammt aus Südostasien und hat sich über alle tropischen Zonen verbreitet. In Indien und China wird er seit frühester Zeit als Gewürz, Medizin und Aphrodisiakum genutzt. In Japan werden die besonders dicken Ingwerwurzeln von Rhizotomen gegraben; sie sind sehr begehrte Aphrodisiaka. In der ayurvedischen Lehre heißt es vom Ingwer, er entfache *Agni,* das innere göttliche und schöpferische Feuer – in dieser Hinsicht steht der Ingwer dem →*Soma* nahe. In der islamischen Medizin ist Ingwer eine heilige Pflanze, denn er wird im Koran erwähnt. Auch in der islamischen Welt gilt er als Aphrodisiakum.

Abb. 7: Frühe Darstellung einer Ingwerpflanze (nach Garcia da Orta, 1913).

In allen Volksmedizinen, die die Einteilung der Heilmittel in *kalt* und *heiß* kennen, werden dem Ingwer die *heißen* Qualitäten zugeschrieben.
In der Südsee wird Ingwer nicht nur als Nahrungsmittel und Medizin geschätzt; die Wurzel ist ein wichtiges Zaubermittel der Zauberer. Auf der Gazellenhalbinsel in Neupommern werden Ingwerwurzeln und -blätter bei fast jeder Zauberpraktik benutzt. Der Gebrauch ist derart bedeutend, daß Ethnologen den Ingwer als die „Alraunwurzel der Eingeborenen" bezeichneten (vgl. →*Alraune*). Dabei entfaltet der Ingwer nur seine Zauberkräfte, wenn sie von einem erfahrenen Zauberer aktiviert werden. Das geschieht, indem die Blätter nach bestimmten Mustern geflochten oder die Wurzeln mit Zaubersprüchen besprochen werden. Solche mit Zauberkraft aufgeladenen Pflanzenteile werden zum Liebeszauber in die →*Betel*bissen gewickelt, den zu verzaubernden Personen zugesteckt oder umgehängt, an magischen Plätzen deponiert und im Zauberbeutel des Besitzers aufbewahrt. Auch zum Todes- oder Schadenzauber werden Ingwerblattgeflechte vom Zauberer als Medium für seine zerstörerischen Kräfte genutzt: „Der Zauberer färbt sich dabei nach Inietart sein Haar zur Hälfte rot, zur Hälfte schwarz und steckt sich dann in die schwarzroten Strähne einen wallenden Federbusch. Um den Hals bindet er sich einen Kranz aus Ingwerblättern oder er steckt sich bloß einen Büschel dieser Blätter in den Nacken unter die Halsschnur. In diesem Aufzug sagt er seine Zauberformel her. Sie lautet: „Der Ingwerblattschmuck fliegt, der Seeadler fliegt, das *e magit*-Wesen (Verbündeter des Zauberers) fliegt. Ich gehe unsichtbar einher. Ich werde ihnen (den Menschen) die Eingeweide ausreißen. Ich werde ihnen den Leib einschrumpfen lassen. Ich werde abwechselnd seitwärts schauen im Fluge. Ich werde sie zerschellen. Ich werde ihnen die Gedärme abdrehen. Ich werde ihnen den Bauch einschrumpfen lassen. Der Ingwerblattschmuck fliegt, der Seeadler fliegt . . ." (Meier 1913: 290f.)

Pharmakologie: Ingwerwurzel enthält ein ätherisches Öl mit Zingiberen, Zingiberol, Borneol, Cineol und einige Scharfstoffe (Gingerol, Shoagol, Zingeron). Dieses Substanzen wirken verdauungsfördernd, appetitanregend, magenstärkend und kreislaufanregend. Psychotrope Wirkungen sind unbekannt.

Literatur: Engel 1978: 89, Meier 1913.

JAMBUR (Copelandia cyanescens). Diese auf Kuhfladen, Büffeldung oder auf Pferdemist gedeihenden Pilze wachsen in der Regenzeit überall auf

Java und Bali. Das Zentrum des Pilzessen auf Java ist die Gegend um Yogyakarta, die alte Sultansstadt bei Borobodur. Ob diese Pilze von Zauberern und Medizinleuten gebraucht werden ist nicht eindeutig belegt. Die Batikkünstler jedenfalls essen diese Zauberpilze, um Inspirationen für ihre Kunstwerke zu bekommen und um Visionen zu sehen. Bei den Statuenherstellern gibt es eine große Bandbreite an Pilzplastiken. Auf der Insel Bali werden ebenfalls solche Pilzplastiken hergestellt. Gelegentlich werden die Opferbalés der Tempelbezirke damit geschmückt. Ein einheimischer Pilzkult ist bisher nicht bekannt geworden, obwohl alle Balinesen von der Zauberkraft der Pilze wissen. Ob der von Aldous Huxley in seinem Roman *Eiland* beschriebene Pilzkult in Bali durchgeführt wird, ist unbekannt, aber wahrscheinlich.

Pharmakologie: Diese Pilze enthalten die gleichen Wirkstoffe, wie die mexikanischen Zauberpilze (→*Teonanacatl*), aber in stärkerer Konzentration und einem anderen Verhältnis. Es sind 1,2% Psilocin und 0,6% Psilocybin festgestellt worden. Die Wirkung der Pilze soll recht kräftig sein. Alle Personen, die davon gekostet haben, schwärmen von den außerordentlich plastischen Visionen. Einen künstlerischen Ausdruck dieser farbenprächtigen und stark mythologisch geprägten Visionen geben die Batikgemälde der javanischen Künstler in der Stadt Yogyakarta.

Literatur: Schultes & Hofmann 1980.

JANGIDA (Withania somnifera). Neben →*Soma* ist Jangida die wichtigste vedische Zauberpflanze. Sie wird sehr oft im Atharva Veda genannt. Sie wird als mächtiges Zaubermittel, göttliches Heilmittel, Panazee, Lebenselixier (Rasayana), Schutzmittel vor Hexen und bösen Zauberern und Aphrodisiakum (Vajikarana) gelobt. Jangida wurde mit →*Moly* und →*Ginseng* verglichen und oft als →*Alraune* gedeutet. Kürzlich gelang dem indischen Ethnobotaniker R. Kumaraswamy die botanische Identifikation dieser mystischen Zauberpflanze: es ist die Schlafbeere, die seit der vedischen Zeit unter dem Kamen Ashwagandhara, „Pferde-Wurzel", bekannt ist. Besonders gepriesen werden die anthropomorphen Wurzeln, die gelegentlich bei *Withania somnifera* auftauchen. Solche menschenähnlichen Wurzeln haben viel mehr Zauberkraft als alle anderen Teile der Pflanze.

Noch heute werden in Südindien die Wurzeln als Amulette benutzt. Frische Wurzelstücke werden aufgereiht und Kindern als Schutz gegen Erkrankungen des Unterleibes um den Hals gehängt. In der ayurvedischen

Medizin gilt Aswagandhara als ein beispielloses Aphrodisiakum. Aus der Wurzel werden magische Liebestränke gebraut, die eine begehrte Person gefügig machen. In Kerala werden die Wurzeln bei magischen Beschwörungen, durch die alle bösen Geister gebannt werden sollen, gebraucht. Bei tantrischen Zaubereien gilt die Wurzel als *pilli ventron,* „Besieger des Bösen".

Pharmakologie: Die Wurzel enthält verschiedene steroidale Chemikalien, die unter dem Begriff Withanolide zusammengefaßt sind. Sie haben stimulierende, antibakterielle, entzündungshemmende und biogene Wirkungen, die pharmakologisch den Inhaltsstoffen des →*Ginseng* nahe stehen.

Literatur: Kumaraswamy in Schröder 1985: 109–120.

JUREMA (Mimosa hostilis, Mimosa nigra und *Pithecolobium diversifolium).* Jurema ist ein brasilianischer Name für einen dem →*Ayahuasca* vergleichbaren Trank. Viele Amazonas-Indianer (Pankarurú, Karirí, Tusha, Fulnio usw.) haben Jurema-Trünke aus den Wurzeln verschiedener Mimosen-Arten hergestellt und in gemeinsamen Kreisritualen getrunken. Bei indianischen Völkern scheint der Jurema-Gebrauch weitgehend verschwunden zu sein. Er wird nur gelegentlich in der älteren ethnographischen Literatur gestreift. Da heißt es von dem „geheimnisvollen Trunk", er würde den Medizinmännern fantastische und bedeutungsvolle Träume schenken, er würde die „Eingeborenen verzaubern und gen Himmel tragen". Dabei „wurde vom alten Meister der Zeremonie, unter dem Schütteln einer mit Federmosaiken dekorierten Rassel, den Teilnehmern eine Schale eines Tees aus Jurema-Wurzeln gereicht. Sie bekamen dann wunderbare Visionen vom Geisterland, von Blumen und Vögeln. Sie mochten einen flüchtigen Blick von dem dröhnenden Felsen, der die Seelen der Verstorbenen auf ihrer Reise zertrümmert, erhaschen oder den Donnervogel, wie er Blitze aus dem riesigen Federbüschel auf seinem Kopf schießt und den Donner ergrollen läßt, sehen." (nach Lowie in Schultes & Hofmann 1980b: 154) Zerquetschte Mimosen-Wurzeln werden auch auf die Sohlen geschmiert. Dann sollen sie aphrodisischen Liebeszauber bewirken. Diese Praktik soll besonders bei Indianerinnen beliebt sein.

Schon zu Anfang dieses Jahrhunderts wurde der rituelle und magische Gebrauch eines *vinho de jurema* in verschiedene afro-brasilianische Kulte (Candomblé, Macumba) integriert. Der Gebrauch von einem *vinho de jurema* aus den Wurzeln der *jurema-branca*-Pflanze *Pithecolobium diversi-*

folium scheint sich in Brasilien unter Anhängern verschiedener westafrikanischer Kulte etabliert zu haben. Der Gebrauch bewußtseinserweiternder Naturdrogen ist dem Candomblé-Gott Ossain, dem großen Zauberer, Hüter der heiligen Pflanzen und Entdecker der Heilkräuter, zugedacht (vgl. →*Buntblatt*).

Pharmakologie: In den Wurzeln der *Mimosa hostilis* und *M. nigra* sind 0,57% N,N-dimethytryptamin (DMT) enthalten. Da DMT oral nur seine psychedelische Wirkung entfaltet, wenn ein MAO-Hemmer anwesend ist, muß dem Jurema-Trank eine noch nicht bekannte Pflanze, die Harmalin o.ä. enthält, beigefügt sein (vgl. →*Ayahuasca*, →*Schnupfpulver*). Ob es sich um →*Ayahuasca* handelt ist ungeklärt, nach neueren Meldungen aber möglich.
Inhaltsstoffe und Pharmakologie von *Pithecolobium* sind unbekannt. Jurema bietet noch ein weites Forschungsfeld.

Literatur: Schultes & Hofmann 1980.

KAFFEE (Coffea arabica). Der Legende nach hat ein äthiopischer Ziegenhirte die belebende Kraft des Kaffees entdeckt. Nachdem seine Ziegen von den grünen Bohnen gegessen hatten, tollten sie wild umher. Darauf nahm der Hirte die Bohnen mit und gab sie dem dörflichen Priester. Der erkannte sofort die belebende Wirkung und verordnete ein daraus gebrautes Getränk beim Hersagen von langen, gewöhnlich einschläfernden Gebeten. Der Name Kaffee leitet sich von dem arabischen Wort *gahwe,* „Wein", ab. Ursprünglich hatten Kaffeezubereitungen berauschende Wirkungen, die sich besonders aus den Zutaten ergaben: Kardamom, Zimt, →*Betel,* →*Ingwer.* Die Bewohner der Swaheli-Wüste glauben, daß in den Kaffeebohnen Geister wohnen, und daß sie magische Heilkräfte bewahren. Deshalb darf Kaffee nur aus echten Kaffeebohnen gebrüht werden. Afrikanische Sufis schätzten den Kaffee sehr, denn er ermöglichte ihnen, nächtelang ihren mystischen Ritualen zu folgen ohne einzuschlafen und leichter in Ekstase zu verfallen. Bei den heidnisch-islamischen Riten der bantusprachigen Völker nimmt der Gewürzkaffee die Stellung eines Ritualtrunkes ein. Bei allen Festen und Zeremonien wird er gereicht. In Zentralafrika wird Kaffee oft zusammen mit →*Hanf* eingenommen.
Als der Kaffee nach Europa gelangte, kam er sogleich in den Ruf, eine Panacee, ein Allheilmittel und Aphrodisiakum zu sein. Den schwarzen Bohnen wurden ebenso dunkle magische Kräfte zugeschrieben. Diese

Reputation hat sich bis heute in dem Wahrsagen aus dem Kaffeesatz erhalten.

Pharmakologie: Kaffeebohnen enthalten das zentral stimulierende Coffein (vgl. → *Guayusa,* → *Maté,* → *Tee*).

Literatur: Mercatante 1980, Sheikh-Dilthey in Schröder 1985: 253–256.

KALARBARBOHNE (Physostigma venenosum). Die Kalabarbohne ist eine Liane, die in den tropischen Wäldern Westafrikas vorkommt. Die Samen, auch „Gottesurteilsbohnen" genannt, dienen den Völkern Westafrikas seit alters her als Pfeilgift und als Zaubermittel für Ordale (Gottesurteile). Ein Beschuldigter muß einen Becher zerriebener, in Wasser aufgeschwemmter Kalabarbohnen trinken oder rohe Samen zerkauen und schlucken. Stirbt er, ist er von den Göttern für schuldig befunden worden, überlebt er, haben die Götter gezeigt, daß er unschuldig ist. Der Beschuldigte kehrt dann mit hoher Achtung in sein Volk zurück. Kalabarbohnen *(itunda, esere)* werden von den westafrikanischen Zauberern und Fetischpriestern zum toxischen Todeszauber, zur Vergiftung von Opfern, aber auch für Heilzwecke verwendet.

Pharmakologie: Die Kalabarbohnen enthalten verschiedene Indolalkaloide, wobei Physostigmin den Hauptanteil macht. Physostigmin ist ein indirekt wirkendes Parasympathomimetikum und hat stark toxische Eigenschaften. Die Letaldosis ist dabei individuell recht unterschiedlich. Deshalb ist sie auch für „Gottesurteile" tauglich. Denn bei gleicher Dosis sind die Reaktionen recht unterschiedlich. Der Tod tritt durch Atemlähmung ein.

Literatur: Lewin 1929.

KALMUS (Acorus calamus). Die Kalmuspflanze wächst in sumpfigen Gebieten rund um den Erdball. Die aromatisch duftende Wurzel wird seit dem Altertum medizinisch und rituell gebraucht. Kalmus war ein wichtiger Bestandteil der magischen Räucherungen der alten Sumerer und alten Ägypter *(kyphi).* Überall wo die Pflanze wächst, wird sie für medizinische Bäder, Massagen, magenstärkende Heiltees und magische Pulver verwendet. Bei slawischen Völkern wird Kalmuspulver als Glücksbringer vor die Hauseingänge gestreut.
Kalmus wächst auch in der Neuen Welt. Die Cree-Indianer nennen diese Sumpfpflanze *wee-kees,* „Moschusratten-Wurzel", und benutzen die Wurzel als Stimulans, Aphrodisiakum und brauen daraus einen kräftigen Tee,

den sie bei Erschöpfungszuständen trinken. Besonders die älteren Leute kauen täglich ein Wurzelstück, um sich jung und gesund zu erhalten. Die Dosis wird bei den Ojibwa nach der Länge des Zeigefingers des Patienten bemessen. Er soll ein Wurzelstück gleicher Länge kauen. Entweder die frische Wurzel wurde ausgekaut, die trockene Wurzel als Tee aufgegossen oder zermahlen geraucht oder geschnupft. Die Blackfoot haben die frische Wurzel als Allheilmittel ausgekaut oder geschluckt. Ein kräftiges Dekokt sollte auch als Abortativum im Gebrauch gewesen sein. Die Wurzel wurde auch bei Zahnschmerzen gekaut und als Tee bei Fieber, Verdauungsschwäche, bei Koliken und Bauchschmerzen getrunken. Die Saulteau haben die zermahlene Wurzel mit →*Tabak* vermischt als Medizin bei Kopfschmerzen geraucht. Aus der frischen Wurzel haben sie auch ein Pflanzenpflaster hergestellt, das auf Wunden, Schürfungen, bei Zahnschmerzen und Krämpfen aufgetragen wurde. Die Potawatomi haben das Wurzelpulver bei Katarrhen geschnupft. Aber bei fast allen nordamerikanischen Stämmen wurde Kalmustee bei Bauchschmerzen und allen Verdauungsproblemen getrunken. Diese vielseitigen Verwendungen haben dazu geführt, daß die Kalmuswurzel als Zauberpflanze verehrt wurde.

Pharmakologie: In der Wurzel ist ein ätherisches Öl enthalten. Darin konnte neben *a*-Pinen, Kampfer, Eugenol, Asarylaldehyd, Calameon, Calamenol und Furfural das meskalinähnliche *ß*-Asaron (7–8%) nachgewiesen werden. Asaron hat in höheren Konzentrationen berauschende Wirkungen auf den Menschen. Vermutlich wird das Asaron im Metabolismus in ein psychedelisches Phenethylamin (TMA-2) umgewandelt, das in kleinen Mengen den Kreislauf stimuliert und das Nervensystem stärkt. TMA-2 hat ähnliche Wirkungen wie Meskalin (vgl. →*Peyote*).

Literatur: Henglein 1985, Smet 1985, Thorwald 1962.

KANEELBAUM (Canella alba syn. *C. winteriana).* Im Schamanismus der Araukaner, die im südlichen Andenraum und den anschließenden Küstenregionen lebten, ist der nach Zimt duftende Kaneelbaum eine zentrale Pflanze. Der Baum wird kultisch verehrt, ist heilig, stellt den Weltenbaum, der die Erde mit dem Himmel verbindet, dar, wird zur Wahrsagerei gebraucht und medizinisch genutzt; er wird bei dem Fest der Namensgebung eines Kindes gepflanzt und zeitlebens als dessen Verbündeter gegen dunkle Mächte betrachtet. Die Zweige sind ein Symbol des Friedens und werden bei Bündnissen ausgetauscht. Die Schamanen der Araukaner heißen *machi;* sie sind meist Männer, die Frauenschmuck tragen und weibliche Utensilien bei sich führen. Bei allen Handlungen der Schamanen werden Zweige des Kaneelbaumes geräuchert. Mit dem verströmenden Geruch wird die Baumseele frei und trägt die denkende Seele der Schamanen in jenseitige Welten. Um ihre Zaubersprüche und Gebete wirksam zu machen, pusten sie mit Tabaksrauch die Äste des Kaneelbaumes an. Mit dem Rauch öffnen sich die magischen Wirkungen und dringen so in den Kranken ein. Um die schamanischen Heilkräfte bei den Kranken wirksam werden zu lassen, trägt der Schamane einige frische Zweige des duftenden Baumes an die Lagerstatt des Kranken. Um Krankheiten und bösen Zauber aus dem Siechenden zu ziehen, reibt der Schamane den Körper mit den frischen Blättern ab. Bei den Araukanern gab es keine Krankenheilung ohne die geistigen Kräfte des heiligen Baumes. Der Duft des Kaneels versetzte die Wahrsager der Araukaner in hellsichtige Zustände. Zum Wahrsagen setzten sie sich in eine verfinsterte Hütte, glätteten den Boden, steckten einen Zweig ohne Blätter hinein und hängten an die Spiteze eine Lamawollflocke. Diese kleine Baumimitation verband den Wahrsager mit den jenseitigen Welten, in denen Vergangenheit, Gegenwart und Zukunft das Gleiche waren. Mit dem Duft des Zweiges trat er in diese Welt ein und brachte die Botschaften für seine Stammesbrüder und -schwestern mit.

Pharmakologie: Die Kaneelrinde enthält bis zu 1,25% ätherisches Öl mit $l-\alpha$-Pinen, Eugenol, Cineol, Caryophyllene, 8% Harz und 8% Mannit. Das ätherische Öl wirkt anregend auf den ganzen Körper. Psychedelische Wirkungen konnten bisher nicht festgestellt werden.

Literatur: Rätsch 1987f, Ruben 1952.

KAVA-KAVA (Piper methysticum). Kava-Kava ist im südlichen Pazifik sowohl der Name für eine Pflanze aus der Familie der Pfeffergewächse als auch der Name für das daraus bereitete stimulierende oder berauschende Getränke. Kava-Kava wird in Plantagen auf den meisten Pazifik-Inseln angebaut (Fiji, Tonga, Marquesas, Wallis et Fortuna usw.). Die Pflanze, besonders ihre Wurzel, wird von den Zauberärzten der Südseeinsulaner als mächtige Zauberwaffe gegen Dämonen eingesetzt und als lindernde Heilpflanze bei allerlei Leiden verordnet. Das Kauen von Kava-Kava-Wurzeln soll auch die Liebeskraft anregen. Besonders wichtig ist der soziale und zeremonielle Gebrauch der Kava-Kava. Jedem Fremden oder Besucher wird zur Begrüßung Kava-Kava gereicht. Dazu wird die zer-

raspelte Wurzel in kaltem Wasser mazeriert. Die Wirkung eines solchen Trankes ist anregend und erfrischend. Kava-Kava-Wurzeln und Trünke werden den Göttern geopfert: „Hier ist Awa (= Kava-Kava) für Euch Ihr Götter, sehet freundlich auf diese Familie hernieder, laßt sie gedeihen und sich vermehren und laßt uns alle gesund bleiben; lasst unsere Pflanzungen, unsere Früchte gut werden; verleiht uns Ueberfluss an Nahrung. Hier ist Awa für Euch Ihr Kriegsgötter! Lasst für Euch ein starkes Geschlecht in diesem Lande heranwachsen. Hier ist Awa für Euch Ihr Windgötter! Kommt nicht an dieses, sondern geht über den Ocean in ein anderes Land." (nach Lewin 1886: 23)
Bei gemeinschaftlichen Ritualen, besonders auf Ponape, werden große Mengen von frischen Kava-Kava-Wurzeln von jungen Männern oder Frauen durchgekaut und in einen Zeremonialtopf mit Wasser gespuckt. Nach einigen Stunden ist der Kava-Kava-Trank „reif", d.h. durch den Speichel fermentiert. Dann werden an die Teilnehmer der Zeremonie Schalen damit verteilt. Alle trinken gemeinsam und gleich viel. Vor dem Trinken müssen einige Tropfen auf die Erde gesprenkelt werden, damit die bösen Geister und Dämonen abgeschreckt werden. Nach mehreren Runden beginnt der Trank zu wirken. Es heißt, die Teilnehmer verlassen nun ihre Körper, um im körperlosen Zustand über die tropischen Inselwelten zu gleiten und in den Himmel, den Ursprungsort der Kava-Kava-Pflanze, zu reisen. Sie erleben Gefühle der Verbrüderung und der Einheit mit ihrer Umwelt. Es kommt häufig zu erotischen Visionen.
Die hawaiianischen Huna-Zauberer haben Kava-Kava auch zur Herstellung eines Gifttrankes gebraucht. Dazu haben sie Kava-Kava mit den Blättern von *Tephrosia piscatoria, Daphne indica,* und *Lagenaria sp.* vermischt und aufgekocht. Kava-Kava-Stücke sind mitunter Bestandteil des →*Betel*-Bissens.

Pharmakologie: Die Kava-Kava-Wurzel enthält die Pyrone Kawain, Dihydrokawain, Dihydromethysticin und Methysticin, die chemisch mit dem Longystilin verwandt sind (vgl. →*Balche'*). Diese Stoffe haben stimulierende Wirkungen. Bei der Fermentation mit menschlichem Speichel werden sie so verändert, daß sie opiumähnlich (vgl. →*Mohn*) wirken. Kava-Kava ist ein wirkungsvolles Antidot bei Strychninvergiftungen (vgl. →*Brechnuß*).

Literatur: in Efron 1967, Lewin 1886.

12: Die Paternostererbsen *(Abrus praecatorius)* wurden in Afrika als Gift zum Gottesgericht gebraucht, sie fanden sich in allen Medizinbeuteln und Gifttaschen der Zauberer, wurden aber auch zu Schmuck verarbeitet und als Währung benutzt.

13: Die mexikanischen Huichol-Indianer benutzen den psychedelisch wirksamen Peyotekaktus *(Lophophora williamsii)* als Sakrament und Zauberpflanze. Ihre geschauten Visionen stellen sie in Wollgarnbildern dar. Im Zentrum des vorliegenden Bildes ist der Kaktus selbst zu sehen.

14: Picietl *(Nicotiana sp.)*, eine der weniger bekannten mexikanischen Zauberpflanzen.

KNOBLAUCH (Allium sativum). Der Knoblauch stammt aus Sibirien und hat sich schon sehr früh durch die Kultivierung über ganz Asien bis zum Vorderen Orient verbreitet. Knoblauch war schon den Alten Ägyptern und Babyloniern bekannt. Er diente vor allem als Nahrung der einfachen Bauernbevölkerung, als Medizinpflanze der Ärzte und als Zauberpflanze der Priester und Bauern. Der Knoblauch wurde von den ägyptischen Bauern als Gottheit verehrt und als Aphrodisiakum benutzt. Der Geruch wurde stets als geisterabschreckend empfunden und verhalf dem Knoblauch zu weitreichendem Ruhm als Zaubermittel gegen Geister (Nereiden, Huldren, Lemuren), Dämonen, Teufel, Vampire, Blutsauger, Krankheiten, Pestilenzen und den Bösen Blick. Bei den alten Hebräern war Knoblauch heilig und galt als Talisman. Die altgriechischen Zauberer und Hexen sollten mit einem Knoblauchopfer Hekate, die Göttin der Unterwelt und Schutzherrin der Zauberinnen, günstig stimmen. Zu einem „Nachtessen der Hekate" mußten einige Knoblauchknollen an einer Wegkreuzung mitten in der Nacht auf einen Steinhaufen gelegt werden. Knoblauchknollen wurden im gesamten mediterranen Raum als Schutz vor dem Bösen Blick und Schutz vor männerverschlingenden erotischen Dämonen benutzt. Schon in der Antike ist der Knoblauch mit dem hermetischen Zauberkraut →*Moly* in Verbindung gebracht worden. Der Gebrauch als Aphrodisiakum war ebenfalls weit verbreitet. Die Römer stellten bei dem Fest der Ceres, der Göttin der Fruchtbarkeit, einen Liebestrank aus Knoblauch und Koriander her. Außerdem galt Knoblauch als *Theriaca Rusticoriam,* als „Theriak der einfachen Leute". Theriak ist eine Sammelbezeichnung für magisch hergestellte Mixturen, die als universelle Gegengifte und lebensverjüngende Elixiere galten. Theriak enthielt meist Opium (vgl. →*Mohn*) und Schlangenfleisch. In Schottland ist ein Zauber mit Knoblauchzehen bekannt, mit dem sich der Ausführende einen Wunsch erfüllen kann. In Neumexiko hat sich ein von den Spaniern eingeführter Brauch erhalten, bei dem Knoblauch dazu dient, einen unerwünschten Liebhaber loszuwerden. Dazu werden zwei Nadeln mit Knoblauch eingerieben und an einer Wegkreuzung versteckt. Sobald der Freier darüber geht, verliert er den Wunsch nach dem betreffenden Mädchen.

Pharmakologie: Knoblauch enthält ein ätherisches, charakteristisch riechendes Öl, das aus Alliin, Allicin und Allinase besteht. Diese Substanzen haben antibiotische Wirkung und regen die Zellteilung an. Es wurden im Knoblauch auch sogenannte mitogenetische Strahlen entdeckt. Diese Mitose anregenden Strahlen sollen auf lebende Organismen verjüngend wirken.

Literatur: Harris 1984.

KOLANUSS (Cola nitida, Cola acuminata, Cola spp.). In Westafrika wachsen viele Arten von Kolanußbäumen. Die „Nüsse" sind keine Nüsse im eigentlichen Sinne, es sind die getrockneten Keimlinge der Früchte. Die Kolanüsse sind in Westafrika das wichtigste Genußmittel. Die stimulierenden Trünke werden zu allen Tageszeiten getrunken. Der Kolagebrauch ist bei den Einheimischen sehr wichtig. Ohne Kola sind die meisten Handlungen undenkbar. Die Nuß bewahrt den Besitzer vor allen Sünden. Ursprünglich war die Kolanuß die Speise der Götter: ,,Als der Schöpfer (Nzambi) eines Tages auf der Erde weilte, um nach seinen Menschen zu sehen und in der Nähe dieser sich beschäftigte, legte er ein Stückchen Kolanuß, an welchem er eben aß, beiseite und versäumte, es beim Fortgehen wieder aufzunehmen. Der Mann hatte dies beobachtet und bemächtigte sich des verführerischen Leckerbissens. Warnend trat das Weib hinzu, ihn vom Genuß der Speise Gottes abzuhalten. Der Mann jedoch steckte diese in den Mund und fand, daß sie gut schmeckte. Während er noch kaute, kehrte Nzambi zurück, spähte nach der vermißten Kolanuß und gewahrte, wie der Mann sich bemühte, dieselbe eilig hinunterzuschlucken. Schnell griff er nach dessen Kehle und zwang ihn, die Beute wieder von sich zu geben. Seitdem sieht man am Halse der Männer den Kehlkopf hervorragen, das Mal des festen Druckes der göttlichen Finger." (nach Hartwich 1911: 382) Kolanüsse werden in Westafrika als Zauber- und Heilmittel, als Amulette und Aphrodisiaka geschätzt. Weiße oder helle Nüsse bewirken Liebeszauber, rote das Gegenteil. Meist werden Stücke der frischen Nuß gekaut. Getrocknete Kolanüsse haben auch eine Rolle als Währung gehabt, wurden in der Divination gebraucht und werden als Zeichen der Freundschaft verschenkt.

Pharmakologie: Kolanüsse enthalten bis zu 2,16% Coffein und 0,05% Theobromin; das Coffein ist an Gerbstoffe gebunden. Deshalb ist der Genuß frischer Nüsse entsprechend wirkungsvoller als der getrockneter. Kleine Koladosen sind stimulierend, höhere Dosen können leicht berauschend sein. Kola wirkt allgemein stärker als → *Kaffee* oder → *Tee.*

Literatur: Hartwich 1911.

KORIBÓ (Tanaecium nocturnum). Diese Kletterranke, die zur Familie der Begoniengewächse gehört, kommt in den tropischen Gebieten Mittel- und Südamerikas, sowie Westindiens vor. Die langen weißen Blüten öffnen sich bei Einbruch der Dunkelheit und verströmen ihren kräftigen mandelölartigen Duft. Die Lakandonen-Indianer Südmexikos nutzen den milchigen Saft der Stengel als Vulkanisator bei der rituellen Herstellung von Kautschukfiguren, die den Göttern geopfert werden, oder die der Zauberei dienen. Die brasilianischen Karitiana-Indianer gebrauchen das Gewächs als Heilpflanze. Ein Tee aus den Blättern der Koribó-Liane und einer Bohnenranke wird bei heftigen Durchfällen getrunken. In Südkolumbien preisen die Choco-Indianer die Pflanze wegen ihrer aphrodisischen Eigenschaften.

Die im zentralen Amazonien lebenden Paumarí-Indianer stellen aus den Koribó-Blättern ein rituelles Schnupfpulver her. Dazu werden die frischen Blätter der Koribó-Ranke geröstet und pulverisiert. Das feine Pulver wird mit gemahlenem → *Tabak (Nicotiana tabacum)* vermischt. Diese Schnupfdroge hat den Namen *Koribó-nafuni* und scheint nur von den Paumarí hergestellt und benutzt zu werden. Das Schnupfpulver darf nur von Männern, vorzüglich von Schamanen benutzt werden. Es wird bei allen rituellen Anlässen, wie den verschiedenen Übergangsriten (Initiationen), mit einem Röhrenknochen in die Nase gezogen. Die Schamanen schnupfen es vor jeder Krankenbehandlung. Sie können dadurch die Krankheit und ihre Ursache (bösen Zauber) erkennen und beheben. Die Schamanen fallen durch das Koribó-nafuni in eine hellseherische Trance, die von gewöhnlichen Menschen nicht erreicht wird. Ein Paumarí-Mann, der kein Schamane ist, beschreibt die Wirkung des Pulvers so: „es macht schwindelig, macht Kopfschmerzen und gibt einem den Wunsch, sich in den See zu stürzen“. Obwohl die Frauen das Schnupfpulver nicht benutzen dürfen, gebrauchen auch sie die Koribó-Ranke. Aus der Wurzelrinde wird ein Tee aufgegossen. Der Tee soll Schläfrigkeit, Konzentrationsschwäche und getrübte Wahrnehmung bewirken. Warum die Frauen diesen Tee trinken ist unbekannt. Vermutlich wirkt er erotisierend und als Aphrodisiakum.

Pharmakologie: Die frischen Blätter enthalten eine hohe Konzentration an Hydrogencyaniden, die toxische, eventuell auch psychoaktive Wirkung haben (Schwindel, Mattheit, Erbrechen). In der ganzen Pflanze finden sich Saponine. Echt halluzinogene Inhaltsstoffe konnten bisher nicht gefunden werden.

Literatur: Prance et al. 1977, Schultes & Hofmann 1980.

KRATOM (Mitragyna speciosa). Der mit dem → *Yohimbé* verwandte Baum stammt aus Südostasien. Seine Blätter werden besonders in Siam benutzt. Sie werden als Opiumersatz (vgl. →*Mohn*) gekaut und als narkotisierender Zusatz in den →*Betel*-Bissen gegeben. Die getrockneten Blätter werden auch als →*Hanf*-Ersatz geraucht. Aus den frischen Blättern wird eine *mambog* genannte ölige Flüssigkeit destilliert, die ebenfalls als Opiumersatz gebraucht wird.

Pharmakologie: Die Blätter enthalten das LSD-analoge Indolalkaloid Mitragynin, das euphorisierende, leicht psychoaktive Wirkungen hat.

Literatur: Emboden 1972, Scholz & Eigner 1983.

LACHPILZ (Panaeolus papilianaceus). In der chinesischen Naturgeschichte von Chang Hua (290 n. Chr.) wird dieser *hsiao-ch'ün* genannte Pilz erstmals erwähnt: „In den Bergen südlich des Yangtze, wachsen an hohen Bäumen vom Frühling bis zum Sommer Pilze, die zwar köstlich schmecken, aber tödlich wirken können. Es wird gesagt, diese Pilze seien meist giftig. Sie wachsen an den Fêng-Bäumen *(Liquidambar);* werden sie gegessen, bringen sie die Menschen grundlos zum lachen." Man glaubte, daß das Gift durch vorbeikriechende Schlangen entstünde. Als Gegengift wurde →*Tee* mit Alaun und frischem Quellwasser angegeben. Der Pilz wächst in China und Japan. Auf Japanisch heißt er *waraitake,* „Lachender Pilz". Er wurde wahrscheinlich von den Taoisten bei der Herstellung der lebensverlängernden Zaubertränke benutzt. Der Lachpilz ist weltweit verbreitet. Er wird von portugiesischen Hexen rituell verzehrt (Ranke-Graves 1985: 49).

Pharmakologie: Der Pilz enthält möglicherweise die psychedelisch wirksamen Indolalkaloide Psilocybin und Psilocin (vgl. → *Teonanacatl*). Laut Ranke Graves hat dieser Pilz eingenommen eine ähnliche Wirkung wie Meskalin (vgl. →*Peyote*).

Literatur: Li 1978, Sanford 1972.

LAKSHMANA (Calonyction muricatum). Die Lakshmana-Liane gehört zu den → *Winden.* Sie gedeiht in Indien und schlängelt sich wie eine Schlange über Büsche und Bäume. Lakshmana ist in der ayurvedischen Lehre *das* klassische Aphrodisiakum (Vajikarana). Es heißt, die Wurzel bewirke Fruchtbarkeit, erhöhe die Potenz und steigere alle erotischen Genüsse. Die Ranke ist eine Yoga-Medizin, die dazu dient, den Kundalini Yoga auszuführen. Die Kundalini ist eine feinstoffliche Schlange, die sich durch die Energiezentren (Chakren) des Menschen schlängelt, um das Bewußtsein auf eine höhere Stufe zu bringen und so dem Yogi Einblick in die Ewigkeit gewährt; die Ranke gilt ähnlich wie der →*Hanf* als Nahrung der Kundalini-Schlange. Bei tantrischen Zauberpraktiken wird aus der Lakshmana-Pflanze und einem Bezoar-Stein eine magische Salbe hergestellt. Der Tantriker reibt sich diese Salbe auf die Stirn, genau dorthin, wo das Dritte Auge verborgen liegt. Die Salbe bewirkt unwiderstehlichen Liebeszauber und eine mystische Weltschau. In der ayurvedischen Alchemie dient das Lakshmana-Öl zur Verdichtung von Quecksilber. Die ganze Pflanze wird als Lebenselixier zur Verjüngung angegeben. Wenn ein Greis die Pflanze 90 Tage zu sich nimmt, wird er wieder glatte Haut bekommen, dunkle Haare, straffe Muskeln und unbändige Lebenskräfte. Eine Paste aus zerstoßenen Blättern und Urin wird als Antidot bei Schlangenbissen in die Nasenlöcher geschmiert. Die südindischen Schlangenbeschwörer tragen die Wurzel als magischen Schutz gegen Schlangenbisse bei sich. Die Wurzel gilt auch als universelles Gegenmittel bei allen Arten von Vergiftungen.

Pharmakologie: Alle Pflanzenteile enthalten bis zu 3,7% Behensäure, die zentral stimulierend, psychoaktiv und aphrodisisch wirkt.

Literatur: Kumaraswamy in Schröder 1985: 109–120.

LATTICH (Lactuca virosa). Im Alten Ägypten gehörte der Lattich zu den wichtigsten Attributen des Fruchtbarkeitsgottes Min. Bei dem Fest des Gottes wurde ein Beet Lattich in der Prozession mitgeführt. Die Pflanze galt als Aphrodisiakum und war eine beliebte Opfergabe. Den Griechen, besonders wohl den puritanischen Pythagoräern galt der Lattich merkwürdigerweise als Anaphrodisiakum. Seit dem Mittelalter gilt der Lattich als Ingredienz der →*Hexensalben* und Lieferant des Lactucariums oder „Lattich-Opiums". Dieses „Opium" wird durch Eintrocknen des weißen Stengelsaftes gewonnen. Nordamerikanische Indianer mischen dieses „Lattich-Opium" unter ihre rituellen und magischen Rauchmischungen. Lattichblätter und -wurzeln werden in modernen sexualmagischen

Geheimbünden als Aphrodisiakum geraucht. Der Lattichgebrauch muß noch weiter erforscht werden.

Pharmakologie: Der Milchsaft enthält Lactucin (das ein Morphin-Analog ist), Lactucerol, Lactuansäure, Gummi, ätherisches Öl und Mannit. Der Milchsaft hat schwach betäubende und beruhigende Wirkungen. Die aphrodisischen und anaphrodisischen Wirkungen sind umstritten.

Literatur: Lurker 1987: 124, Miller 1985.

LEBENSBAUM (Thuja occidentalis). Überall dort, wo der Lebensbaum wächst, wurde er von Indianern medizinisch und magisch benutzt. Aus den Zweigen wurden Tees bei Menstruationsbeschwerden, Prostataproblemen und bei Fieber getrunken. Abkochungen der Zweige wurden zur Abtreibung gebraucht. Die aromatischen Zweigspitzen wurden auch für rituelle Räucherungen – etwa im Schwitzbad – verwendet. Die Zweigspitzen gelten als magische Schutzmittel.
Der „Baum des Lebens" ist in Europa heimisch geworden. Er ist immergrün und kann bis zu 20 m hoch werden. Er wird gerne bei Gräbern und auf Friedhöfen angepflanzt, und vertritt in Deutschland die Zypresse der wärmeren Länder. Seit dem 18. Jahrhundert wird der Lebensbaum volksmedizinisch genutzt. Die Zweigspitzen und feinen Blätter werden aufgebrüht als schweißtreibendes, diuretisches und schleimlösendes Mittel benutzt. Stärkere Dekokte dienten auch zur Fruchtabtreibung. Vermutlich wurde der Baum des Lebens wegen der Wirkungen auf die Frucht auch „Baum des Todes" genannt.
Im Zauberglauben scheint der Lebensbaum oft dem → *Wacholder* gleichgestellt zu sein.

Pharmakologie: Der Lebensbaum enthält den psychedelischen, leicht toxischen Wirkstoff Thujon, der auch in den → *Artemisia*-Arten und in der Schafgarbe vorkommt; außerdem Thujin, Thujugin, ätherisches Öl, Gerbstoffe und Harze.

Literatur: Albert-Puleo 1978.

LING-CHIH (Ganoderma lucidum). Der Name dieses sehr seltenen, verholzten, niemals verderbenden Pilzes bedeutet „Göttlicher Pilz der Unsterblichkeit" (vgl. → *Fliegenpilz*, → *Pilz*, → *Soma*). Er gilt als Symbol des ewigen Lebens, der vollkommenen Weisheit und des glücklichen Schicksals. Wer ihn findet und ißt, wird unsterblich. Die taoistischen Alchemisten haben diesen Pilz und seine göttlichen Zauberkräfte besungen. Er ist eines der 120 „Kräuter der Götter" und gilt unter diesen als die Nummer Eins. Er verleiht ewige Jugend, macht unsterblich, schenkt vollkommene Gesundheit und ist ein gutes Omen. In der chinesischen Folklore gibt es unzählige Berichte von der abenteuerlichen Suche nach dem Ling-chih, nach dem „Kraut der legendären Zauberer". Noch heute werden die sehr kostspieligen Pilze auf dem Kräutermarkt von Kanton verkauft. Nach wie vor gelten sie als wundertätige Zauberpflanzen.

Der Pilz heißt auf Japanisch *Reishi.* Wegen seiner extremen Seltenheit wird er auch als „Phantom-Pilz" bezeichnet. Wegen seiner Härte und Dauerhaftigkeit nennt man ihn auch *Mannentake,* „Zehntausendjähriger Pilz". In Japan findet man ihn fast ausschließlich auf den Pflaumenbäumen. Wenn er in einer sehr dunklen Umgebung aufwächst, bildet er keinen Pilzhut aus, sondern bekommt die Gestalt eines Geweihhornes *(Rokkakushi).* Solche einzigartigen *Reishi*-Pilze haben besonders viel Zauberkraft und sind zu Höchstpreisen gehandelte Aphrodisiaka und Amulette. Als Amulett oder Talisman wird er über die Tore und Hauseingänge gehängt oder von Personen mitgeführt. Er hält alles Böse ab, zieht aber alles Gute an. Er schützt auch die Fruchtbarkeit der Menschen, wenn er über das Bett gehängt wird. Er ist eine besonders berühmte Medizin gegen alle unbekannten und unheilbaren Krankheiten. Von dem *Reishi* heißt es in einem alten japanischen Text: „Wenn du ihn regelmäßig ißt, wird er deinen Körper erfrischen und das Altern aufhalten. Er wird dein Leben verlängern und du wirst einer der legendären Zauberer werden."

Pharmakologie: Im verholzten Fruchtkörper finden sich Karbonsäure und ein Sterol-Alkaloid. Ein Pilzextrakt wirkt herzstärkend, leberschützend, sexuell stimulierend, tonisierend, nervenschonend und heilsam bei chronischer Bronchitis, Herzkranzgefäßbeschwerden, Magengeschwüren, Leberentzündungen, Gelenkentzündungen und Bluthochdruck. In Japan wird der Pilz inzwischen gezüchtet und als hochwirksames Krebstherapeutikum klinisch eingesetzt.

Literatur: Matsumoto 1977, Wasson 1972.

LOBELIE *(Lobelia cardinalis, Lobelia spp.).* Viele Lobelienarten werden in der Neuen Welt als Heil-, Rausch- und Zauberpflanzen verwendet. Die Penoscot-Indianer der nordöstlichen Waldlandgebiete Nordamerikas haben innerlich das Kraut der *Lobelia inflata* zur Vertreibung böser

Geister, für Schwitz- und Brechkuren verwendet. Die Irokesen halten die *Lobelia cardinalis* für ein Allheilmittel. Das Kraut wird unter viele andere Medizinen gemischt. Es heißt, die Pflanze enthalte Zauberkräfte, die sich auf die anderen Ingredienzien positiv und verstärkend auswirken. Das Kraut schützt außerdem vor Hexerei, macht den Besitzer für das andere Geschlecht attraktiv und heilt alle Leiden, die durch Trauer verursacht wurden. Die getrockneten Blätter vieler Lobelienarten werden pur oder mit → *Tabak* vermischt geraucht. Deswegen wird das Kraut auch *Indian Tobacco* genannt. Auch die Mapuche in Chile rauchen das Kraut von *Lobelia tupa* wegen der schwach narkotischen Effekte. Sie nennen die Pflanze *tupa,* auf Spanisch *tabaco del diablo,* „Tabak des Teufels". Aus den Wurzeln gewinnen die Mapuche und die Araukaner einen milchigen Saft, den sie äußerlich bei Zahn- und Kopfschmerzen verwenden.

Pharmakologie: Alle Lobelienarten enthalten verschiedene Alkaloide (Lobelin, Lobelanidin, Norlobelanidin). Diese Alkaloide bewirken eine kurze Stimulation des Körpers, die nur eine Viertelstunde anhält. Höhere Dosen können auch betäubend wirken.

Literatur: Herrick 1983, Rätsch 1987f, Schultes & Hofmann 1980.

LORBEER (Laurus nobilis). Schon in den alten mesopotamischen Kulturen hatte der Lorbeer als kultisches und magisches Räuchermittel Bedeutung. In Griechenland war der Lorbeer dem Orakelgott Apollon geweiht. Die Blätter und Samen wurden gekaut oder geräuchert, um hellsichtig zu werden und wahrsagen zu können. Die Pythia, das Orakel von Delphi, kaute Lorbeerblätter und atmete Rauch ein (vgl. → *Bilsenkraut*), bevor sie in Trance verfiel und sich Apollon in ihr verkörperte. Lorbeerblätter und -samen wurden auch dem → *Wein* zugesetzt. Im alten Rom hatte Lorbeer ähnliche Bedeutung. Opfergaben wurden immer mit Lorbeer und → *Wacholder* verbrannt. Laut Proclus bedarf es eines Lorbeerzweiges, um eine plötzliche Geistererscheinung festzuhalten oder zu bannen. Im Mittelalter und in der frühen Neuzeit galt Lorbeer als Zaubermittel, das die Fähigkeit verleiht, Verborgenes zu schauen. Der Lorbeer wurde auch in die Neue Welt eingeführt. Dort wird er von manchen Indianern als rituelles Räuchermittel verwendet.

Pharmakologie: In den Blättern findet sich ätherisches Öl, Bitterstoff, fettes Öl, Stärke, Zucker, verschiedene Glyceride und Myricilalkohol. Der Pflanzensaft hat durchblutungsfördernde, stimulierende und antiseptische Eigenschaften. Der Rauch scheint psychoaktiv zu wirken. Allerdings ist er chemisch noch nicht untersucht worden.

Literatur: Rätsch 1987e, Sigerist 1963.

LOTUS (Nelumbo nucifera). Lotus ist in allen asiatischen und orientalischen Kulturen als eine göttliche Pflanze verehrt und als Symbol der Vollkommenheit, Unsterblichkeit und Erleuchtung betrachtet worden. Das Wachstum der Pflanze zeigt den geraden Weg aus dem Urschlamm, der Urzeugung durch das trübe Wasser zum strahlenden Licht. Der Lotus wächst wie eine →*Seerose,* seine prächtige und wohlduftende Blüte erhebt sich aber weit über die Wasseroberfläche. In Indien gilt die Lotusblüte als weiblicher Ursprung des Universums, besonders der Liebesgöttin. Deshalb haben die Blüten auch die Kraft einen Liebeszauber zu bewirken. In China werden die Wurzeln und Samen gegessen und als Amulette benutzt. Die Pflanze war ebenso den Alten Ägyptern bekannt. Sie wurde in pharaonischen Anlagen angepflanzt und als „die erste Blume der Weltschöpfung, in der die Sonne verborgen war“ betrachtet. Die Lotusblüten galten als Liebeszeichen und wurden in Ton oder anderen Materialien als Amulette nachgeformt. Ob die Zauberkräfte, die dem Lotus zugeschrieben werden, diesem zu eigen sind, oder ob sie eher der blauen →*Seerose* zugedacht wurden, läßt sich heute nicht sicher entscheiden.

Pharmakologie: Die eßbaren Teile der Pflanze enthalten Stärke, Mineralstoffe und Vitamine. Die Blüten enthalten ein ätherisches Öl. Psychotrope Wirkstoffe sind nicht nachgewiesen.

Literatur: Emboden 1978, Engel 1978.

LUPINIE (Lupinus hirsutus, Lupinus angustifolius). Lupinen waren im alten Griechenland als Nahrungs-, Heil- und Zauberpflanzen bekannt. Die Pilger, die zum Totenorakel von Acheron kamen, mußten große Mengen von Lupiniensamen essen, um mit den Seelen der Verstorbenen in Kontakt zu treten. Da die Orakel gehütete Geheimnisse bargen, ist leider nichts genaueres über den Gebrauch der Lupine im Orakelwesen bekannt.

Pharmakologie: Die Samen enthalten das Alkaloid Lupinin, das mit dem Cytisin verwandt ist (vgl. →*Bohnen,* →*Colorines,* →*Ginster*). Lupinin hat toxische Eigenschaften, die sich in Unruhe und Krämpfen äußern. Über die psychotrope Wirkung ist nichts weiter bekannt.

Literatur: Rätsch 1987e.

MAIS (Zea mays). Die Indianer Mittelamerikas betrachten die Maispflanze als eine Gottheit, denn sie hält die Menschen am Leben. Wenn ein Kranker keinen Mais mehr ißt, gilt er als unheilbar, als bereits verstorben. Die Maya sagen, wenn ein Mensch krank ist, darf er nur noch Mais, die Pflanze mit der stärksten Lebenskraft, essen. Viele Indianer benutzen aber auch die Maisgriffel oder -blätter als Medizin. Die trockenen Maiskörner werden als Orakel befragt und als Amulette getragen. Maiskolben werden zum Schutz des Hauses und seiner Bewohner unter Beschwörungen aufgehängt.

Viele südamerikanische Indianer brauen aus Mais ein berauschendes und heilsames Bier, die Chicha. „Nicht nur der Genuß, auch die Zubereitung der Chicha war ein ritualer Akt und oblag den Sonnenjungfrauen. Der Mais wurde gekaut und zur Vergärung in einen irdenen Krug gespuckt. Im reifen Mais hatte sich die Sonnenkraft gesammelt, in der Chicha wurde ihre berauschende Kraft herausdestilliert. Die Vermischung mit Speichel, dem man magische Wirkungen zuschrieb, gab die besondere Würze. In der Chicha trank man buchstäblich Essenz der Sonne, wie sie sich im Laufe des Sommers in der Pflanze angereichert hatte. So war Chicha das geeignete Getränk bei den hohen Festen, waren diese doch alle dem höchsten Sonnengott geweiht." (Wedemeyer 1972: 100f.) Die Chicha wurde bei den kultischen Orgien in großen Mengen getrunken. Sie galt als Aphrodisiakum. Die Chicha wurde nicht nur zu religiösen Anlässen getrunken, sie galt auch als gutes Heilmittel bei Schmerzen und Leiden. Wenn Chicha getrunken wird, spuckt man den ersten Schluck aus: er wird der Mutter Erde geopfert. In der Praxis der südamerikanischen Zauberer fehlt fast nie die Chicha. Sie begleitet die meisten Zauberhandlungen. Außerdem wird sie oft mit anderen Zauberpflanzen kombiniert: → *Coca,* → *Engelstrompete,* → *San Pedro,* → *Stechapfel,* → *Villca.*

Pharmakologie: Maisgriffel enthalten Glykoside, Saponine, ätherisches Öl, Fett, Harz, Tannin, die Vitamine C und K, Alkaloide, Allantoin, Kaliumsalze und Phytosterol. Chicha ist nur schwach alkoholhaltig.

Literatur: Ma'ax & Rätsch 1984, Rätsch 1987f, Wedemeyer 1972.

MANAKA (Brunfelsia spp.). Es gibt ca. 25 Arten der Manakawurzel in der Neuen Welt, die wild in den Regenwäldern Amazoniens und auf einigen Karibik-Inseln wachsen. Viele südamerikanische Indianer pflanzen sie wegen der Schönheit der Blüten und wegen der medizinischen Qualitäten in ihren Hausgärten an. Sie nennen die violett, gelb oder weiß blühenden Sträucher *chiricaspi, chiric-sanango,* oder „kalter Baum", auch →*borrachero.* Kolumbische Indianer sehen in ihr eine Verwandte der →*Engelstrompete* (botanisch gehören beide Pflanzen zu den Nachtschattengewächsen). Die Wurzel wird in der indianischen Heilkunst als Gegengift bei Schlangenbissen benutzt und als Medizin bei Gelbfieber getrunken. Überall in Amazonien ist Manaka als Aphrodisiakum, Antisyphilitikum, als Diuretikum, Purgiermittel und Abortativum bekannt. Die Kofán-Indianer in Kolumbien trinken einen Tee aus der Rinde. Sie sagen er kühle den Körper so stark ab, daß das dämonische Fieber flüchten muß. Die Pflanze wird auch psychedelisch oder narkotisch gebraucht. Einzelheiten müssen aber noch weiter erforscht werden. Die Schamanen und Zauberer der Jíbaro und Kofán setzen die Manakawurzel den →*Ayahuasca*-Trünken zu, damit sie in hellsichtigen Zuständen die Krankheiten ihrer Patienten erkennen können.

Pharmakologie: Die Wurzel enthält atropinartige Alkaloide (Brunfelsin, Manacin, Mandragorin, Cuskohygrin und Franciscain), das Cumarin Scopoletin.

Literatur: Rätsch 1987f, Schultes 1979, Schultes & Hofmann 1980.

MANDRAKE (Podophyllum peltatum). Der Maiapfel oder *American Mandrake* ist im östlichen Nordamerika heimisch. Er gedeiht im feuchten Unterholz schattiger Laubwälder. Die Indianer dieser Gebiete benutzten die Wurzel als ein hochwirksames Mittel gegen Darmparasiten und für Abtreibungen. Die Wurzelstöcke wurden vermutlich auch als Amulette und Zaubermittel benutzt, denn die frühen europäischen Siedler benannten diese neuweltliche Pflanze nach der →*Alraune,* englisch *mandrake.* Sie haben somit den altweltlichen Alraunenglauben mit in die Neue Welt gebracht.

Heutzutage spielt die Mandrake-Wurzel im nordamerikanischen Voodoo- oder Hoodoo-Glauben eine wichtige Rolle als Liebeszauber und Amulett. Pflanzenteile werden in *Voodoo Drug Stores,* die überwiegend von Schwarzen besucht werden, verkauft. Man soll ein Wurzelstück als Talisman oder Amulett bei sich tragen, am besten in der Hosentasche. Die

Mandrake darf von niemandem anders als von seinem Besitzer berührt werden, damit die „Vibrationen“ nicht gestört werden. Die Wurzel soll Glück in der Liebe bringen, begehrlich machen, soll für Reichtum sorgen, vor bösem Zauber, Zaubersprüchen, dem Bösen Blick und Dämonen schützen. Verliert man die Wurzel, wird man Pech erdulden müssen.
Anscheinend spielt Mandrake auch in der chinesischen Zauberei eine Rolle (vgl. → *Hanf*).

Pharmakologie: Der Wurzelstock enthält ein Harz, das Podophyllin. Im Podophyllin sind Podophyllotoxin und *a*- und *ß*-Peltatine enthalten. Sie wirken drastisch abführend, da sie die Darmperistaltik und die Dickdarmsekretion anregen und töten Darmparasiten ab. Podophyllotoxin scheint bei bestimmten Geschwüren wachstumshemmend zu wirken. Psychotrope Wirkungen sind unbekannt.

Literatur: Emboden 1974, Rätsch 1987a, Riva 1974.

MATÉ (Ilex paraguariensis). Maté werden die getrockneten oder gerösteten Blätter der Yerbapalme genannt. Sie wurde schon vor mehreren Tausend Jahren in Südamerika rituell genutzt. In peruanischen Gräbern wurden Maté-Blätter gefunden. In Argentinien wurden in verschiedenen Gräbern *cuyas* (mit Silber ausgeschlagene Kürbisgefäße) gefunden. Daraus sollten die Toten wohl bei ihrer Reise in die himmlischen Nachwelten anregenden Maté-Tee trinken und wach gehalten werden.
Die Guaraní-Indianer verehrten die *Ka'a Yary* genannte Baumseele der Yerbapalme. Die Yerbapalme war ursprünglich ein jungfräuliches Mädchen, das in einen Baum verwandelt wurde. Dieser Baumgeist muß verehrt und geachtet werden. Die Guaraní glauben, daß der Pflanzengeist den respektvollen Menschen beschützt, den maßlosen Ausbeuter aber mit Krankheit und Tod bestraft. Oft erscheint der Baumgeist auch als wunderhübsches Mädchen, das verführerisch die Männer anlockt. Wer sich darauf einläßt, verschwindet für immer im Wald. Die Guaraní benutzten Maté-Tee auch im Schamanismus. Der Schamane bereitete aus den Blättern einen kräftigen Aufguß, der getrunken die Zauberwirkung besaß, die der Schamane brauchte, um in hellsichtige Trancen zu verfallen. Maté wurde auch bei gemeinschaftlichen Kreisritualen getrunken. Leider ist nichts genaueres über den Gebrauch von Maté als Zauberpflanze bekannt. Es gibt aber viele Parallelen zum Gebrauch von → *Guayusa.*

Pharmakologie: Die Maté-Blätter enthalten gebundenes Koffein, Theobromin, Theophyllin, Chlororgensäure, Aromastoffe (u.a. Spuren von

Vanillin), fettes Öl, Gerbstoffe und Harze. Maté wirkt leicht anregend, etwas abführend, harntreibend und appetittzügelnd. Es kann vermutet werden, daß die zentralanregende Wirkung des Maté den Schamanen half, ihr Bewußtsein den anderen Welten zu öffnen.

Literatur: Melzer 1985 und 1987, Rätsch 1987f.

MEERTRÄUBEL (Ephedra americana, Ephedra spp.). Das Meerträubelkraut, auch bekannt als Ma-Huang *(Ephedra sinica),* Indianischer Tee, Mormonentee *(Ephedra nevadensis)* oder Popotillo, gehört vermutlich zu den ältesten bekannten Zauberpflanzen der Menschheit. Man hat Meerträubelüberreste *(Ephedra sp.)* als Grabbeigaben in der Höhle von Shanidar im Irak gefunden. Die Begrabenen waren Neanderthaler. Meerträubel *(Ephedra vulgaris)* spielte in dem altiranischen →*Haoma*-Kult eine Rolle und wurde in der postvedischen Zeit als Ersatz für →*Soma* benutzt. Es spielte auch bei tantrischen Mondritualen eine Rolle. Das Kraut war den alten Ägyptern und Griechen bekannt *(Ephedra fragilis, E. distachya).* Die Propheten nannten es „Nahrung des Saturn" und stellten es so mit anderen saturnischen Zauberpflanzen (wie →*Bilsenkraut,* →*Tollkirsche* u.a.) und den orgiastischen Saturnalien in Verbindung. Meerträubel wurde in →*Wein* getrunken.
Nordamerikanische Indianer trinken Meerträubeltee *(Ephedra californica)* als Stimulanz und zur Vorbereitung auf die Visionssuche. Der indianische Gebrauch ist sehr alt und über beide Amerikas verbreitet. Die alten Azteken gebrauchten das Meerträubelkraut *(Ephedra americana)* medizinisch und magisch. Bei Kopfschmerzen rauchen mexikanische Indianer eine Mischung aus *Ephedra americana* und →*Tabak.* In modernen sexualmagischen Praktiken wird Meerträubel in Kombination mit →*Hanf* als Aphrodisiakum benutzt.

Pharmakologie: Alle *Ephedra*-Arten enthalten das amphetaminartige Alkaloid Ephedrin, Pseudoephedrin, Norephedrin und weitere Alkaloide, Gerbstoffe, Saponine, Flavone und ätherisches Öl. Die Krautdroge wirkt gefäßverengend, kreislaufstimulierend, blutdrucksteigernd, zentral anregend, diuretisch, appetitdämpfend, antiallergisch und krampflösend auf die Bronchien. (Vgl. →*Qat*)

Literatur: Miller 1983, Rätsch 1987f, Wasson 1972.

MISTEL (Viscum album). Die Mistel ist eine auf Bäumen parasitär wachsende Pflanze. Sie war den Germanen als fürchterliche, todbringende Zauber-

waffe bekannt. Neben dem →*Eisenkraut* war sie die wichtigste heilige Pflanze der keltischen Druiden. Sie war ihre geheimnisvollste Zauberpflanze. Aus ihr bereiteten sie Zaubertränke, die Kraft, Mut und Unbesiegbarkeit verleihen, alle Krankheiten heilen, alle Gifte unwirksam und Mensch und Vieh fruchtbar machen sollten. Die Mistel gilt als apotropäisches Amulett, Glücksbringer, Heirats- und Liebessegen. Sie war als immergrüne, im Winter fruchttragende Pflanze das Symbol der Wintersonnenwende und des Neujahrsfestes. In Tirol heißt die Mistel Drudenfuß und gilt als Schutz vor Hexen und Teufeln. Sie wurde auch als „Hexenbesen" bezeichnet und als Orakelpflanze benutzt.
Im nordamerikanischen Voodoo-Glauben wird die nordamerikanische Mistel *(Phoradendron flavescens)* als Liebeszauber und Amulett getragen. Sie ist der Liebesgöttin Erzulie geweiht.

Pharmakologie: In der Mistel sind Glykoside, Alkaloide, giftige Viscotoxine, Zucker, Lektine und das biogene Phenylethylamin enthalten. Mistelextrakte haben antikarzinogene und das Immunsystem stärkende Eigenschaften.

Literatur: Becker & Schmoll 1986, Riva 1974.

MOHN (Papaver somniferum). Der echte Mohn oder Schlafmohn ist eine geographisch sehr weit verbreitete Kulturpflanze, deren ursprüngliche Heimat nicht mehr zu bestimmen ist – nicht zuletzt, weil sie so universell als Heilmittel und Nahrungslieferant genutzt wird. Bei Ausgrabungen von Pfahlbauten in der Schweiz wurden Mohnkapseln gefunden, die weit über viertausend Jahre alt sind. Aus dem Mohn wird das Opium, das eine lange Geschichte als Rausch- und Zaubermittel hat, gewonnen. Opium ist der eingedickte Saft der angeritzten Fruchtkapseln. Opium kann entweder gegessen oder geraucht werden. Soll es gegessen werden, braucht lediglich der eingedickte Mohnsaft unter Zugabe von Fett und anderen Stoffen (Harze, Pflanzenextrakte) eingenommen werden. Soll Opium geraucht werden, muß es mit komplizierten Verarbeitungsprozessen in Rauchopium oder *chandu* verwandelt werden.
Opium wurde bereits um 2500 v. Chr. als Heilmittel benutzt. In der assyrischen Heilkunde war es als „Pflanze der Freude" bekannt. Im alten Ägypten wurde Opium genauso benutzt wie in Griechenland (Thorwald 1985: 61). Es heißt, die Mohnpflanze sei aus den Tränen der Aphrodite erwachsen. Hypnos, dem Gott des Schlafes, wurden Rauchopfer mit Mohnsamen und Opium dargebracht. Die Mohnkapsel und das Opium

waren der Fruchtbarkeitsgöttin Demeter heilig. Opium spielte vielleicht bei ihren Mysterien eine Rolle (vgl. →*Mutterkorn*). Der berühmte „Wein der Kleopatra" war eine Mischung aus Wein, 30% Opium und →*Stechapfel* (Samen). Vermutlich wurde das Wissen um die Herstellung und die Eigenschaften des Opiums von den Arabern nach Indien und China gebracht. Bei den Arabern und Persern hatte Opium als Rauschmittel große Bedeutung. Es wurde mit →*Hanf*, →*Kaffee* oder →*Wein* kombiniert. Es wurde von manchen Sufisekten zur Erzeugung einer mystischen Ekstase gebraucht. In der orientalischen Alchemie wurde es als Mittel zur Verwandlung des Bewußtseins betrachtet: „Das Opium hatte mir seine Pflanzenseele, seine Pflanzenseele mit kaum wahrnehmbar trägen Bewegungen eingehaucht, und ich lebte und bewegte mich inmitten der Welt der Pflanzen; ich war selber eine Pflanze geworden." (Hedayat in Gelpke 1982: 46) In Thailand und Südostasien wurde es zur Erzeugung von Hellsichtigkeit und als Opfergabe an die Geister der Bäume und Felsen benutzt. Die Schamanen der Miao (ein Stamm im Goldenen Dreieck) rauchen Opium vor und während jeder Zeremonie. So verfallen sie in Trance und können in den Himmel reisen.

In der indischen Heilkunde hat Opium *(Ahiphena)* seit alters her einen festen Platz. Im Unani-System wird Opium als Heilmittel, Gift und Gegengift geführt. Seit frühester Zeit gilt es vor allem als starkes Aphrodisiakum (Penzer 1952: 32, 35). Dieser Gebrauch war weit verbreitet. Opium wurde dann auch sehr häufig mit →*Hanf* kombiniert und dem Shiva geweiht.

Auch in China wurde Opium mit der Sexualität assoziiert. Opium galt nicht nur als Aphrodisiakum, es wurde auch zu einem Sexualsymbol. Es wurde in Form kleiner Fische gepreßt und kam unter der Bezeichnung *Ying-tsu-su* auf den Markt. In taoistischen Lenzmitteln (= Aphrodisiaka), Lebenselixieren und Zaubertränken wird Opium oft mit →*Ginseng* und Moschus kombiniert.

Im Mittelalter hatte das Opium Bedeutung bei der Herstellung des allesheilenden, giftwidrigen und lebensverlängernden Theriaks (vgl. →*Knoblauch*), wurde magischen Räucherpulvern beigemischt, war Bestandteil der →*Hexensalben* und des Laudanums. Opium wird selten pur verwendet. Es wird oft mit anderen Substanzen (Olibanum, Kreuzkümmel, Gewürzen, Alkohol, Schlangenfleisch usw.) und Zauberpflanzen (→*Alraune*, →*Betel*, →*Brechnuß*, →*Bilsenkraut*, →*Ginseng*, →*Hanf*, →*Lorbeer*, →*Muskatnuß*, →*Safran*, →*Stechapfel*, →*Tee*) vermischt. Zum einen, um die Wirkung zu verbessern, und zum anderen, um die

Nebenwirkung (Verstopfung) zu vermeiden.

Pharmakologie: Opium enthält eine Reihe von Alkaloiden, die in ihrer synergistischen Wirkung charakteristisch sind. Die etwa 40 Alkaloide werden als Opiumalkaloide zusammengefaßt. Dabei unterscheidet man den Morphin-Typ (Morphin, Codein, Thebain) und den Benzylisochinolin-Typ (Papaverin, Noskapin = Narcotin, Narcein, Nor-Laudanosin, Reticulin). Als Hauptwirkstoff gilt das Morphin, das sedativ-hypnotische, narkotische, antitussive, atemdepressorische und verstopfende Wirkung hat (Wagner 1985: 163–165). „Opium wirkt wesentlich komplexer als Morphin, weil es mehrere Nebenalkaloide in nicht unerheblicher Menge enthält. Dazu gehört Thebain, ein Anregungsmittel, das dem Morphin entgegenwirkt. Papaverin und Noscapin mildern die dämpfende Wirkung des Morphins auf die Atmung. Und schließlich wirken die Opiumalkaloide Kodein und das genannte Noscapin stark hustenreizdämpfend. Kurz gesagt wirkt Opium weniger dämpfend als Morphin und ist wirksamer gegen Husten. Morphin verhält sich zu Opium wie Alkohol zu Wein ..." (Pelt 1983: 70).

Literatur: Geddes 1976, Gelpke 1982, Seefelder 1987.

MOLY (bisher nicht eindeutig identifiziert). Moly ist das berühmte hermetische Zauberkraut, das Odysseus als Abwehrmittel gegen den Zauber der Kirke von dem Gott Hermes, dem Mittler zwischen Oben und Unten, gereicht bekam. Die früheste botanische Nachricht stammt von Theophrast: „Das Moly wächst in der Gegend von Pheneus und im Kyllene-Gebirge. Man benutzt es zu giftwidrigen Mitteln und zu Zaubereien." Bei den antiken Autoren herrscht Unstimmigkeit über die botanische Identität der Pflanze. Aber aus verschiedenen Hinweisen läßt sich zeigen, daß es sich zum einen um einen abstrakten Begriff für Zauberpflanzen handelte und daß es zum anderen die gängigen Namen für die heiligen Zauberpflanzen persischer und ägyptischer Völker waren: →*Steppenraute,* das *hôm* oder →*Haoma* und das Besasa, das heilige Kraut des Gottes Bes (vgl. →*Steppenraute*). Es wurde bereits von Dioskurides darauf hingewiesen, daß es sich bei Moly um die →*Steppenraute* handelt. Und Dioskurides stammte aus einer Gegend, in der diese Pflanze wuchs und für religiöse und magische Zwecke genutzt wurde. Im Laufe der Geschichte wurde Moly aber auch als schwarze →*Nieswurz,* →*Meereszwiebel,* →*Knoblauch,* →*Allermansharnisch,* Zauberlauch *(Allium moly)* gedeutet. Plutarch beschreibt den persischen Kult um die Pflanze Omomi (Falschschreibung

15: Seerosen *(Nymphaea sp.)* wurden sowohl von den alten Ägyptern, als auch den Maya bei Ritualen genutzt.

16: Sinicuiche *(Heimia salicifolia)*, ein Strauch, aus dem mexikanische Indianer einen berauschenden Zaubertrank, den „Trank des Vergessens", brauen.

17: Indianerkinder halten die köstlich duftenden Blüten der psychedelisch wirksamen Solanacee *Solandra brevicalyx* in den Händen.

von Moly): „Die Perser stoßen, unter Anrufung des Hades und der Finsternis, in einem Mörser ein gewisses Kraut, das sie Omomi nennen, vermischen es mit dem Blut eines geschlachteten Wolfes und werfen es dann weg, an einen Ort, den die Sonne nicht bescheint."
Hermes gilt als Erfinder zauberischer Praktiken, ist der thessalischen Magie kundig, gilt als Seelenführer, der die Menschen mit seinem Stab ins Licht oder in die Finsternis führt; er ist der „Anführer aller Magier" (Pariser Zauberpapyros). Und Moly ist die Pflanze des kyllenischen Hermes, und steht damit als Zaubermittel zwischen den Lichtwelten und der Finsternis, sie verbindet Gott und Daimon und steht am Anfang der Alchemie. Das hermetische Kraut gibt Wissen, enthüllt die Verborgenen Geheimnisse des Daseins und vermittelt Einsicht in eine göttliche Weisheit, die nur starke Menschen ertragen können. Moly ist das „heilsame Pharmakon". Moly hat auch eine mystische Qualität, die in dem homerischen Vers des Maximos deutlich wird: „Ich sehe das Moly, und ich werde seines Geheimnisses inne: denn ich weiß gar wohl, wie schwer es ist, den Weg zum Guten zu finden." Aber es heißt auch, das Graben nach der Molywurzel bringe dem un-vor-sichtigen (uneinsichtigen!) Rhizotomen den Tod (vgl. →*Alraune*). Die Blume des Hermes oder des Mercurius hat aber auch Eingang in die mittelalterliche Volksmedizin gefunden. Ein mittelalterlicher Rautensegen lautet: „Ich segne dich, du Kreatur der Raute, damit du dienst zur Ausrottung des Teufels und aller seiner Hausgenossen." (vgl. →*Raute*)

Pharmakologie: Über eine pharmakologische Wirkung des Moly schweigen die Quellen. Stimmt die Deutung als Steppenraute, so hat Moly psychotrope Eigenschaften, die gut in die hermetische Symbolik passen.

Literatur: Rahner 1957.

MUSKATNUSS (Myristica fragrans). Der Muskatnußbaum gehört zu den ältesten Kulturpflanzen der Menschheit. Er stammt aus Asien und wird seit langem als Gewürz-, Heil- und Zauberpflanze geachtet. Im alten Indien hieß die Muskatnuß, die im eigentlichen Sinne der Same einer Frucht ist, *mada shaunda,* „betäubende Frucht". Sie wurde als Rauschmittel und Aphrodisiakum benutzt, den →*Betel*-Bissen zugefügt und unter das Curry gemischt. In der malayischen Magie wurde die Muskatnuß Besessenen gegeben. Damit sollten die Dämonen ausgetrieben werden. In der arabischen Medizin wurde sie als Aphrodisiakum, Potenzmittel und Fruchtbarkeitspender eingesetzt. Im Mittelalter gehörte sie zu den beliebtesten Gewürzen, denn sie konnte zum „Venushandel reizen". Ein Liebeszauber hat sich in Deutschland bis ins 19. Jahrhundert gehalten: „Wie die Pfefferkörner wird die Muskatnuß zum unappetitlichen Liebeszauber verwendet: das Mädchen verschluckt sie, und wenn die Nuß wieder abgegangen, pulvert es sie und mischt sie dem Geliebten ins Essen (Franken). Das Aphrodisiacum lenkt durch die körperliche Beimischung die erweckte Liebeslust des Burschen lediglich auf das Mädchen." (Aigremont 1986 II: 83) Seit Anfang des Jahrhunderts wird die Muskatnuß als Marijuana-Ersatz (vgl. →*Hanf*) geraucht oder gegessen und kann starke psychedelische Wirkungen auslösen: „Die Träume gewinnen an Intensität und Farbigkeit" (Henglein 1985: 174)

Pharmakologie: Die Muskatnuß enthält ein ätherisches Öl, das aus Myristicin und Safrol besteht (vgl. →*Sassafras*). Das Öl hat stimulierende, in hohen Dosen toxische Eigenschaften. Wenn Myristicin durch Aminierung chemisch verändert wird, entsteht das Amphetaminderivat MDA; wird Safrol aminiert, entsteht MDMA (beide Substanzen sind als „Liebesdrogen" bekannt; vgl. auch →*Qat*). Vermutlich werden diese beiden Öle im Metabolismus des Körpers aminiert. Durch diesen biochemischen Prozeß läßt sich wohl die berauschende Wirkung der Muskatnuß und die Reputation als Liebesmittel und Aprodisiakum zurückführen.

Literatur: in Efron 1967, Warburg 1897.

MUTTERKORN (Claviceps purpuraea). Das Mutterkorn ist das Überwinterungsstadium eines auf Gräsern und Getreiden schmarotzenden Pilzes. Mutterkörner werden wahrscheinlich bei der Herstellung des Einweihungstrankes bei den eleusinischen Mysterien verwendet. Der Trank enthielt noch Bachminze *(Mentha aquatica)* und vielleicht Opium (vgl. →*Mohn*). Möglicherweise spielte es auch im delphischen Orakelwesen eine Rolle (Rätsch 1987e). Seit dem Mittelalter wird es von Hebammen und Hexen in der Volksgynäkologie benutzt. Da es der Erzeuger des Antoniusfeuers ist, einer Krankheit (Ergotismus), deren Symptome Gangräen und fürchterliche Halluzinationen waren, hielt man es für eine vom Teufel abstammende Zauberpflanze (vgl. →*Safran*). Mutterkörner werden aber auch in frühneuzeitlichen Zaubertränken, die Hellsichtigkeit und prophetische Gaben verleihen sollten, verwendet. In Peru werden Mutterkörner mitunter von Wahrsagern beim →*Coca*-Orakel benutzt.

Pharmakologie: Mutterkorn enthält je nach Standort, Wirtsgras und Klima eine Reihe verschiedener Mutterkorn-Alkaloide, meist Lysergsäurederivate (LSD-ähnliche Wirkstoffe). Manche dieser Alkaloide haben psychedelische Wirkungen, andere haben toxische Eigenschaften.

Literatur: Findlay 1982, Hansen 1981, Hofmann 1964 und 1979, Spilmont 1984, Wasson et al. 1984.

MWAMFIBAUM (Erythrophloeum judicale). Der Mwamfibaum wächst in West- und Zentralafrika und wird dort als Gift für Gottesurteile (vgl. →*Kalabarbohne*) und als Bestandteil von Zaubermedizinen verwendet. Er ist auch unter den Namen *sassy, n'kassa, muawi, nga, nka* und *nkasa* bekannt. Für Gottesurteile, Heil- und Zaubertränke wird die Rinde benutzt. Ein Rindensud wird mit →*Tabak* zusammen bei Malaria, Brechdurchfall und Kopfschmerzen getrunken. Wenn ein Stammesangehöriger der Zauberei angeklagt wird, muß er sich von dem Fetischpriester mit einem Mwamfitrank auf die Probe stellen lassen. Der Beschuldigte muß stehend und in aller Öffentlichkeit den Trank zu sich nehmen. Bricht er zusammen, wird er schuldig gesprochen. Erbricht er sich, beweist dies seine Unschuld. Im Safwa-Gebiet ist Mwamfi ein heiliger Baum: „Diesen Baum ehren die Menschen sehr, er erregt ihre Bewunderung; denn wenn sie Mwamfi trinken, müssen sie sich übergeben und darum ist er sehr begehrt“, sagen die Safwa. Der Baum dient als Orakel und Medizin. Soll die Rinde gesammelt werden geschieht dies nach alten Riten. Dem Baumgeist müssen Opfer dargebracht werden, denn sonst kann die Rinde nicht segensreich wirken. Wird die Rinde für ein Gottesurteil gebraucht, wird sie in der Nacht vor der Probe mit Zaubersprüchen darauf vorbereitet. Ist ein Beschuldigter gestorben, wird er mit einem Strick verschnürt in ein Grab gezerrt. „Den Strick, mit dem der durch das Mwamfi Getötete gebunden wurde, nehmen die Zauberdoktoren an sich; er wird zum guten, wirksamen Zaubermittel für den Jäger, denn sie machen es sich zum Gleichnis: So wie der Strick den toten Menschen gezogen hat, so wird er auch Tierfleisch draußen in der Wildnis ziehen, heranschleifen, wenn sie jagen gehen.“ (Lewin 1929: 8) Will ein Häuptling herausfinden, wieviele Zauberer und Hexen in seinem Dorf leben, stellt er einen Kessel mit Mwamfirinde und Wasser auf ein Feuer. Dann müssen alle Dorfbewohner in den kochenden Sud fassen. Wer sich die Hände verbrüht, ist als Zauberer entdeckt. Wessen Hände unversehrt sind, der hat auch keinen bösen Geist in sich sitzen.

Pharmakologie: Die Rinde enthält giftige Stoffe, die wie Digitalis wirken.

Literatur: Engel 1982, Lewin 1929.

NACHTSCHATTEN (Solanum nigrum). Der Schwarze Nachtschatten wurde von den Griechen *strychnos halikakabos* (vgl. →*Brechnuß*), aber auch *physalis*, „Blasenpflanze“ oder *apollinaris minor*, „kleine Apollonpflanze“, genannt. Sie stand in enger Beziehung zum →*Bilsenkraut* und dem Orakelgott Apollon. Sie wurde von thessalischen Hexen zu einem Zaubertrank bereitet, der laut Plinius „unzüchtige Begierde, Gestalten und Bilder“ erwecke. Obwohl Nachtschatten unter die →*Hexensalben* gemischt wurde, ist sehr wenig über den Gebrauch als Zauberpflanze bekannt. In Afrika wurde Nachtschatten von Kriminaltelepathen und Regenzauberern benutzt.

Pharmakologie: In allen Pflanzenteilen ist Solanin, ein Alkaloidgemisch aus 6 Komponenten, enthalten. Solanin hat Giftwirkung und kann gefährlich, kaum aber tödlich sein. Psychedelische Inhaltsstoffe sind bisher nicht gefunden worden.

Literatur: Engel 1979, Mehra 1979, Rätsch 1986b.

NIANDO (Alchornea floribunda). Der Niandobaum wächst in Liberia, Nigeria und Uganda. Die Wurzelrinde wird als Aphrodisiakum benutzt. Dazu wird sie einige Tage in Palmwein gelegt. Es heißt, die Pflanze könne höchste Freuden, aber auch tiefstes Leid bescheren. Sie wird auch mit →*Iboga* und →*Yohimbe* kombiniert. Niando wird in dem Geheimkult der Byeri in Gabon ähnlich wie →*Iboga* gebraucht. Der Rinde werden magische Kräfte zugeschrieben. Deshalb wird sie von Kriegern und Fetischpriestern gerne genommen. Die Erforschung des Niando steht noch am Anfang.

Pharmakologie: Die Rinde enthält einige noch nicht identifizierte Alkaloide. Sie soll älteren Untersuchungen zufolge auch Yohimbin (vgl. →*Yohimbe*) enthalten. Die Alkaloide haben halluzinogene Wirkung; sie erregen das sympathische Nervensystem und erhöhen dessen Sensitivität für Ephedrin (vgl. →*Meerträubel*, →*Qat*).

Literatur: Scholz & Eigner 1983, Schultes & Hofmann 1980.

NIESWURZ (Helleborus officinalis, Veratrum album). Seit dem Altertum haben die Schwarze Nieswurz *(Helleborus officinalis)* und Weiße Nieswurz (*Veratrum album;* auch Weißer Germer genannt) eine wichtige Bedeutung als Heil-, Gift- und Zauberpflanze. Sie dienten vor allem zur Heilung des Wahnsinns, der oft durch Dämonen verursacht wurde.

Die Propheten und Wahrsager nannten die Weiße Nieswurz „Samen des Herakles", die Schwarze *melampodion* und schrieben ihnen göttliche Kräfte zu. Der Seher Melampus gab den von Dionysos besessenen Frauen nieswurzhaltige Ziegenmilch als Ernüchterungsmittel und um den rasenden Gott zu vertreiben. Oft wurde die Wurzel in Honigmet, →*Wein* und →*Zedern*-Öl eingelegt und als Brechmittel benutzt. Die Schwarze Nieswurz wurde als Amulett benutzt und nach einem Ritual gegraben: „Man streut ihn auch in den Wohnungen umher, weil man ihn für reinigend hält. Deshalb stellen diejenigen, welche ihn graben, sich hin und beten zu Apollo und Asklepios, indem sie den Flug des Adlers beobachten. Man sagt nämlich, daß dieser nicht ohne Gefahr dazufliege, denn der Vogel bringe den Tod, wenn er das Ausgraben des Helleborus sähe. Man muß ihn aber rasch graben, weil der Geruch Schwere des Kopfes verursacht. Deshalb essen die Graber →*Knoblauch* und trinken →*Wein,* denn so bleiben sie vor Schaden bewahrt." (Dioskurides IV, 149) Die Nieswurz wurde sogar mit dem →*Moly* identifiziert.
In der frühen Neuzeit taucht die Nieswurz in Rezepten mancher →*Hexensalben* auf. Die Schwarze Nieswurz gilt auch als Mittel zur Erhaltung der Jugend. Dazu sollen die getrockneten Blätter mit Zucker vermischt eingenommen werden. Die Weiße Nieswurz hat in der Zauberkunde Bedeutung als narkotisches Räuchermittel gefunden. Zu Anfang dieses Jahrhunderts waren in okkultistischen und parapsychologisch orientierten Zirkeln Gemische aus Weißem Germer und →*Fliegenpilz* in Mode. Sie wurden als Rausch- und Zaubermittel benutzt, die die Tore in eine magische Welt öffnen sollten.
Die Weiße Nieswurz wird auch in der sibirischen und chinesischen Volksmedizin und Magie genutzt.

Pharmakologie: Helloborus officinalis enthält die giftigen Glykoside Helleborin und Helleborein. Das Pulver reizt zum Niesen – daher der deutsche Name. *Veratrum album* enthält Sterinalkaloide (Protoveratrin, Jerpin), Veratramin, Germerin, Chelidon und Veratrumsäure. Ein Extrakt hat Wirkungen auf das Gehirn und die Gefäßnerven.

Literatur: Gessmann o. D., Rowell 1978.

OLOLIUQUI (Turbina corymbosa). Die Ololiuqui-Ranke gehört zu den →*Winden;* sie wächst fast überall in Mexiko. Erstmals hat der spanische Arzt Francisco Hernandez diese in den Kulturen der Azteken, Maya und Zapoteken bedeutende Zauberpflanze beschrieben: „Es gibt in Mexiko ein Kraut, daß heißet Schlangenkraut, eine Schlingpflanze mit pfeilförmigen Blättern, die deshalb auch das Pfeilkraut genannt wird. Der Same dient in der Medizin. Zerrieben und getrunken mit Milch und spanischem Pfeffer, nimmt er die Schmerzen weg, heilt allerhand Störungen, Entzündungen und Geschwülste. Wenn die Priester der Indianer mit den Geistern Verstorbener in Verkehr treten wollen genießen sie von diesen Samen, um sich sinnlos zu berauschen und sehen dann Tausende von Teufelsgestalten und Phantasmen um sich." Ololiuqui-Samen waren die wichtigsten Zaubermittel der aztekischen Wahrsagepriester *(naualli)*: „Sie befragen ihn (d.h. den eingenommenen Samen) wie ein Orakel und halten Zwiesprache mit ihm, um zu erfahren, was sie zu wissen begehren, oft Sachen, die man mit dem menschlichen Verstande gar nicht zu erkennen vermag, wie Verlauf ihres zukünftigen Lebens oder Ort, wo sich verlorene oder gestohlene Gegenstände befinden. Wer die Samen einnimmt, zieht sich zurück, schließt sich ein und niemand darf sich ihm nähern. Sie glauben, daß in dem Samen ein Dämon steckt, der dann, wenn man ihn eingenommen hat, herauskommt und dem Fragenden aufdeckt, was immer er zu wissen wünscht." (Ruiz de Alarcon) Bei den Azteken war der Gebrauch der Ololiuqui-Samen gleichbedeutend mit dem des →*Peyotes* und des →*Picietls.*

Die Maya von Yucatán benutzen die Samen der Ololiuqui-Ranke, die sie *xtabentum,* wörtlich „Edelsteinkordel", nennen, zur Wahrsagerei und als Medizin. „Besonders wenn man sie frisch erntet, zermahlt und als Getränk einnimmt; und wenn man genügend davon trinkt, sieht man Tausende von Geistern, hat man Fühlung mit dem Teufel und mit der Hölle ... Wenn einer etwas Wertvolles verliert, geben wir ihm Xtabentum zu trinken. Bevor er einschläft, sagen wir ihm immer wieder ins Ohr: ‚Wo ist der verlorene Gegenstand'. Und wir beschreiben ihn. Er wird im folgenden Xtabentum-Schlaf klarsichtig und sehen, wo der Gegenstand liegt. Und wenn er gestohlen wurde, wird er den Dieb erkennen. Da der Schlaf nicht tief ist, können wir durch wiederholten Anruf mit ihm reden, wie mit Menschen in Hypnose. Er wird klare Antworten geben, doch langsam und stockend." (Leuenberger 1979: 83, 84) Die Windensamen werden von den Mayaheilern ähnlich benutzt wie →*Stechapfel*-Samen. Der Heiler verfällt nach der Einnahme einiger Samen in eine Trance, in der er die Diagnose stellen und den Kranken heilen kann. Diese Trance dient auch dazu, Geister, die krank machen, aufzuspüren und Gegenmaßnahmen zu finden.

In der zapotekischen Kultur gab es die Piuleros, die berufsmäßigen Wahr-

sager, die Piule (der zapotekische Name der Ololiuqui) einnahmen, um divinieren und prophezeien zu können. Noch heute benutzen die Zapoteken die Pflanze zum Hellsehen, zum Wiederauffinden gestohlener, verlegter oder verlorener Gegenstände.
Die Ololiuqui-Samen werden von vielen indianischen Heilern bei Frauenleiden, Unfruchtbarkeit, Fiebern und als Aphrodisiakum verordnet.

Pharmakologie: Die Samen der Ololiuqui enthalten verschiedene Alkaloide, die auch im →*Mutterkorn,* in der →*Holzrose* und einigen → *Winden* vorkommen: Lysergsäureamid, Chanoclavine, Elymoclavin und Lysergol. Besonders das Lysergsäureamid hat ähnliche Wirkungen wie Lysergsäurediäthylamid (LSD), wenn es in höheren Dosen eingenommen wird. Die anderen Alkaloide haben starke Wirkungen auf die Gebärmutter (heftige Uteruskontraktionen).

Literatur: Fields 1968, Hofmann 1964 und 1979, Rätsch 1986b und 1987f, Ruiz de Alarcon 1984, Wasson 1971.

ORCHIDEEN (Orchidaceae). Es gibt über 30.000 Orchideenarten auf der Erde. Die meisten leben symbiotisch oder epiphytisch auf anderen Pflanzen und bilden Knollen und prächtige Blüten aus. Viele Orchideenarten werden als Zauberpflanzen, Aphrodisiaka und Amulette verwendet. Die berühmteste Zauberpflanze aus der Familie der Orchideen ist das Satyrion, das wohl mit dem Knabenkraut *(Orchis spp.)* identisch ist. Satyrion galt als die aphrodisische Nahrung der Satyrn. Wer davon aß, wurde selber zu einem Satyr. Also war die Pflanze ein Liebeszauber *per se.* Das Satyrion wurde als Geschwister der →*Alraune* betrachtet. Der Frauenschuh *(Cypripedium)* war eine Pflanze der Aphrodite und reizte zum „Venushandel". Knabenkräuter wurden schon von den alten Germanen als Aphrodisiaka, Liebeszauber und Schutzamulette verwendet. Die Zigeuner nennen das Gefleckte Knabenkraut *(Orchis maculata)* Karengro und sammeln die als Liebesamulette und Fruchtbarkeitspender wirksamen Wurzelknollen wie die →*Alraune.*
In Nordmexiko wächst die gelbblühende Orchidee *(Oncidium cebolleta),* die von den Tarahumara-Indianern als Ersatz für →*Peyote* benutzt wird. Die Chinanteken benutzen zwei Orchideenarten, um das Geschlecht einer ungeborenen Leibesfrucht festzulegen. Die Schwangere trinkt einen Tee aus *Clidemia setosa,* wenn sie eine Tochter haben möchte. Für einen Sohn muß sie einen Tee aus *Pleurothallis cardiothallis* trinken. Sie kann die Wurzelknolle aber auch als Amulett tragen. Die im Süden Mexikos

wild wachsende Vanille *(Vanilla planifolia)* gehört ebenfalls zu den Liebeszauber bewirkenden Pflanzen. Auch bei den südamerikanischen Indianern gelten Orchideen als Liebeszauber und Sexualsymbole.
In Asien, besonders in China, gelten viele Orchideenarten, etwa *Dendrobium linawianum,* als Lenzmittel, Tonika und Elixiere für ein langes Leben. Tantrische Zauberer haben vor dem Wahrsagen die Knollen der Arten *Vanda tesselata* und *Ephemerantha macraei* eingenommen. In Afrika werden die Arten *Ansellia gigantea, Lissochilus arenarius* und *Lissochilus arenaris* als Aphrodisiaka und Liebeszauber gegessen. Die nordamerikanischen Voodoo-Anhänger opfern die Wurzelknollen der Adam-and-Eve-Root *(Aplectrum hyemale)* der Liebesgöttin Erzulie, damit ein kräftiger Liebeszauber bewirkt werde.

Pharmakologie: Die Knollen aller Orchideen enthalten Stärke und verschiedene Schleimdrogen. Manche Arten enthalten außerdem Glykoside. Alkaloide scheinen in dieser Pflanzenfamilie sehr selten zu sein. Duftstoffe wie Vanillin sind auch selten. In *Oncidium cebolleta* konnten Alkaloide, die möglicherweise halluzinogen wirken, nachgewiesen werden. *Dendrobium linawianum* enthält drei Alkaloide, wovon eines strukturell bekannt ist und Dendrobin heißt. In den Arten *Arethusa bulbosa, Goodyera pubescens* und *Cymbidium devonianum* konnten narkotisierende Stoffe festgestellt werden.

Literatur: Brøndegaard 1985, Emboden 1974, Rätsch 1987a und 1987f, Schultes & Hofmann 1980.

PATERNOSTERERBSEN (Abrus praecatorius). Paternostererbsen heißen die rot-schwarzen Samen einer zu den →*Bohnen* gehörende Ranke. Sie gedeiht in allen tropischen Gebieten der Welt. Die Samen werden oft zu Schmuck und zu Rosenkränzen verarbeitet. Die alten Azteken kannten sie unter dem Namen *atecuxtli,* „Krebsauge“. Die Samen wurden von den Zauberern zum tödlichen Schadenzauber, von eifersüchtigen Frauen als Rache an ihren untreuen Männern benutzt. Dazu mußte das Pulver in eine Speise der betreffenden Person gerührt werden. Die ganzen oder pulverisierten Samen gehörten zu den von zentralafrikanischen Zauberern häufig benutzten Giften. Die Samen galten in einigen Gebieten Afrikas als Zahlungsmittel. Auf den Seychellen werden die Samen zum Todeszauber benutzt. Dazu werden sie zerrieben und auf die Türschwelle des Opfers gestrichen. Wenn das Opfer barfuß darüber geht, wird es bald daraufhin sterben.

Pharmakologie: Die Samen enthalten das Kontaktgift Abrin. Bereits die Giftmenge eines einzigen Samenkorns kann beim Menschen tödlich sein.

Literatur: Diaz 1979, Müller-Ebeling & Rätsch o. D., Krause 1909, Resch 1987.

PEDILANTHUS (Pedilanthus itzaeus, Pedilanthus tithymaloides). Die zu den Wolfsmilchgewächsen zählenden Pedilanthus-Arten stammen aus den tropischen Regionen Amerikas. Sie haben gerade Stengel, an denen stiellose, fleischige Blätter paarweise sitzen. Die Maya von Yucatán nennen die Pflanze *yax halal che',* „Grüner Pfeilbaum" *(Pedilanthus itzaeus).* Sie pflanzen sie als Schutz vor bösen Zauberern vor ihren Hauseingängen oder in ihren Gehöften an. In der Wahrnehmung der Zauberer erscheint der Strauch als eine Ansammlung gefährlicher Giftpfeile. Die Pflanze wird auch zum Schutz der Seelen der Toten an ihren Gräbern angepflanzt. Der Stengelsaft dient in der Medizin zur Vertreibung böser Winde, die sich in der unsichtbaren Gestalt von Schlangen oder Würmern durch das Fleisch fressen. Die Blätter heilen alle Erkrankungen, die vom Bösen Blick ausgelöst werden.

In Peru wird *Pedilanthus tithymaloides* dem halluzinogenen *cimora*-Trank zugesetzt (vgl. →*San Pedro*). Dieselbe Art hat sich bis auf die Inseln im Indischen Ozean verbreitet. Sie wird von den Kreolen *bois malgache,* „Baum der schlechten Winde", genannt. Heiltränke werden aus den Blättern gebraut. Es müssen aber immer sieben sein. Auf den Seychellen gelten die Blätter als Antidote gegen die Gifte der Zauberer (→*Paternostererbsen*). Am Haus angepflanzt, schützt sie vor den Zauberern, sie können die Schwelle nicht betreten. Die Pflanze schützt vor allen Arten von schwarzer Magie. Ist man verzaubert, muß man nur ein paar Blätter oder einen Stengel in das Haus des Zauberers tragen. Damit wird der Bann gebrochen.

Pharmakologie: unbekannt.

Literatur: Müller-Ebeling & Rätsch o. D., Rätsch 1986a.

PEYOTE (Lophophora williamsii). In den nördlichen Wüstengebieten von Mexiko und Texas wachsen verschiedene Kaktusarten und andere Pflanzen, die von den Indianern dieser Gebiete als *peyotl, peyote, híkuli* usw. bezeichnet werden. Außerdem gibt es eine Reihe von Pflanzen, die von Indianern als „Falscher Peyote", *peyotillo, híkuli brava* usw. benannt werden (siehe Tabelle). Im allgemeinen gehört der Name Peyote aber einem kleinen stachellosen, knolligen Kaktus *(Lophophora williamsii)*. Sowohl der eigentliche Peyotekaktus als auch dessen Substituente werden seit präkolumbischen Zeiten als Zauberpflanzen und Sakramente benutzt. Der spanische Arzt Francisco Hernandez schrieb über den Peyote in seiner Naturgeschichte Neu-Spaniens: „Dieser Wurzel werden wunderbare Eigenschaften zugeschrieben, wenn man dem Glauben schenken will, was darüber gesagt wird. Diejenigen, die sie nehmen, bekommen die göttliche Gabe der Vorhersehung und können künftige Dinge wie Propheten voraus wissen ... Die Chichimeken (ein Stamm von Jägern, der in den Wüsten lebt) glauben, daß die Kraft dieser Wurzel das ermöglicht.“ Daß Peyote eine wichtige Rolle als Prophetenpflanze hatte, geht auch aus vielen kirchlichen Dokumenten hervor. Eine Beichtfrage lautete: „Hast du anderen Peyote gegeben, um Geheimnisse zu erfahren, Gestohlenes oder Verlorenes wiederzufinden?“ In der aztekischen Kultur war Peyote eine Art Gottheit und wurde vor allem von den Wahrsagern und Zauberern *(naualli)* eingenommen. Dabei galt er ihnen als heilig und gleichbedeutend mit →*Ololiuqui* und →*Picietl*. Die Pflanze hatte die Macht, die Zukunft, das Wirken der Götter und das persönliche und kosmische Schicksal in fantastischen Visionen zu enthüllen. Die aztekischen Ärzte benutzten Peyote als Heilmittel für viele verschiedene Krankheiten, besonders Fieber und Kopfschmerzen. Dabei wurde Peyote nur in geringen Dosierungen und auch als Klistier gegeben. Bei Tempelfesten wurden Gebräue aus Peyote, Wasser und unbekannten Ingredienzien, vermutlich Pulque (vgl. →*Agave*) geopfert und gemeinsam getrunken. Dabei soll es zu Orgien gekommen sein, die den spanischen Missionaren ein besonderer Dorn im Auge waren. Den Menschenopfern wurden vorher Peyotetrünke verabreicht. Krieger trugen Peyotestücke als Amulette mit sich. So ein Amulett galt als bester Schutz gegen Zauberei, hinterhältige Angriffe und verlieh übermenschliche Kräfte. In manchen Quellen wird Peyote auch als Fetisch genannt. Die Läufer der Tarahumara nehmen Peyote bei ihren rituellen Wettrennen.

Noch heute werden Peyotebuttons bei religiösen Festen, zur Krankenheilung und zur Wahrsagerei benutzt. Die Tarahumara benutzten in alten Zeiten den Peyote, um böse Zauberer, Diebe und Feinde zu bannen, die Zukunft vorherzusehen und sich gemeinschaftlich daran zu berauschen. Dabei standen mystische Aspekte im Mittelpunkt. Die Huichol-Indianer aus der Sierra Madre gehen einmal pro Jahr auf die Peyotejagd. Dann sammeln sie rituell die Kakteen, verzehren sie, um Visionen von ihrem vergangenen und zukünftigen Leben zu erhalten, und um die Ursachen von Krankheiten und Nöten zu erfahren.

Zu Ende des 19. Jahrhunderts verbreitete sich der Peyotekult über die Grenzen Mexikos hinaus nach Nordamerika. Viele Indianerstämme (zuerst die Apachen und Komanchen) haben seitdem das Kreisritual, bei dem gemeinschaftlich der Kaktus in psychedelisch wirksamen Dosen gegessen wird, in ihre traditionelle Kultur integriert. Es hat sich sogar eine Eingeborenenkirche, die *Native American Church* etabliert, in der das Sakrament der Peyotekaktus ist. Viele nordamerikanische Indianer nennen den Kaktus „Medizin" und schreiben ihm besondere Heilwirkung und Zauberkraft zu. Vielen mexikanischen Indianern und Mestizen gelten getrocknete Peyotescheiben *(buttons)* auch als Amulette gegen den Bösen Blick und gegen alle Formen von Schadenzauber und Hexerei.

Tabelle der Peyotesubstituenten und mit Peyote assoziierten Zauberpflanzen

Botanische Art	Populärer Name	Inhaltsstoffe
Lophophora diffusa	Peyote	Peyotine, Lophophorin
Lophophora fricii	Chiculi hualala	Peyotine, Lophophorin
Ariocarpus fissuratus		
Ariocarpus retusus		
Obregonia denegrii	Híkuli sunami	Phenylethylamine
Pelecyphora aselliformis		
Pelecyphora pseudopectinata		
Epithelanta micromeris	Chilito, Híkuli mulato	Triterpene, Alkaloide
Mammillaria craigii	Peyote de San Pedro	Alkaloide (?)
Mammillaria grahamii	Híkuli, Peyote	Alkaloide (?)
Mammillaria heyderii		Dimethoxyphenethylamin
Mammillopsis sensilis	Peyote christiano (?)	Alkaloide (?)
Coryphanta compacta	Bakana	DMPEA
Coryphanta macromeris		DMPEA, Macromerin
Echinocereus triglochidiatus	Híkuri, Pitallita	3-Hydroxy-4-Methoxy-Phenethylamin
Pachycereus pecten-aboriginium	Chawe', Cardón	Phenethylamine
Carnegia gigantea	Saguaro	(?)
Cacalia cardiofolia	Peyote	
Cacalia decomposita	Peyote	
Senecio canicida		
Senecio cardiophylus	Palo bobo	Sequiterpen-Laktone
Senecio grayanus	Palo Loco	Pyrrolizidine
Senecio praecox	Quantlapatzinzintli	
Senecio tolucanus		
Scirpus spp.	Bakana	Alkaloide
Lycoperdon spp.	Kalamota	
Oncidium cebolleta	Híkuri	Alkaloide

Pharmakologie: Der Peyotekaktus enthält neben dem Hauptwirkstoff Meskalin noch 43 weitere Alkaloide. Meskalin und einige andere Alkaloide (Anhalonidin, Lophophoridin) haben auf den Menschen zentralerregende Wirkungen und führen zu außerordentlich farbenprächtigen Visionen und mystischen Erfahrungen. Das Alkaloid Peyocatin oder Hordenin hat eine ähnliche pharmakologische Aktivität wie das Hormon Adrenalin und wirkt antibiotisch.

Literatur: Anderson 1980, Bruhn et al. 1971, 1973 und 1976, Bye 1979, Deimel 1985, Diaz 1979, La Barre 1975, Müller-Ebeling & Rätsch 1987, Rätsch 1987f, Rouhier 1986, Schultes & Hofmann 1980.

PICHI-PICHI (Fabiana imbricata). In den Anden des nördlichen Chile wächst das immergrüne Fabianakraut, das von den dortigen Indianern *pichi-pichi* oder *k'oa* genannt wird. Das frische oder getrocknete Kraut wird bei allen religiösen Zeremonien und bei der Krankenheilung verbrannt. Der Rauch vertreibt alles Böse und hält die Krankheiten fern. Das Kraut wird auch vielfach volksmedizinisch genutzt. Pichi-Pichi ist eine der wenig erforschten Zauberpflanzen.

Pharmakologie: Die ganze Pflanze enthält ein wohlriechendes ätherisches Öl mit Fabinol, das Alkaloid Fabianin, bis zu 10% Harz und verschiedene Gerbstoffe, sowie Glykoside und Fette. In den Zweigen befindet sich Scopoletin. Die Alkaloide scheinen in höherer Dosierung berauschende Wirkungen zu haben.

Literatur: Rätsch 1987f.

PICIETL (Nicotiana glauca (?)). Gewöhnlich wird Picietl als der Bauerntabak *(Nicotiana rustica)* gedeutet (Wasson 1971). Picietl war ein aztekischer Ausdruck für eine berauschende Zauberpflanze, die mit dem →*Tabak* verwandt ist, ihm ähnelt, aber in den Wirkungen dem →*Ololiuqui* und dem →*Peyote* nähersteht. Die aztekischen Wahrsager und Zauberer benutzten Picietl genauso wie die anderen psychedelischen Zauberpflanzen (Ruiz de Alarcon). Es scheint deshalb eher möglich, daß mit Picietl eine bisher unbekannte oder kaum erforschte *Nicotiana sp.* bezeichnet wird.

Der Bauerntabak wird heute von indianischen Heilern als Zaubermittel benutzt und *pisiete* genannt. Dazu werden die getrockneten, nicht fermentierten Blätter zermahlen und mit gelöschtem Kalk vermischt. Dieses Pulver hat die Kraft, Krankheiten, die von Bösen Winden ausgelöst wurden, aus dem Körper zu treiben und den Menschen vor Krankheiten und Schadenzauber zu beschützen. Dazu wird das Pulver auf die Haut gerieben. Das Pulver wird auch in ein Tabaksblatt gerollt als stimulierender Priem gekaut (vgl. → *Coca*).

Pharmakologie: In *Nicotiana rustica* sind die gleichen Wirkstoffe wie im gewöhnlichen → *Tabak* enthalten. Halluzinogene Eigenschaften, wie sie in den Quellen dem Picietl zugeschrieben werden, konnten nicht im Bauerntabak, wohl aber in anderen *Nicotiana spp.* beobachtet werden. Der gesamte Picietl-Komplex muß noch eingehend erforscht werden.

Literatur: Baer 1986, Ruiz de Alarcon 1984, Wasson 1971.

PILZE. Pilze gehören seit ältesten Zeiten zu den Wesen, die von Menschen verehrt oder gefürchtet werden. Die Erscheinungsform, das Wachstumsverhalten, die Wirkungen auf Mensch und Tier galten als Offenbarungen des Göttlichen oder Dämonischen. In manchen Kulturen waren Pilze tabu: Die Pharaonen verboten den gewöhnlich Sterblichen sogar das Berühren von Pilzen. Den alten Hebräern waren diese Geschöpfe so unheimlich, daß sie mit einem Tabu belegt wurden.

Pilze wurden zu allen Zeiten als Zaubermittel, als Nahrung, als Gift und Medizin oder als Sakrament benutzt. Aus Giftpilzen *(Amanita phalloides)* wurden Schadenzauber bereitet. Andere Arten wurden zu Unsterblichkeitstränken verarbeitet (→ *Ling-chih*, → *Reishi*). Viele Pilze wurden mit dem Treiben der Hexen und Feen assoziiert („Hexenringe"; vgl. → *Mutterkorn*). Morcheln *(Phallus impudicus, Phallus spp.)*, Hirschbrunst *(Elaphomyces cervinus)* und Pantherpilz *(Amanita pantherina)* gelten als Aphrodisiaka. Viele psychoaktiv wirkende Pilze wurden und werden als Sakramente, Zauber- und Prophetenpflanzen benutzt: → *Fliegenpilz*, → *Jambur*, → *Lachpilz*, → *Teonanacatl*. Einige Pilze aus der Familie *Boletaceae* sollen angeblich eine „Pilzverrücktheit" bewirken, die in Papua-Neuguinea auch als *kuma* oder *amok* bekannt ist.

Pharmakologie: Die meisten Pilze können unbeschadet verzehrt werden. Sie enthalten selten Giftstoffe. Manche Agaraceen können jedoch tödliche Vergiftungen bewirken. Die Pilze der Gattungen *Strophariaceae* und *Coprinaceae* enthalten psychedelisch wirksame Tryptamine (Psilocybin, Psilocin). In den *Boletus*-Arten, die als Verursacher der „Pilzverrücktheit" gelten, konnten keinerlei Wirkstoffe festgestellt werden.

Die Pharmakologie der als Aphrodisiaka und Sakramente benutzten Pilzarten ist noch ein weites Forschungsfeld.

Literatur: Allegro 1971, Castaneda 1973 und 1975, Findlay 1982, McGuire 1982, Ott 1976a, Ott & Bigwood 1978, Pollock 1975 und 1977, Reko 1945, Rubel & Gettelfinger-Krejci 1976, Stamets 1978, Vetterling o. J., Wasson 1980.

PITURI (Duboisia hopwoodi, Datura leichardti und *Nicotiana spp.).* Pituri bezeichnet im weitesten Sinne alle Pflanzen, die von australischen Aboriginals hedonistisch oder magisch gekaut werden. Dabei hat das Kauen von verschiedenen wilden Tabakarten *(Nicotiana ingulba, N. gossei, N. stimulans, N. benthamii, N. velutina, N. megalosiphon* und *Goodenia lunata)* eher einen hedonistischen Charakter, das Kauen von der Duboisia und der Datura jedoch magisch-religiösen. Gewöhnlich werden Pituri-Blätter mit Pflanzenaschen vermischt als Priem gekaut. „Die Eingeborenen sollen das gekaute auch ins Ohr stecken, ihre Augen bekommen dann einen eigenartigen Glanz und die Pupillen werden stark erweitert." (Hartwich 1911: 834f.) Pituri nimmt Hunger und Durst, wirkt berauschend und ruft leidenschaftliche Träume hervor. Das ist vermutlich der Grund, warum die Aboriginals Pituri als Zauberpflanze gebrauchen. In der Zauberei der Aboriginals ist das Eintreten in die Traumzeit, den transzendenten Urzustand des Seins, von hervorragender Bedeutung. In der Traumzeit können alle magischen Handlungen, die auf den als unwirklich verstandenen Normalzustand einwirken, festgelegt und ausgeführt werden.

Pharmakologie: Duboisia enthält verschiedene Alkaloide: Piturin, Duboisin, d-nor-Nikotin und Nikotin. Diese Alkaloide haben stark stimulierende, aber auch toxische Wirkungen. Die Tabakarten enthalten alle als Hauptwirkstoff Nikotin (vgl. → *Tabak*). Zur Pharmakologie der Datura siehe → *Stechapfel.*

Literatur: Peterson 1979.

PUKUSA (Allium Victorialis var. platyphyllum). Dieses nordasiatische Zwiebelgewächs wird von den Schamanen der Ainu, jener Ureinwohner Japans, medizinisch und magisch genutzt. Die Zwiebel, deren Geruch an → *Teufelsdreck* erinnert, entwickelt unter den Beschwörungen der Schamanen Zauberkräfte, die alle infektiösen Krankheiten und Krankheitsdämonen abwehren. Die Blätter können auch zu Behandlung infektiöser Krankheiten gegessen werden. (Vgl. →*Allermannsharnisch*)

Pharmakologie: Wahrscheinlich ähnlich wie beim →*Knoblauch.*

Literatur: Mitsuhashi 1976.

QAT (Catha edulis). Der baumhohe Qatstrauch wächst wild oder in Plantagen kultiviert in den „Ländern der Götter“, den fruchtbaren Niederungen und Bergregionen am oberen Nil, den feuchteren Urwäldern Kareliens im heutigen Äthiopien, Südarabien und im Jemen. Den Nomaden dieser Gebiete gelten die kleinen ovalen Blätter und zarten Zweigspitzen des Strauches als „Schlüssel zu einem besonderen Paradies. Man kaut einige der Blätter, und dieser Sesam öffnet sich.“ (Leuenberger 1970: 188)
Im alten Ägypten hieß das Grab für eine Mumie „Kammer der Verwandlung“. Dort sollte sich die einbalsamierte Leiche auf das ewige Leben, die Wiedergeburt in einer neuen Welt oder eine Astralreise zum Hundestern Sirius vorbereiten. Die Grabstätte war zugleich ein Symbol des menschlichen Bewußtseins. Auch der Geist des Menschen wurde als eine „Kammer der Verwandlung“ betrachtet. Dort wurden die Eindrücke der sichtbaren Welt in die Erkenntnisse über die inneren Zusammenhänge der Welt, der Menschen und Götter, Tiere und Pflanzen verwandelt. Die Ägypter kannten viele Techniken, diese Verwandlungsprozesse in Gang zu bringen (vgl. →*Seerose,* →*Zeder*). Sie übten sich in Meditationen, fasteten, berauschten sich am →*Wein* aus Granatäpfeln, am Bier und nahmen die heiligen Pflanzen, die als „Nahrung der Götter“, „himmlische Speisung“ oder „Essenz des Daseins“ bezeichnet wurden. Die heiligen Pflanzen, denen die göttlichen Kräfte der Transformation innewohnten, wuchsen in dem „Land der Götter“ am oberen Nil (Abessinien; Thorwald 1962: 69). Kürzlich gelang es dem amerikanischen Wissenschaftler Charles Musès, aufgrund akribischer Hieroglyphenstudien, Ethnoarchäologie und der vergleichenden Ethnopharmakologie, die Pflanze als *Kht* (Qat) zu bestimmen.
Heutzutage ist das Zentrum des Qatgebrauches der Jemen. Gewöhnlich werden die frischen Blätter und Zweigenden gekaut. Aber sie können auch zu einer Paste mit Honig oder Zucker verarbeitet und gegessen oder im →*Kaffee* getrunken werden. Die frischen Blüten werden als Tee aufgebrüht und in großen Mengen getrunken. Die getrockneten Blätter, die weniger geschätzt werden – weil schwächer in der Wirkung –, werden nicht gekaut; man raucht sie zusammen mit einigen →*Hanf*-Blüten.

Die belebende Wirkung des Qat galt im 13. Jahrhundert als ein Werkzeug zur Erschaffung mystischer Erlebnisse. Den äthiopischen Sufis galt die Pflanze als heilig, da sie „ihnen zur Erleichterung der religiösen Pflichten diente. Mystische Erlebnisse wurden beschleunigt und intensiviert. Der Genuß der Blätter brachte die Nähe zu Gott, und damit wurde Qat sakrosankt" (Schopen in RR II 1981: 496). Vermutlich wurde Qat auch zur Intensivierung der sufischen *Herz-Chakra-Meditation* genutzt. Später ging der Gebrauch des heiligen Krautes auf die Aristokratie über. Es bildeten sich Qat-Rituale aus, bei denen in einer Gemeinschaft die Blätter gekaut wurden. Dazu trank man → *Tee,* später auch → *Kaffee,* und rauchte Haschisch (→ *Hanf*), später auch → *Tabak,* in großen Wasserpfeifen dazu. Bei einer Qatsitzung werden zwischenmenschliche Beziehungen geknüpft, die die Anwesenden miteinander verbinden.

Erstaunlicherweise war der Gebrauch des Qat nicht nur auf den Orient beschränkt. Wie Gerald B. Gardner, der Chronist der neuzeitlichen Hexenkulte, glaubhaft versichert, war Qat eine der heiligen Pflanzen der Hexen: „Mir wurde erzählt, daß die Hexen in früheren Zeiten ein Kraut kannten, das Kat hieß. Zusammen mit Weihrauch (Olibanum) öffnete es das innere Auge, das Unbewußte. In der Vermischung mit einem anderen Kraut, Sumach *(Toxicodendron?),* führte es zu Halluzinationen und durfte deshalb nicht oft genommen werden. Wurden beide Kräuter in rechter Weise angewandt, erlangte man die Fähigkeit, seinen Körper zu verlassen. Leider wissen die Hexen heute nicht mehr, welche Kräuter es waren, obwohl beide in England wachsen sollten (?). Man sagt auch, daß die Frau schöner erscheint, wenn der Mann Weihrauch vermischt mit Kat einatmet. Zauberer benutzen ähnliches für den gleichen Zweck. Ihre Mischung enthielt → *Hanf* und viele andere Bestandteile der Tonisierung." (Gardner 1965: 109)

Pharmakologie: Die Blätter, Blüten und Zweigenden des Qat enthalten neben Vitamin C die Hauptalkaloide Cathin und Cathidin. Das Cathin ist identisch mit dem Ephedrin, das auch im → *Meerträubel* enthalten ist. Außerdem enthält Kat noch eine Reihe methylierter Amphetamine und Methamphetamine, die in ihrer chemischen Strucktur dem MDA und MDMA recht ähnlich sind. Chemiker sind einem Isomer des MDMA auf der Spur, das vermutlich im frischen, nicht aber im getrockneten Pflanzenmaterial vorkommt (Musès 1986). Die Forschungsergebnisse bleiben noch abzuwarten. Qat hat stark euphorisierende, trauminduzierende Wirkungen, es macht heiter, gesprächig und vertreibt den Schlaf.

Literatur: Leuenberger 1970, Musès 1986, Schopen in RR II 1981.

18: Die Samen des Stechapfels *(Datura innoxia)* werden überall auf der Welt bei magischen Ritualen eingenommen.

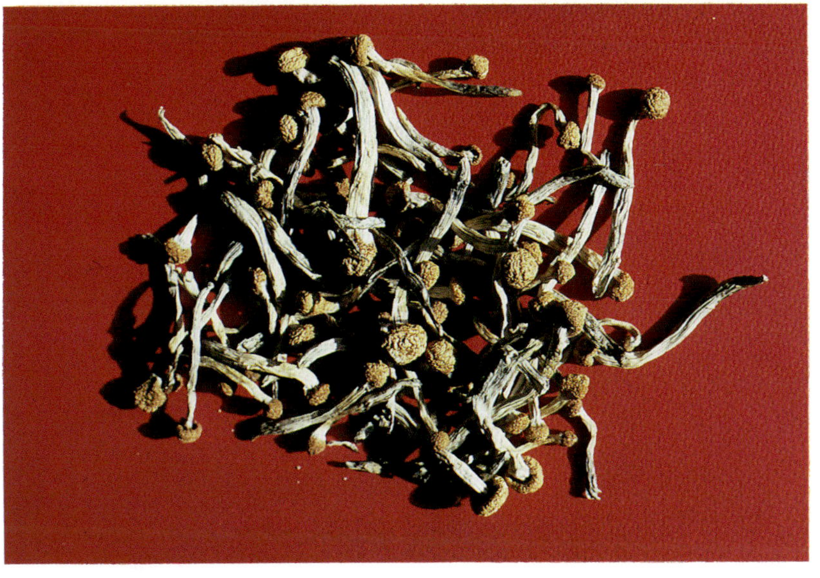

19: Teonanacatl, „Fleisch der Götter", die berühmten mexikanischen Zauberpilze *(Psilocybe cubensis)* im getrockneten Zustand.

20: Die leuchtende Blüte einer Windenart *(Ipomoea violacea)*. Die meisten Windengewächse gehören zu den Pflanzen der Zauberer.

QUEBRACHO (Aspidosperma quebracho-blanco). Der hochgewachsene, gelbblühende Quebrachobaum wächst im zentralen Südamerika. Sein Holz ist steinhart, weswegen es von Indianern als Aphrodisiakum und Potenzmittel geschätzt wird. In Paraguay wird damit ein Zaubertrank gebraut. Zu einer Maispaste werden die Samen des Mollebaumes *(Schinus molle)* beigemengt. Ist die Gärung abgeschlossen, werden einige Rindenstücke des Quebrachos eingelegt. In der indischen Volksmedizin werden Auszüge der Rinde als Heilmittel bei Atembeschwerden, Husten und fiebrigen Erkältungen, bei Malaria, Leberschmerzen und als aphrodisierendes Tonikum getrunken. Oft wird die geraspelte Rinde mit →*Maté*-Blättern gekocht. Bei den Mocoretas-Indianern am Alto Paraná gilt der Quebracho als Zauberbaum. An dem lebenden Baum vollziehen die Schamaninnen Divinationsrituale. Dazu wird unter dem Baum ein Opferfeuer entzündet. Dann werden die Flammen unter dem Gesang von Beschwörungsformeln umtanzt. An dem Stand des Mondes und den durch den Baum fallenden Mondstrahlen kann die Schamanin wahrsagen.

Pharmakologie: Die Rinde enthält mehrere Alkaloide vom Yohimbin-Typ (bis 1,5%). Yohimbin, als auch die Analoge, wirken blutdrucksenkend und auf die Sexualzentren im Sakralmark reizend. Dadurch kommt es zu einem erhöhten Blutandrang im Unterleib. Es kann bei Männern zu heftigen und langanhaltenden Erektionen führen und bei Frauen starke sexuelle Wünsche wecken. Yohimbin hat in höheren Dosierungen auch psychedelische Wirkungen (vgl. →*Yohimbe*).

Literatur: Rätsch 1987f, Zech 1982: 21.

RAUTE (Ruta graveolens). Die Raute, auch Garten- oder Weinraute, ist eine sehr alte Zauberpflanze. Sie war aber schon früh ein beliebtes Gewürz und Hausmittel. Sie wurde oft dem →*Wein* zugesetzt, da sie ihm die Giftwirkung nehmen sollte. Seit dem Altertum wird sie mit der römischen Mondgöttin Diana und ihrer Tochter Aradia in Zusammenhang gebracht (vgl. →*Artemisia*). Die Raute wurde vor allem in der Volksgynäkologie benutzt und stand dabei in engem Zusammenhang mit den oft als Hexen verrufenen Hebammen. Im späten Mittelalter wurde die Raute als Zaubermittel gegen Hexenränke und Teufelsspuk geräuchert oder im Haus aufgehängt (vgl. →*Haoma*, →*Steppenraute*). Allerdings hieß es auch, die Hexen selbst würden die Raute benutzen, um schädliche Zaubertränke damit zu brauen. In Italien war die Raute ein wirksames Schutzmittel gegen den Bösen Blick und gegen die bösen Geister, die den Mann impotent, die Frau aber unfruchtbar machen. Die Raute war auch ein populäres Mittel gegen die verwerfliche Fleischeslust und wurde von den Christen als Anaphrodisiakum empfohlen. Von den heidnischen Anhängern des orgiastischen Dianakultes wurde sie aber als Liebeszauber gebraucht. In England wurde die Raute als Mittel gegen die Pest angebaut. Als die Raute mit den Spaniern in die Neue Welt gelangte, wurde sie sofort von den indianischen Heilern und Zauberern als neues wirksames Zauber- und Heilmittel in die einheimische Medizin integriert. Sie wird als „Frauenpflanze" betrachtet, da sie alle Frauenleiden heilen und Fruchtbarkeit bewirken kann. Im Voodoo-Kult ist sie eine heilige Pflanze der Liebesgöttin Erzulie. Mit den richtigen Beschwörungen kann sie unwiderstehlichen Liebeszauber bewirken.

Pharmakologie: Die ganze Pflanze enthält ätherisches Öl (Phenole, Methylketone, Terpene), Alkaloide (Skimmianin, Kokusaginin, Graveolin, Graveolinin, γ-Fagarin, Dictamin, Ribalinin, Arborinin und Harmalin; vgl. →*Steppenraute*). Das ätherische Öl hat sedative, die Alkaloide abortative und psychoaktive Wirkungen.

Literatur: Mercatante 1980, Rätsch 1987f.

SAFRAN (Crocus sativus). Safran ist eine Kulturpflanze, die seit alten Zeiten im Orient angebaut wird. Im alten Ägypten und Griechenland schrieb man dem Safran große Heilkräfte zu. Die griechischen Wahrsager und Propheten benutzten den Safran. Sie nannten ihn das „Blut des Herakles" und schrieben ihm geradezu göttliche Kräfte zu. Deshalb wurde Safran auch als Amulett gegen Krankheit getragen. Er wurde auch in →*Wein* als Antidot getrunken und magischen oder heiligen Räucherungen beigemischt. Es werden nur die gelben in der Sonne getrockneten Blütengriffel verwendet. In der ayurvedischen und islamischen Medizin gilt Safran als Nervenberuhigungsmittel und Aphrodisiakum. Safran sollte besonders die geschlechtliche Begierde der Frau anregen und wurde deshalb zum Liebeszauber verwendet. Dazu wurde Safran oft mit →*Betel,* →*Hanf,* →*Mohn* und →*Stechapfel* (sogenannte „Orientalische Fröhlichkeitspillen") kombiniert. Safran wurde auch als zauberkräftiges Heilmittel gegen das Antoniusfeuer (vgl. →*Mutterkorn*) benutzt und war Bestandteil der →*Hexensalben.* In der frühen Neuzeit wurde Safran als opiumähnliches (vgl. →*Mohn*) Rauschmittel verwendet. „Zu viel Safran allerdings war gefährlich, man lief Gefahr an übermäßiger Freude zu sterben." (Henglein 1985: 52)

Pharmakologie: Safran ist sehr reich an Riboflavin (Vitamin B), enthält ein ätherisches Öl, den gelben Farbstoff α-Crocin, Picrocrocin, Safranal. Safran hat auf das Gehirn eine betäubende Wirkung, ist schlafbringend, kann Kopfschmerzen und Uterusblutungen erzeugen und bei Kindern tödlich wirken. Safran hat auch östrogene Wirkung.

Literatur: Basker & Negbi 1983.

SALOMONSSIEGEL (Polygonatum canaliculatum). Dieses nach König Salomon benannte Liliengewächs ist in der Kultur der Kickapo-Indianer (Nordmexiko) die wichtigste Zauberpflanze. Die Pflanze darf nur von den Klanführern in der Sierra Santa Rosa oder in Utah gesammelt werden. Der Klanführer muß beim Neujahrsfest allen Klanangehörigen ein Stück der Wurzel geben. Es heißt, die Wurzel heile auf magische Weise viele Leiden und Krankheiten, beschütze die Besitzer vor Hexen und Zauberei, binde die Gatten aneinander und wirke Liebeszauber. Wenn einem Mann die Frau wegläuft, sichert ihm die Wurzel einen baldigen Ersatz. Wenn ein Jäger auf die Pirsch geht, nimmt er ein kleines Wurzelstück in den Mund, läßt es in seinem Speichel einweichen und beschmiert sich schließlich mit dem Speichel. Dadurch ist er bei der Jagd vor Klapperschlangen geschützt. Andere Arten *(Polygonatum multiflorum, P. commutatum)* wurden gegessen und als vielseitige Hausmittel benutzt.
Der altweltliche Salomonssiegel *(Polygonatum odoratum)* wurde von manchen Ethnobotanikern als die geheimnisumwitterte „Springwurz" gedeutet. Von der Springwurz heißt es, sie könne Türen und Schlösser öffnen und Felsen, hinter denen Schätze verborgen liegen, zersprengen. Sie blüht nur in der Johannisnacht. Man erkennt sie daran, daß an ihr die Sensen zerschellen und den Pferden die Hufe abspringen. Ebenso hat eine Pflanze (das *shamir*-Kraut) beim Tempelbau Salomons zum Sprengen der Felsen gedient.

Pharmakologie: Die Wurzel enthält Acetidin-2-carbonsäure, Chelidonsäure, Saponine und unbekannte Stoffe. Die Inhaltsstoffe haben toxische Wirkung (Übelkeit, Durchfall, Herzrhythmusstörungen).

Literatur: Engel 1978, Latorre 1977.

SAN PEDRO-KAKTUS (Trichocereus pachanoi, Trichocereus peruvianus). Entlang der peruanischen Küste wächst der hohe Stangenkaktus, der *huachuma, Huando, cardo, hermoso, agua-colla, San Pedrillo* oder *San Pedro* heißt. Er wird seit sehr langer Zeit magisch, medizinisch und rituell von den Küsten- und Hochlandstämmen genutzt. Der spanische Missionar Pater Cobo schrieb darüber: „Es ist eine Pflanze, mit deren Hilfe der Teufel die Indianer Perus in ihrem Götzenglauben bestärkt; diejenigen, die ihren Saft trinken, verlieren ihre Sinne und sind wie tot; sie werden von diesem Getränk wie weggetragen und träumen tausend ausgefallene Dinge und glauben daran, als seien sie wahr. Der Saft ist gegen Nierenbrennen gut und in kleiner Menge auch gegen heftiges Fieber, gegen Gelbsucht und Blasenbrennen." Der Kaktus war und ist das wichtigste Zaubermittel der peruanischen Schamanen. Sie trinken Sude aus dem Kaktusfleisch, um in gewöhnlich unsichtbare Welten zu reisen und ihren Patienten dadurch zu helfen. Er wird für alle Fälle der Heilung und Hexerei verwendet. Er wird in der weißen und der schwarzen Magie gebraucht, besonders zur Tierverwandlung. In einem spanischen Text aus dem 16. Jahrhundert heißt es: „Unter den Indianern gibt es auch eine Klasse von Zauberern, die von den Inkas bis zu einem gewissen Grade geduldet werden. Sie nehmen jede gewünschte Gestalt an und legen in kurzer Zeit große Distanzen in der Luft zurück; und sie können Ereignisse voraussehen, sie sprechen mit dem Teufel, der ihnen durch bestimmte Steine antwortet oder durch andere Gegenstände, die sie verehren." (zit. nach Schultes & Hofmann 1980b: 157) Um eine psychedelische Wirkung zu erzielen, werden die San Pedro-Scheiben meist zusammen mit Samen der →*Engelstrompete,* Bärlappkraut *(Lycopodium sp.),* →*Pedilanthus,* →*Villca* und einer bisher nicht identifizierten Pflanze namens *hornamo* mehrere Stunden gekocht. Die Einnahme von San Pedro ist oft mit der Einnahme oder dem Gebrauch von →*Coca,* Chicha (vgl. →*Mais*) und →*Tabak* verbunden.

Pharmakologie: Der Hauptwirkstoff ist Meskalin (pro Kilo frischer Kaktus durchschnittlich 1,29g). In geringer Dosierung wirken San Pedro-Dekokte stimulierend und heilsam bei Magen-Darm-Problemen. In höherer Dosierung wirken sie psychedelisch, ganz ähnlich dem →*Peyote* und seinen Substituenten.

Literatur: Dobkin de Rios 1968a und 1968b, in Furst 1972, Sharon 1980.

SASSAFRASBAUM (Sassafras albidum, S. officinale). Im Süden Nordamerikas wächst der Sassafras- oder Fenchelholzbaum, ein schlanker bis zu 35 Meter hoher Baum aus der Familie der Lorbeergewächse. Vielen Indianer-Völkern war dieser Baum heilig, denn er war eine *gute Medizin,* die Liebeszauber bewirkt. Alle Teile des Baumes wurden medizinisch verwendet. Die getrocknete Wurzelrinde wurde unter die indianischen →*Tabak*mischungen gegeben, die rituell und medizinisch geraucht wurden. Die Ojibwa kochten das Wurzelmark aus und benutzten es als Narkotikum. Ein Hauptgrund für die Achtung vor dem Baum war seine Macht, das Feuer der Liebe als auch deren körperliche Werkzeuge anzustacheln. Die *gute Medizin* war Aphrodisiakum und Liebesdroge zugleich. Sowohl die frühen Siedler als auch die Schwarzen haben den indianischen Liebesbaum in ihre Volksmedizin eingeführt. Dem schwarzen Hoodoo-Anhänger gilt der Sassafras ebenfalls als ein Baum der Liebe und wird der Erzulie zugedacht.

Pharmakologie: Alle Pflanzenteile enthalten ätherisches Öl, das hauptsächlich zu 70% aus Safrol besteht. Safrol hat antiseptische, leicht toxische, diuretische und zentral erregende Wirkungen (anregend, stimmungsaufhellend, antidepressiv). Wenn Safrol in den Magen gelangt, wird es vermutlich durch Aminierungsprozesse in verschiedene Amphetaminderivate (z. B. 3,4-Methylendioxymethamphetamin; MDMA) umgewandelt, die für die psychische Wirkung des Sassafrasöles verantwortlich sind (vgl. →*Muskatnuß*).

Literatur: Rätsch 1987f, Stafford 1983.

SCHNUPFPULVER. In Südamerika, besonders in den Regenwaldgebieten, ist der rituelle Gebrauch von psychedelisch wirksamen Schnupfpulvern weit verbreitet. Die Schamanen der meisten Stämme in Amazonien und den angrenzenden Gebieten stellen aus heiligen Pflanzen sehr wirkungsvolle Zaubermittel her. Die Pulver werden immer dann geschnupft, wenn der Schamane eine Krankheitsursache erkennen, Kranke heilen, die Herren der Tiere besuchen, Jagdzauber üben, mit seinen Tier- und Hilfsgeistern Kontakt aufnehmen, sich selbst in einen Jaguar oder Adler verwandeln, die Zukunft vorhersagen, böse Zauber aufspüren oder selbst Schadenzauber anrichten will. Die Herstellung der Pulver ist meistens ein wohlgehütetes Geheimnis der Schamanen. Die Wirkung des Pulvers ist von Menschen, die keine Schamanen sind, sehr gefürchtet. Wer es unvorbereitet nimmt, kann dem Wahnsinn verfallen. Frauen dürfen gewöhnlich keine Schnupfpulver nehmen, da sie ihre Leibesfrüchte verlieren könnten. Um das Schnupfpulver auf die Nasenschleimhäute zu bringen, haben die Indianer verschiedene Geräte und Röhren erfunden. Manche Schnupfröhren sind ganz kurz, andere sehr lang. Bei den Yanomamö sind sie extrem lang. Dort pustet ein Schamane dem anderen das Schnupfpulver direkt durch das Blasrohr in die Nase.

In Südamerika werden viele verschiedene Pflanzen zu Schnupfpulvern verarbeitet: *Anadenanthera peregrina* (vgl. →*Villca*), *Virola (V. theidora, V. elongata, V. calophylla, V. calophylloidea), Elisabetha princeps, Justicia pectoralis* var. *stenophylla, Psychotria viridis (?).* Die Schnupfpulver sind unter den Namen *epená, cohoba, curupa, hatax, jatay, niopa, yopo, yupa, paricá* weithin bekannt. Diese Schnupfpulver zeichnen sich alle durch eine gleiche Pharmakologie aus. (Es werden aber auch andere Zauberpflanzen geschnupft: →*Ayahuasca,* →*Coca,* →*Engelstrompete,* →*Guayusa,* →*Hanf,* →*Kalmus,* →*Koribó,* →*Tabak,* →*Villca,* außerdem Chilli *(Capsicum spp.),* Rape dos Indios *(Maquira sclerophylla),* Manusukata *(Pagamea macrophylla)* und Tetsi *(Piper interitum)).*

Pharmakologie: Alle Schnupfpulverdrogen enthalten extrem stark psychedelisch wirkende Tryptaminderivate (DMT, 5-Meo-DMT, Bufotenin), die etwa 10 bis 15 Minuten einen vollständig anderen Bewußtseinszustand auslösen. In diesem Zustand kommt es zur Ich-Auflösung, zu fantastischen mehrdimensionalen Visionen, zu Sterbe- und Wiedergeburtserlebnissen, Tierverwandlungen, erotischen Ekstasen, Flugerlebnissen und kraftvollen Eruptionen. Da die Tryptaminderivate oral nicht wirksam sind (vgl. →*Ayahuasca*), müssen sie geschnupft oder geraucht werden.

Literatur: Brewer-Carias & Steyermark 1976, Prance 1970, Schultes & Hofmann 1980, Smet 1985.

SEEROSE (Nymphaea spp., Nuphar luteum). Bei den alten Ägyptern war die blaue Seerose *(Nymphaea caerula)* eine dem →*Lotus* nahestehende Zauberpflanze. Die blaue Seerose war ein Symbol des Todes und der Wiedergeburt und dem Osiris geheiligt. Als Osiris von Seth getötet wurde, hat ihn seine Frau und Schwester Isis, die Göttin der Zauberei und Heilkräuter, wieder zum Leben erweckt. In einer Mythe heißt es, sie habe ihn in Form der blauen Seerose wiedererschaffen. Die blaue Seerose wurde auch das Symbol der Divination und tauchte oft im Zusammenhang mit der →*Alraune,* mit →*Mohn*-Kapseln und der Kröte auf. Im ägyptischen Totenbuch gibt es einen Text der „Verwandlung in die Seerose“ heißt und eine schamanische oder alchemische Transformation beschreibt: „Ich bin die heilige Seerose, die aus dem Lichte kam, die zu den Nasenlöchern des Ra gehört und die zu dem Kopf der Hator gehört. Ich bin die reine Seerose, die von dem Felde des Ra kam.“ Ra war mit dem →*Alrau-*

nen-Bier assoziiert und wurde vermutlich auch mit magischen Flügen und Visionen, ausgelöst durch die Seerose (?), in Verbindung gesetzt. Die Blüten der blauen Seerose wurden auch mit Alraunenfrüchten und Mohnkapseln aufgereiht als Amulett- und Talismanketten getragen. Die Bedeutung der blauen Seerose in der altägyptischen Kultur muß noch weiter erforscht werden.
Bei den alten Griechen hatte die weiße Seerose *(Nymphaea alba)* eine göttliche Herkunft. Sie ist aus einer aus Eifersucht gestorbenen Nymphe entstanden. Sie wurde medizinisch in →*Wein* getrunken und war als Anaphrodisiakum bekannt. Sie galt als „Blume der Keuschheit" und war bei den mittelalterlichen Mönchen und Nonnen ein beliebtes Mittel, um die „teuflischen Gelüste" zu unterdrücken. Eigenartigerweise wurde die Seerose aber auch als Liebeszauber benutzt. Dazu muß die Blüte in einer Vollmondnacht gepflückt werden. Der Sammler muß sich die Ohren verstopfen, da er sonst von den betörenden Gesängen der Wassernixen verführt und in die Tiefe gezogen wird. Hat man die Blüte gewonnen, wird sie als Liebesamulett am Körper getragen.
Seerosen haben auch in der Neuen Welt magische und rituelle Bedeutung. Die Irokesen nennen die gelbe Teichrose *(Nuphar luteum variegatum)* „Große Wurzel" oder „Sitzplatz des Ochsenfrosches". Die Wurzel ist eine gute Medizin gegen alle Arten von Hexerei und Gespenster. Um störende Geister zu vertreiben, werden einige Scheiben von der Wurzelknolle in Wasser gelegt. Das Wasser wird dann an den Orten, die vorzüglich von den Geistern aufgesucht werden, versprenkelt. Die Wurzel wird als Schutz vor Hexen über die Hauseingänge gehängt. Geht eine Hexe darunter durch, verliert sie ihr Augenlicht. Möchte man die Ursache von Schadenzauber erkennen, muß man einen Sud aus der Wurzel kochen und trinken. Dann wird man die Ursache sehen. Ist jemand der Schadenzauberei verdächtig, wird ihm ein Trunk aus der Wurzel und vier weiteren, unbekannten Pflanzen, eingeflößt. Erbricht sich der Verdächtige, oder redet er in einer unbekannten Sprache, gilt er als schuldig (vgl. →*Mwamfi*).
In der Maya-Religion spielte die Seerose *(Nymphaea ampla)* eine wichtige Rolle. Sie wird oft in Zusammenhang mit Tierverwandlungen und Visionen dargestellt. Sie wurde vermutlich dem →*Balche'*-Trank zugesetzt, um ekstatische Zustände zu erzeugen. Außerdem taucht sie als Zaubermittel in einer Reihe von Zaubersprüchen auf. Es gibt Hinweise, daß die Seerose in Chiapas als Prophetenpflanze gebraucht wird. Die Bedeutung der Seerose in der Mayakultur muß noch intensiv erforscht werden.
Die Guaraní-Indianer wissen um die Zauberkraft der Seerose Irupé

(Nymphaea sp.). Der Duft der Blüte kann die Menschen verzaubern. Ursprünglich war Irupę ein wunderschönes Mädchen, das aus Trauer um den im Krieg gefallenen zukünftigen Ehemann ins Wasser gegangen ist. Als sie starb, verwandelte sie sich in die Seerose.

Pharmakologie: Nymphae caerula enthält vermutlich einige narkotisierende Alkaloide, deren Chemie noch nicht weiter aufgeklärt ist. *Nymphaea alba* enthält das Alkaloid Nupharin und das Glykosid Nymphalin. Der Pflanzenextrakt bewirkt Erregungszustände, aber auch Atemlähmung. *Nuphar lutea* enthält das Hauptalkaloid Desoxynupharidin, Nupharin und Nupharidin. Nupharin hat atropin- und papaverinähnliche, spasmolytische und blutdrucksenkende Wirkungen (vgl. →*Mohn*, →*Tollkirsche*). Desoxynupharidin wirkt tonisierend und blutdrucksteigernd. Der Gesamtextrakt hat anaphrodisierende Wirkung. *Nymphea ampla* enthält Apomorphin, Nuciferin und Nornuciferin, die psychoaktiv wirksam sind.

Literatur: Emboden 1978, 1979 und 1982, Herrick 1983, Melzer 1987: 35–37, Müller-Ebeling & Rätsch 1986, Rätsch 1987a.

SHANG-LU (Phytolacca acinosa). Dieses Kraut wächst in allen tropischen Zonen Ostasiens. Die Blätter sind eßbar, die Blüten und Wurzeln medizinisch wertvoll. Da die Wurzeln außerordentlich giftig sind, werden sie für medizinische Zwecke rein äußerlich angewendet. Bei Su Sung heißt es „Sie wurde in alten Zeiten sehr viel von den Zauberern gebraucht." Die alten taoistischen Zauberer bereiteten aus den Wurzeln eine Medizin gegen „Würmer im Bauch" und um Geister erscheinen zu lassen. Es werden zwei Arten von Shang-lu-Wurzeln unterschieden: „Diese Medizin gibt es in zwei Arten, einer roten und einer weißen. Die weiße Art wird in der Heilkunst gebraucht. Die rote Art kann benutzt werden, um Geister herbeizurufen; sie ist sehr giftig. Sie kann sonst nur äußerlich bei Entzündungen gebraucht werden. Wird sie gegessen, ist sie sehr grausam: sie bewirkt blutigen Stuhl. Sie kann tödlich sein. Sie bewirkt, daß man Geister sieht." (Su Ching).

Pharmakologie: Die meisten *Phytolacca*-Wurzeln enthalten toxische Triterpensaponine. Die Giftwirkung manifestiert sich in gastro-intestinalen Krämpfen, die zum Tode führen können.

Literatur: Li 1978.

Abb. 8: Alte Darstellung der Pflanze Shang-lu (aus dem *Chêng-lei pên-ts'ao* von 1249).

SINICUICHE (Heimia salicifolia). Die Indianer im mexikanischen Hochland stellen aus den Blättern der *jarilla, sinicuitl, cuauxihuitl, huauchinolli, anchinol, rosilla de Puebla* und *yerba de las ánimas* genannten Pflanze den Sinicuiche-Trank, einen „vergeßlich machenden Zaubertrank“ (Reko) her. Dazu werden die Blätter im angewelkten Zustand für einen Tag in Wasser gelegt und dann ausgepreßt. Der Saft wird dann der Gärung überlassen. Angeblich wird der Trunk für Gedächtnisreisen, zur Erinnerung an vorgeburtliche Erfahrungen getrunken. Heiler in Tamaulipas und Veracruz trinken Sinicuiche um Wahrsagen und Prophezeien zu können. Dazu stellte der Heiler aus Veracruz den Trank ähnlich her, wie die Maya den →*Balche'*-Tank brauen. Er gab die Blätter mit Honig zusammen in Wasser und ließ die Lösung fermentieren. Nach einigen Tagen konnte der Trunk für den gewünschten Effekt eingenommen werden.

Pharmakologie: Die Pflanze enthält die Alkaloide Cryogenin, Heimin, Lythrin, Lythridin, Sinin, Vesolidin und Cryofolin. Cryogenin hat vermutlich die stärkste pharmakologische Wirkung. Es ist anticholinerg, sedierend und krampflösend. Die Wirkung des Reinalkaloids ist jedoch anders als die des fermentierten Sinicuiche-Trankes. Die Ethnobotanik und Ethnopharmakologie des Sinicuiche ist noch ein offenes Forschungsfeld.

Literatur: Diaz 1979, Reko 1986, Scholz & Eigner 1983, Schultes & Hofmann 1980.

SOMA (bisher nicht identifiziert). In dem Rig-Veda und in dem Atharva-Veda, den beiden heiligen Schriften der altindischen Arier, finden sich umfangreiche Textstellen, die sich um eine heilige Zauberpflanze drehen, die den Namen Soma trägt. Soma bezeichnet dabei nicht nur die Pflanze, sondern auch den daraus mit Milch rituell bereiteten heiligen Trank und eine goldglänzende Mondgottheit. In der vedischen Religion gab es keine Tempel und pompösen Schauzeremonien. Die Religion manifestierte sich im Menschen als mystische Erfahrung. Dazu wurde der Soma-Trank eingenommen. Er bewirkte eine ekstatische Verschmelzung mit der Ewigkeit und dem Göttlichen, er schenkte Visionen von der wirklichen, himmlischen Welt, bescherte paradiesische Wonnen, machte unsterblich, unbesiegbar, förderte Kunst, Poesie und Kreativität, verlieh ewige Jugend und Gesundheit, spendete Fruchtbarkeit und verhalf zu glückseligen Liebesregungen. In der postvedischen Zeit wurden viele Elemente des Soma-Rituals von Tantrikern übernommen. Die im Ritual benutzten Gegen-

stände (Preßsteine, Musikinstrumente, Schneckentrompeten), die Soma-Pflanze und der daraus bereitete Trank wurden als mächtige Zaubermittel benutzt.
Die in den Veden beschriebene Soma-Pflanze konnte bis heute nicht eindeutig identifiziert werden, denn schon in der postvedischen Zeit war das Wissen um die Originalpflanze verlorengegangen. Eine Reihe von Forschern haben sich des Problems angenommen und haben Soma als →*Alraune*, →*Fliegenpilz*, →*Hanf*, →*Steppenraute*, sogar als Sukkulente und Schachtelhalm *(Equisetum sp.)* gedeutet. Vermutlich war Soma ein Überbegriff und bezeichnete eine Reihe von psychoaktiven Zauberpflanzen. Recht wahrscheinlich ist die Deutung von Terence McKenna, nach der Soma unter anderen eine *Stropharia*-Art war, die auch im Himalaya wächst, (vgl. →*Pilze*, →*Teonanacatl*). Von der postvedischen Zeit bis heute wurden folgende (Zauber)pflanzen als Soma-Ersatz benutzt: →*Hanf*, →*Meerträubel*, *Sarcostemma acidum*, *Periploca aphylla*, *Calotropis gigantea*, *Vitex negundo*, *Basella cordifolia*, *Andropogon sp.*, *Caesalpinia bonduc*. Das Soma-Ritual lebt fort in einigen indischen Sekten und in dem tibetischen Trankopfer, bei dem ein Getränk aus Chang-Bier mitunter durch „bittere Kräuter" oder „Medizinwurzeln" kräftig gemacht, mit dem Namen *bdud rtzi*, wörtlich „Teufels-Saft", geopfert und getrunken wird (Hermanns 1980: 74). Ebenso ist ein vergleichbares Trankopferritual bei den Lepchas bekannt. Das vedische Soma ist wohl mit dem altiranischen →*Haoma* gleichzusetzen. Es wurde auch mit dem →*Lingchih* assoziiert.

Literatur: Aero 1980, Ajaya 1980, Hermanns 1980, Khlopin 1980, Müller-Ebeling & Rätsch 1986, Schlosser 1987, Wasson 1972.

STACHELMOHN (Argemone mexicana). Der gelb oder rötlich blühende Stachelmohn, auch Fischkraut genannt, hat in den vorspanischen Kulturen Mittel- und Südamerikas eine gewisse, wenig bekannte Rolle als Zauberpflanze und Rauschmittel gespielt. In der aztekischen Kosmologie gab es verschiedene Totenreiche, mit dem Stachelmohn verbunden waren: „Alle Giftkräuter werden in der Unterwelt gegessen, und alle, die dahin gehen, essen Stachelmohn. Kurz, alles, was auf Erden nicht genossen wird, wird in der Unterwelt genossen, und es heißt, daß nichts anderes gegessen werde. In der Unterwelt herrscht große Armut und Not. Obsidianmesser wirbeln umher, Sand, Bäume, Stachelpflanzen, Feuersteinsplitter, wilde →*Agaven*, Erdkaktusse und Kugelkaktusse (→*Peyote*), und es ist bitter kalt. Mühsal lastet auf den Toten ..." (Sahagún) Die Ärzte der Azteken und Maya haben den Stachelmohn als Heilpflanze bei vielen Krankheiten verwendet: Kopfschmerzen, Migräne, Ohrenschmerzen, Mundgeruch, schlechte Zähne, Schlangenbiß, Asthma, Grippe, Bronchitis, Brustbeklemmung, Brustschmerzen, Herzklopfen, Leberbeschwerden, Appetitlosigkeit, Nierenstein, Harnverhalt, Wassersucht, Verstopfung, Pestilenzen, Fieber, Schwindel und Weichenbeschwerden. Außerdem ist er gut für das Gehirn und ein wirksames Amulett gegen den Bösen Blick. Die Chinesen, die nach Mexiko eingewandert sind, haben ein Verfahren entwickelt, nach dem sie aus dem Stachelmohn ein eigenes Opium herstellen (Chicalote-tamales). Das Verfahren ist weitgehend ungeklärt und stellt die Botaniker und Pharmakognostiker vor ein ungelöstes Rätsel: „Was die Chemiker und Botaniker aber nicht wissen, wissen die Chinesen, nämlich: Daß dieser Stachelmohn, im tropischen Klima gezogen in Feldern, wo sich nur wenige Exemplare von Schlafmohn (vgl. →*Mohn*) befinden, sich mit diesem leicht vermischt und dann Kapseln hervorbringt, aus denen sich im unreifen Zustande sehr wohl ein Produkt gewinnen läßt, das wie Opium seliges Selbstvergessen und vollständige Wunschlosigkeit hervorruft." (Reko 1986: 94). In Mexiko werden heutzutage die getrockneten Blätter als Aphrodisiakum geraucht. In Paraguay kochen die Guaraní aus der Wurzel zusammen mit →*Maté*-Blättern einen medizinischen und stimulierenden Tee. Bei den Mapuche scheint der Stachelmohn als Zauberpflanze Verwendung zu finden.

Pharmakologie: In dem Milchsaft der Pflanze sind zwei Alkaloide, Berberin und Protopin, gefunden worden, die schwach narkotische Eigenschaften besitzen. Morphin konnte hingegen nicht festgestellt werden. Die Wurzeln enthalten außerdem das Alkaloid Sanguinarin. Über die Pharmakologie der Stachelmohndrogen ist kaum etwas bekannt.

Literatur: Ownbey 1961, Rätsch 1987f, Reko 1986.

STECHAPFEL (Datura spp.). Es gibt eine Reihe von Stechapfelarten, die in allen tropischen Gebieten der Neuen und Alten Welt verbreitet sind. Kaum eine andere Pflanze hat eine so hervorragende Bedeutung als Zauberpflanze in der Kulturgeschichte der Menschheit gefunden.

Datura metel ist die asiatische Art des Stechapfels. Sie kommt in allen wärmeren und tropischen Zonen Süd- und Vorderasiens vor. Es gibt verschiedene Typen dieser krautigen Pflanze. Sie unterscheiden sich durch die Färbungen der Blüten. Die weißblühende *Datura metel* wurde mitunter auch *Datura alba* genannt. Die gelb oder purpur blühende Varietät wurde auch als *Datura fastuosa* geführt. Der häufigste Typ ist weißlichblühend, wobei die Blütenränder leicht violett eingefärbt sind. Die Früchte, kastanienähnliche, stachelbesetzte Äpfel (auch *nux metel* oder Metelnuß genannt) sind bei allen drei Typen gleich. Die früheste Erwähnung von *Datura metel* stammt von dem arabischen Arzt Avicenna (Abu Ali Ibn Sina, st. 1037). Er gibt an, daß die Araber die Pflanze medizinisch nutzen, daß sie in geringeren Dosen berauschend, in hohen Dosen dagegen tödlich wirkt. Sie hieß *jous-mathel, datora* oder *tatorah* (Avery 1959: 3). Der Stechapfel wurde von den Arabern zu den *mokederrat,* den Narkotika, gerechnet (Ainsle 1979: 446). In Indien gehört *Datura metel* sicherlich zu den ältesten Heilmitteln. Sie ist unter den Sanskritnamen *dhustura* oder *unmata,* „göttlicher Rausch", und den ostindischen Namen *dhatura, dutra, unmata* oder *unmeta* bekannt. Der Gebrauch von Daturasamen der Thugs für ihre verbrecherischen Absichten ist über ganz Asien verbreitet (Gimlette 1971: 204–221; Penzer 1924: 160). In Ostindien haben Frauen bestimmte Käfer eine Weile mit Daturablättern gefüttert. Die Käferexkremente haben sie gesammelt und ihren untreuen Gatten unters Essen gemischt. In Indien ist der Stechapfel heilig und dem Gott Shiva geweiht. Nach dem *Vamana Purana* ist die Daturapflanze aus der Brust des Shiva gewachsen. Nach einer Anleitung im *Garuda Purana* sollen am 13. Tag des zunehmenden Mondes im Januar dem Gott Yogashwara (= Shiva) Daturablüten geopfert werden (Mehra 1979: 163f). Yogis und Sadhus rauchen Shiva zu Ehren die Blätter, Blüten oder Samen mit →*Hanf* vermischt: „Beide Pflanzen sind dem Shiva heilig . . . Die Rauchmischung aus *ganja* und Dhatura erfüllt die kosmologischen Prinzipien des Gottes, nämlich seine Androgynie. *Ganja* ist der weibliche Aspekt und Dhatura der männliche; beides vereint ist die in Shiva, dem Androgyn, vollkommene Ureinheit und kosmische Schöpferkraft . . . Die Rauchmischung, die mit zwei Hölzchen, die den weiblichen und männlichen Aspekt darstellen, entzündet werden muß, und die durch den Feuergottaspekt Shivas transformiert wird, weckt die aphrodisische Schöpferkraft und aktiviert die im Becken ruhende aufgerollte Kundalinischlange (→*Lakshmana*). Ist die Kundalini entfesselt, schlängelt sie sich durch die sieben Chakren, die nichtstofflichen Energiezentren, entlang der Wirbelsäule und bringt sie wie Lotusblüten zum Erblühen. Das universelle Bewußtsein von der Einheit des Kosmos durchflutet das Sein. So wurde die Pflanze des Gottes zum heiligen Aphrodisiakum des Menschen." (Müller-Ebeling & Rätsch 1986a: 19, 20f). Der

Gebrauch von Datura als Rauschmittel ist in Indien weit verbreitet. Die Samen werden dabei bevorzugt mit Alkoholika kombiniert. Der Gebrauch von Daturasamen als Aphrodisiakum in der indischen Volksmedizin ist seit frühester Zeit belegt. In der indischen Medizin werden Daturazubereitungen bei vielen Krankheiten verordnet: Kopfschmerzen, Mumps, schlechtheilenden Wunden, Schmerzen, nervösen Leiden, Wahnsinn, Rheumatismus, Muskelverspannungen, Epilepsie, Krämpfen, Konvulsionen, Syphilis und anderen Geschlechtskrankheiten, Asthma, Bronchitis, Windpocken, Furunkeln und Opiumvergiftung (vgl. →*Mohn*). In China wird *Man-t'o-lo (Datura alba)* bei verschiedenen Krankheiten medizinisch verwendet; in der Kombination mit →*Hanf* oder →*Wein* als Narkotikum. Li Shih-chên, der Autor des berühmten *Pen-ts'ao kang-mu* schrieb darüber: „Der Überlieferung zufolge gilt: lacht jemand während die Blüten zum Gebrauche mit Wein gepflückt werden, wird der Wein in jedem, der davon kostet ein Lachen hervorrufen. Werden die Blüten gepflückt, während jemand tanzt, wird der Wein einen Tanz hervorbringen." Für berauschende und erotisierende Tees oder →*Kaffee*-Zubereitungen werden in Marokko sechs Blüten aufgekocht. In West- und Zentralafrika wird die Stechapfelart *Datura fastuosa* als Rauschmittel und Prophetenpflanze benutzt. Sie wird von „Kriminaltelepathen" eingenommen, um gestohlene Dinge wiederzufinden, Mordfälle und andere Verbrechen aufzuklären (vgl. →*Nachtschatten*).

In Europa ist der Stechapfel erst zu Beginn der Neuzeit eingeführt worden, aber er wurde sofort den Hexenpflanzen zugeordnet. Er galt als Bestandteil der →*Hexensalben,* aber auch als Abwehrzauber gegen Hexenränke, Schadenzauber und die Heerscharen des Teufels.

Überall in der Neuen Welt gehörten die einheimischen Stechapfelarten *(Datura inoxia, D. stramonium, D. tatula, D. ferox, D. discolor)* zu den heiligen Pflanzen der Indianer. Sie wurden besonders in der Zauberei gebraucht, aber auch in der Medizin und im Opferritus.

Im Andenraum heißt der Stechapfel *chamico.* Er gehört dort zu den ältesten Heilpflanzen. Die alten peruanischen Ärzte kannten sich gut mit den Wirkungen bei verschiedenen Dosierungen aus. So konnten sie Medizinen zubereiten, die betäubend und schmerzlindernd wirkten, hellsichtige Visionen erzeugten oder töteten. Vermutlich wurden die Stechapfelsamen zerstoßen in *chicha* (vgl. →*Mais*) eingenommen. Im alten Peru wurden sogar Schädeloperationen durch den Stechapfel möglich (Trepanation). Die trepanierten Schädel zeigen, daß die Operationen erfolgreich waren, denn die Knochenränder waren gut verheilt. Stechapfel wurden

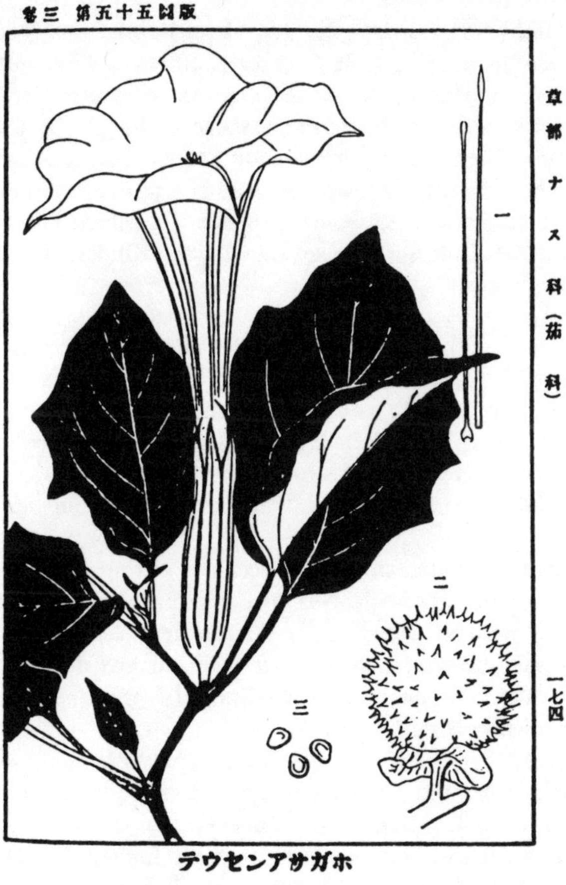

Abb. 9: Eine der frühesten Darstellungen der asiatischen *Datura metel* oder *D. alba* auf einem japanischen Holzschnitt von Siinuma Yokusai. Diese Stechapfelart heißt auf Japanisch *Chosen-asagao,* „Koreanische Morgenschönheit". Die chinesischen Buddhisten gaben der Pflanze einen nichtübersetzbaren Namen aus einer Passage einer Sutra *man t'o lo hua.* Sie ist ihnen heilig, denn während einer Ansprache des Buddha regneten glitzernde Tautropfen vom Himmel auf die Blüten. In der Tat kann diese heilige Pflanze, sofern sie richtig und mit Bedacht gebraucht wird, den Himmel auf Erden bescheren.

auch den Initianten gegeben, wenn ihnen bei den Einweihungsfeiern die Ohren durchbohrt wurden. Bei den Mapuche, die im südlichen Andenraum leben, haben sich diese Gebräuche erhalten. Sie benutzen *miyaya*-Bereitungen aus *Datura ferox.* Sie rauchen die Blätter, trinken Blütentees zur Induktion schamanischer Trancen und legen die frischen Blüten als Lokalanästhetika auf schmerzende Stellen. Sie machen sogar kleine chirurgische Eingriffe. Außerdem werden Stechapfelgetränke ungehorsamen und „verrückt spielenden" Kindern gegeben. Die Mapuche vertrauen auf die Kraft der Pflanze: sie soll ihren Kindern den „rechten Weg des Lebens" zeigen.

Den kräuterkundigen Azteken waren verschiedene Stechapfelarten wohlbekannt. Diese Pflanzen wurden mit den anderen „Pflanzen der Götter", dem →*Peyote,* dem →*Teonanacatl,* dem →*Ololiuqui* und den →*Winden* in Verbindung gebracht und medizinisch und magisch genutzt. Der rektale Gebrauch ist bei den aztekischen Ärzten und Zauberern sehr beliebt gewesen. Dazu wurde entweder ein Klistier mit einem Daturatee gegeben oder ein Zäpfchen, aus einem Daturablatt gedreht, in den Anus eingeführt.

Die Atlinan genannte *Datura ceratocaulum* galt als Schwester der →*Ololiuqui*-Ranke und war heilig. Nur die Zauberpriester durften sie benutzen. Dazu mußten sie ein Gebet an den Pflanzengeist richten:

> „Ich rufe dich an, meine Mutter, die du bist der schönen Wasser! Wer ist der Gott, oder wer hat die Kraft, daß er meinen Zauber brechen und verzehren kann?
>
> Komm herbei, Schwester der Grünen Frau Ololiuqui, von der, durch die ich gehe und ich den grünen Schmerz, den braunen Schmerz hinterlasse, daß er sich selbst verstecke.
>
> Geh und zerstöre mit deinen Händen die Eingeweide des Besessenen, daß du seine Macht erprobst und er in Schande falle."

Im heutigen Mexiko ist der Stechapfelgebrauch immer noch weit verbreitet. Die Blätter werden vor allem geraucht, aber auch im Tee getrunken als Rausch- und Schmerzmittel benutzt. Die Blüten gelten als Aphrodisiaka und Liebeszauber. Es gibt sogar einen *Santo Toloache,* den Schutzheiligen des Stechapfels, der angerufen wird, um die Liebe einer begehrten Person zu erwecken.

Auch bei vielen nordamerikanischen Stämmen, besonders den kalifornischen Völkern, den Pueblos, Apachen und anderen Stämmen des Südwestens gilt der Stechapfel als heilig, heil- und zauberkräftig. Die Cumash haben einen Kult um die rituelle Einnahme des Stechapfels entwickelt.

21: Darstellung der Tabakpflanze und des Pulquegenusses. Um den Hals der singenden Gestalten hängt die Tabakkalebasse (Ausschnitt aus Codex Magliabechiano, 84r).

22: Pulquegott mit halbmondförmiger Nasenscheibe bei der Zubereitung des Rauschtrankes, umgeben von Pulquetrinkern. (Ausschnitt aus Codex Magliabechiano, 85r).

Den Navajo ist der Stechapfel heilig; er wird *Absud des Schönen Weges, Kleines Weißes Haar, Große Blume der Sonne,* aber auch *Schwachsinn-Erzeuger* genannt. Alle Pflanzenteile finden Verwendung. Das Sammeln der Pflanze ist mit einem Ritual verbunden. Wenn man auf die Pflanze trifft, kniet man nieder und streut als Opfergabe Maispollen über die Blätter. Dann spricht man zur Pflanze:

„Vergib mir, daß ich dich nehme.
Ich tu das nicht aus Übermut.
Ich will, daß du mich heilst.
Ich nehme nur so viel, wie ich brauche."

Von der lebenden Pflanze darf man nur soviel mitnehmen, daß sie trotz der Verletzung weiterleben kann. Nimmt man zuviel, so daß die Pflanze eingeht und ihre Seele stirbt, verliert auch das geerntete Material seine Heilkraft. Wird ein Stück der Wurzel geerntet, müssen einige Blätter einer anderen Stechapfelpflanze in das Loch gelegt werden. Besonders dankbar ist der Pflanzengeist über einen kleinen Türkis, der an die Wurzel gelegt wird. Der Stechapfel wird aber auch zum Schadenzauber, zur Tierverwandlung und Hexerei benutzt.

Der Stechapfel wächst auch auf den meisten Karibikinseln. Er heißt *concombre-zombí,* „Zombie-Gurke", oder *herbe aux sorciers,* „Kraut der Zauberer". Er ist wegen seiner giftigen und lähmenden Eigenschaften sehr gefürchtet, bei den Exumas und Bokors, den schwarzen Zauberern und Heilern, aber eine geschätzte Medizin und beliebtes Aphrodisiakum.

Pharmakologie: Die Inhalts- und Wirkstoffe der verschiedenen Stechapfelarten *(stramonium, inoxia, discolor, ceratocaula usw.)* sind gleich oder ähnlich. Die Samen haben den jeweils höchsten Alkaloidgehalt. Die Hauptwirkstoffe sind die Tropanalkaloide: Hyoscin (= *l*-Skopolamin; in *Datura metel* das Hauptalkaloid), *l*-Hyoscyamin, Atropin (= *l/d*-Hyoscyamin). Die Droge enthält außerdem noch in geringen Mengen Nikotin, Flavonoglykoside und das Cumarin Scopoletin. Die pharmakologische Wirkung zerfällt in 2 Komponenten: eine zentral-erregende sowie eine peripher-lähmende. Mit steigenden Dosen treten Anregung, Munterkeit, Ideenflucht, Rede- und Bewegungsdrang, Bewegungsunruhe, Tanzlust, Heiterkeit, zwanghaftes Lachen, schließlich Verwirrtheitszustände und delirante Halluzinationen auf. Die Wirkung der Gesamtalkaloide ist also zugleich erregend und dämpfend.

Literatur: Adovasio & Fry 1976, Alegre 1980, Applegate 1975, Furst & Myerhoff 1966, Hansen 1981, Hill 1938, Kennedy & Rätsch 1985, Li

1978, Litzinger 1981, Munizaga A. 1960, Rätsch 1987f, Rätsch & Probst 1985.

STEPPENRAUTE (Peganum harmala). Die Steppenraute kommt in den mediterranen Ländern, in Vorderasien, im Himalayagebiet bis in die Mandschurei vor. Fast alle Völker dieser Gebiete kennen die Steppenraute als Heil- und Zauberpflanze. Wohl die früheste Erwähnung der Steppenraute findet sich bei Dioskurides. Er gibt auch an, daß sie mit der antiken Zauberpflanze →*Moly* identisch sein könnte: „Einige nennen dasselbe auch Harmala, die Syrier Besasa, die Kappadokier aber Moly, weil es im grossen Ganzen eine Ähnlichkeit mit Moly zeigt, da es eine schwarze Wurzel und weisse Blüthen hat. Es wächst auf hügeligem und fruchtbarem Boden." (1902: 294) Die häufigsten Namen sind *hermel, harmel, harmal, Peganon, besasa, epnubu, churma.* Schon den alten Ägyptern war die Besasa genannte Pflanze ein wertvolles Zaubermittel. Sie stand unter dem Schutze des mißgestalteten Gottes Bes. Dieser besonders im ägyptischen Volk beliebte zwergenwüchsige Gott mit dem Greisengesicht galt als alles Böse abwehrender Schutzgeist. Der Gott war mit vielen Tierattributen ausgestattet. Sein Bild wurde in Form von Amuletten an Kopfstützen, Betten, Spiegeln und Schminkgefäßen (zur Aufbewahrung magischer zauberabwehrender Kosmetika) angebracht. Bes sollte genauso wie sein heiliges Kraut – die Steppenraute – vor dem Bösen Blick schützen. Es gibt Hinweise darauf, daß seine Figuren mit der Steppenraute abgeräuchert werden. Dieser altägyptische Gebrauch der Steppenraute hat sich in ganz Nordafrika bis heute weitgehend erhalten. Im modernen Ägypten bekommt man das *Zit-el-Harmel* genannte Samenöl der Steppenraute bei allen Kräuterhändlern zu kaufen. Es wird zum Schutz vor schwarzmagischem Zauber und zum Gebrauch als Aphrodisiakum geführt. In Marokko werden die Samen medizinisch und magisch genutzt. Der eingeatmete Rauch soll die Geburt erleichtern, hellsichtig machen, vor dem Bösen Blick schützen, berauschen, Kopfschmerzen heilen, das Haus von schlechten Geistern reinigen, einen klaren Geist verleihen, aufgewühlte Kinder beruhigen und gegen Teufel helfen. Oft werden Samen mit →*Hanf*blüten gemischt geraucht, um die Hellsichtigkeit zu fördern. Ein Räucherpulver, das neben den Samen noch →*Raute (Ruta montana),* Koriander, *Corrigiola telephiifolia, Nigella sativa,* →*Wacholder* und →*Teufelsdreck* enthält, wird zur Vertreibung der Teufel und Dämonen auf den Mezmer (Holzkohlenräucheröfchen) geworfen (de Vries 1985).

In der Türkei werden die Samen unter dem Namen *üzerlik* in jedem Kräuterladen verkauft. Die Samen dienen zum Räuchern gegen den Bösen Blick. Aus den Samen wird seit alters her der Farbstoff Türkisch-Rot gewonnen.

Die Steppenraute gehört zu den heiligen Pflanzen der Hunza. Die Bataiyo (Schamanen) räuchern die Samen der Steppenraute, um in ihre schamanische und hellseherische Trance zu verfallen. Unter dem Einfluß der Steppenraute treten die Bitaiyo in engen, wollüstig-sexuellen Kontakt mit den Feen (vgl. → *Wacholder*).

Abb. 10: Alte Darstellung der Steppen- oder Hermelraute (nach Tabernaemontanus 1731).

Verschiedene Gelehrte haben vermutet, daß die Steppenraute die sagenumwobene →*Haoma*-Pflanze im Avesta ist (Flattery). Da diese Pflanze von dem parsischen Volk der Hunza nach wie vor kultisch verwendet wird, ist diese Theorie recht wahrscheinlich. Auch im iranischen Frühlingsfest Nauruz werden Steppenrautensamen geräuchert.

Pharmakologie: Steppenrautensamen enthalten die ß-Carboline Harmalin, Harmin und Harmalol. Diese wirken als MAO-Hemmer, begünstigen das freie Assoziieren, fördern die Phantasie und Vorstellungskraft und verstärken enorm die Wirkung anderer psychotroper Substanzen (z.B. von Cannabinolen und Tropan-Alkaloiden). Diese Wirkungen haben sicherlich zu dem Ruf als Zauberpflanze beigetragen.

Literatur: Felmy 1986, Flattery 1984, Plies & de Vries 1987, de Vries 1984 und 1985.

SUMPFPORST (Ledum palustre). Der in Nordeuropa und Nordasien wachsende Sumpfporst, auch unter der Bezeichnung „Wilder Rosmarin" bekannt, hat eine vermutlich bedeutende, aber noch sehr dürftig erforschte Geschichte als Zauberpflanze und Heilmittel. Die Germanen haben den Sumpfporst als Bitterwürze des Bieres verwendet. Solch gestärktes Bier („Grutbier") hat heftig berauschende Wirkungen, kann Tobsucht und Delirien auslösen. Auch wurde die Berserkerwut mit dem übermäßigen Genuß des Sumpfporst-Bieres erklärt (vgl. →*Fliegenpilz*). In Sibirien ist der Sumpfporst eine beliebte Heilpflanze und wird als wirkungsvolles Insektenschutzmittel gebraucht. Die Schamanen der Tungusen und Giljaken benutzen neben →*Wacholder* vor allem den Sumpfporst zur Erzeugung der schamanischen Trance, in der sie weissagen, prophezeien und Kranke heilen können. Meist wird der Rauch eingeatmet, aber auch die Wurzel ausgekaut. Man rieb sich mit den nadelförmigen Blättern auch die Knie ein. Die Ainu-Schamanen stellen aus dem Kraut einen Tee gegen Dysmenorrhea her.

Pharmakologie: Die ganze Pflanze enthält das aromatische ätherische Öl Ledol, Palustrol, Myrcen, Quercetin, Hyperosid, Arbutin und einige Alkaloide. Das Öl wirkt psychoaktiv und berauschend. Höhere Dosen haben auf den Magen-Darm-Trakt toxische Wirkung; sie können auch zum Abort führen.

Literatur: Greve 1938, Knoll-Greiling 1959, Mitsuhashi 1976, Sandermann 1980.

Abb. 11: Alte Darstellung des Sumpfporstes, der früher auch den volkstümlichen Namen „Wilder Rosmarin“ trug (nach Tabernaemontanus 1731).

TABAK (Nicotiana tabacum, Nicotiana rustica, Nicotiana ondulata). Der Tabak ist eine der ältesten und bedeutendsten Kulturpflanzen der Indianer. Er ist mit etwa 70 Arten überall in der Neuen Welt vertreten (vgl. →*Picietl*). Der religiöse, medizinische und hedonistische Gebrauch ist sehr alt. Tabak wurde als Grabbeigabe gefunden. Darstellungen der Pflanze und Bildnisse rauchender Götter zieren Tempel und Pyramiden der Maya. Neben dem medizinischen Gebrauch wurden verschiedene Tabakarten auch bei religiösen und ekstatischen Kulten benutzt. Die Schamanen vieler südamerikanischer Stämme rauchen, kauen oder schnupfen große Mengen Tabak, trinken Tabaksude oder geben sich Tabakklistiere, um in die Welt der Geister reisen zu können und die Seelen Kranker aus dem „Haus aus Tabak" auf die Erde zurückzubringen. Schamanen werden oft „der vom Tabak berauschte" genannt. Der Tabak ist eine allen Indianern bekannte Zauberpflanze. Die Blätter gelten als Abwehrzauber böser Geister und Krankheiten, Zigarren oder Zigaretten werden als Schutz vor Schlangen auf Wegen und an Häusern und Gehöften deponiert. Die Lakandonen bannen den todbringenden Schlangengeist mit einem Zigarrenstummel. Medizinmänner blasen den Rauch von Zigarren oder Pfeifenfüllungen über die Haut von Kranken, machen sie damit für seine zauberischen Heilkräfte durchlässig. Mit Tabak wird auch aphrodisischer Liebeszauber bewirkt, in dem die Genitalien damit beräuchert werden. Tabak ist ein wichtiges Handelsgut, ein Gastgeschenk und ein Zeichen der Freundschaft und Zuneigung. Die Götter haben den Menschen den Tabak auch geschenkt, damit sie sich vor den blutsaugenden Insekten und Krabbeltieren schützen können.

Tabakrauch gilt als rituelles Reinigungsmittel, Tabaksud wird zur Vorbereitung auf die Einnahme von starken Zaubertränken genommen (→*Ayahuasca,* →*San Pedro,* →*Villca*).

Der Tabak hat nach der Entdeckung der Neuen Welt nicht nur einen Siegeszug als Genußmittel durch die Welt angetreten, er wurde auch begierig als neue Zauberpflanze von asiatischen Schamanen in ihr Repertoire aufgenommen. Sie benutzen Tabak zur Induktion der schamanischen Trance, um in Ekstase zu fallen und mit dem Rauch die Krankheitsgeister zu vertreiben. Die Schamanen der Tungusen, Samojeden und Mandschu atmen den Rauch genauso ein wie sie es mit ihren traditionellen Zauberpflanzen tun (vgl. →*Steppenraute,* →*Wacholder*). Tabak wird von Schamanen und Zauberern selten alleine geraucht, geschnupft oder getrunken. Eine ganze Reihe anderer Kräuter und Zaubermittel werden unter den Tabak gemischt: Tacamahaca-Knospen *(Protium heptaphyllum)*, → *Coca*, → *Engelstrompeten*, → *Tagetes*kraut, Bärentrauben-Blätter (Kinnickinik), Sonnenhutwurzel *(Echinacea angustifolia)*, Schafgarbenblüten *(Achillea millefolium)*, → *Aloe*, → *Sassafras*wurzelrinde, Weidenrinde, Hartriegelrinde *(Cornutum spp.)*, Birkenrinde *(Betula spp.)*, → *Peyote*schnipsel, → *Koribó*, Styraxharz *(Liquidambar styraciflua)*, → *Bilsenkraut*, → *Stechapfel*blätter und -blüten und sogar die Blätter der Papaya *(Carica papaya)*.

Pharmakologie: Alle Pflanzenteile enthalten die Pyridin-Alkaloide Nikotin, Nornikotin, Anabasin und Nicotyrin. Nikotin gilt als der Hauptwirkstoff; je nach Tabaksorte können die Blätter bis zu 10% enthalten. Weiterhin enthält die Tabakspflanze Piperidin, Pyrrolidin, Rutin, Kaempferol-Rhamnoglucasid, freie Amine, Flavone und Cumarine. Das Nikotin wirkt in kleinen Dosen anregend auf das Zentralnervensystem, in mäßigen Dosen lähmend, in höheren Dosen tödlich (50–100 mg). Neuerdings sind im Tabaksrauch (nicht aber in der Pflanze) die ß-Carboline Harman und Norharman entdeckt worden (vgl. → *Ayahuasca*; → *Steppenraute*). Die Harmankonzentration im Rauch verschiedener Tabaksarten und Zubereitungen schwankt. Möglicherweise ist der Harmananteil für den schamanischen Gebrauch des Tabaks verantwortlich oder begünstigend (Janiger & Dobkin de Rios 1976).

Literatur: Baer 1986, Janiger & Dobkin de Rios 1973 und 1976, Mehra 1979, Rätsch 1987f, Siegel et al. 1977, Wilbert 1979.

TAGETES (Tagetes lucida). Diese kleine aromatisch duftende, gelbblühende Pflanze ist in Mexiko ein weitverbreitetes Haus- und Heilmittel. Es ist unter den Namen *pericón, anisillo, curucumín, hierba de Santa Maria, yerba de nube* und *tzitziqi* bekannt. Aufgüsse der ganzen Pflanze werden bei vielen Leiden getrunken oder dem Badewasser zugesetzt. Der Duft oder der Rauch wird bei Heilzeremonien von dem Kranken inhaliert, um die Wirkung des Zaubers oder des Heilmittels zu unterstützen. Das Kraut wird in Kreuzform geflochten und an die Häuser genagelt, damit die vorbeieilenden Teufel abgeschreckt werden. Außerdem werden die Blüten bei vielen Feldbauzeremonien benutzt. Die urbanen Heiler benutzen das Kraut bei den *limpias*, um die Patienten damit abzuklopfen. Dadurch werden negative Einflüsse und böse Winde aus dem Patienten vertrieben. Die Huichol stellen aus dem Kraut und aus → *Tabak (Nicotiana rustica)* eine Rauchmischung her, die sie bei ihren → *Peyote*-Ritualen rauchen. Die

Mischung wird aber auch von den Schamanen geraucht, wenn sie Klarheit über ein Problem oder eine Krankheit bekommen wollen.
In den altmexikanischen Quellen taucht eine *yauhtli* genannte Zauberpflanze auf. Sie wurde den Menschenopfern zur Vorbereitung gegeben, wurde für hellseherische Zwecke geraucht, als Weihrauch verbrannt, als Aphrodisiakum und Heilmittel von Verrücktheit und Schrecken durch Donner getrunken. Da ein Name der Huichol für Tagetes *yahutli* lautet, und auch die frühen Beschreibungen mit dem Erscheinungsbild des Tageteskrautes übereinstimmen, ist Tagetes wohl mit dem aztekischen Yauhtli identisch.

Pharmakologie: Das Kraut enthält ätherisches Öl, Gerbsäure und Alkaloide. Weder die medizinischen noch psychoaktiven Wirkungen, die von Indianern berichtet werden, konnten anhand der Inhaltsstoffe erklärt werden.

Literatur: Diaz 1979, Siegel et al. 1977.

TAMARISKE (Tamarix spp.). Im östlichen Mittelmeergebiet und im anschließenden Vorderen Orient gedeiht die rotblühende, grazile Tamariske an Flußläufen und Sümpfen. Die Tamariske trägt gallapfelähnliche Früchte, die den Rohstoff des begehrten Mannas bilden. Sie wurde bereits von den alten Ägyptern medizinisch (wohl auch magisch?) genutzt. In Mesopotamien galt sie als mächtige, alles Böse abwehrende Zauberwaffe. Sie war die Waffe des Himmelsgottes Anu und wurde zusammen mit →*Dattelpalmen*-Zweigen als apotropäisches Mittel an den Türriegeln aufgehängt. Für die Sumerer und deren Nachfolger waren Krankheiten das Wirken von Göttern, Dämonen oder Zauberern. Deshalb mußten sie auch mit magischen Mitteln behandelt werden. Dabei waren die Verfahren oft sehr aufwendig, wie folgendes Originalrezept zur Heilung einer Augenerkrankung zeigt: „Du sollst Tamariskenblätter zerklopfen, sie in starken Essig tauchen und draußen unter den Sternen stehen lassen; am Morgen sollst du sie in einem Helm zerquetschen: weißen Alaun, Storax, ‚Akkadisches Salz‘, Fett, Kornmehl, Schwarzkümmel, ‚Kupfergummi‘ sollst du getrennt zerstoßen: nimm gleiche Teile davon und mische sie; schütte sie in den Helm, in dem du die Tamarisken zerquetscht hast; du sollst es in Quark und sunis-Mineral kneten, seine Augenlider mit dem Finger öffnen und es in seine Augen streichen. Du sollst seine Augen schmieren, solange sie trüb sind, neun Tage lang sollst du dies tun.“ (nach Sigerist 1963: 103)
Die Tamariske, griechisch *myriki,* symbolisierte im Altertum Schönheit

23: Darstellung von Pilzgenuß im Zusammenhang mit dem Xipe-Opfer. (Ausschnitt aus Codex Magliabechiano, 90r).

24: Nächste Seiten: Pulquezeremonie und Trinker. (Ausschnitt aus Codex Vindobonensis Mexicanus 1).

25: Bei vielen Zeremonien war der Pulquegenuß kultisch gefordert. (Ausschnitt aus Codex Ixtlilxochitl, fol. 100r).

und Jugend und war der Aphrodite geweiht. Die wilde Tamariske *(Tamarix africana)* war dem Orakelgott Apollon geweiht. Möglicherweise spielte sie als Zauberpflanze in der Divination eine Rolle. Aus der *Tamarix mannifera* wird Manna oder Tamariskenmanna gewonnen, das vielfach als Räuchermittel und Medizin gebraucht wurde.

Pharmakologie: Tamariskenmanna enthält Rohr- und Invertzucker, Dextrin und Spurenelemente. Manna wirkt entzündungshemmend.

Literatur: Sigerist 1963, Thorwald 1962.

TEE (Thea sinensis). Der Teestrauch stammt vermutlich aus China oder Assam. Um seine Entdeckung ranken sich viele Legenden. Zunächst wurde der Tee als Heilpflanze, aber auch als Zaubermittel genutzt. Bald wurde er ein sakrales Getränk, denn er war eine „geistige" Pflanze, er konnte Müdigkeit vertreiben und die „guten Lebensgeister" erwecken. Wenn man Tee kochte, ihn über ein Götterbild als Opfer laufen ließ und ihn dann trank, wurde man von jeder Krankheit geheilt. In einem klassischen Werk des Zen-Buddhismus aus dem Jahre 1211 wird der Tee als besondere Medizin benannt; er verlängere das Leben und besitzt eine mystische Wirkung. Deshalb sei er eine heilige Pflanze, der gehuldigt werden müsse. Der Tee wurde auch von den taoistischen Zauberern und Alchemisten benutzt, denn er erhöhte die Konzentration bei den langen Zauberübungen und Meditationen. In China und Japan bildete sich das rituelle Trinken in Form der noch heute sehr populären und geschätzten Teezeremonie aus. Tee wurde auch als Aphrodisiakum benutzt und als Stimulanz bei dem Gebrauch von →*Hanf,* Opium (vgl. →*Mohn*), Han-shi (→*Akonit*) und →*Wein* getrunken.

Pharmakologie: Die Teeblätter enthalten das stimulierende und anregende Thein, das chemisch mit dem Koffein, dem Wirkstoff des →*Kaffees* identisch ist (vgl. →*Guayusa,* →*Maté*).

Literatur: Aleíjos, Staufenbiel in *RR* II.

TEONANACATL (Psilocybe mexicana, Stropharia cubensis). Im alten Mexiko gab es eine Reihe von Kulten, bei denen Zauberpilze als Sakrament, Prophetenpflanze und Zaubermittel eingenommen wurden (vgl. →*Pilze*). In einem aztekischen Text sind ihre medizinischen und magischen Eigenschaften beschrieben: „*Nanacatl.* Sie werden *Teonanacatl,* ‚Fleisch der Götter', genannt. Sie wachsen in den Ebenen, im Gras. Der

Kopf ist klein und rund, der Stengel lang und dünn. Er ist bitter und kratzt, er brennt in der Kehle. Er macht einen töricht; er verwirrt einen, bedrängt einen. Er ist Heilmittel bei Fieber, bei Gicht. Nur zwei, drei werden gegessen. Er macht traurig, bedrückt, bedrängt; er läßt einen fliehen, erschreckt einen, läßt sich verstecken. Derjenige, der viele von ihnen ißt, sieht viele Dinge, die ihn erschrecken und die ihn erheitern. Er flieht, erhängt sich selbst, stürzt sich von einem Felsen, schreit, hat Angst. Man ißt ihn mit Honig. Ich esse Pilze; ich nehme Pilze. Von einem, der hochmütig, dreist, eitel ist, sagt man: ‚Er hat sich selbst bepilzt.'" (zit. nach Rätsch 1987f: 267) Bis in die Mitte des zwanzigsten Jahrhunderts blieben die Zauberpilze ein wohlgehütetes Geheimnis und Mysterium. Lange Zeit glaubte man, daß diese berauschenden Pilze mit dem →*Fliegenpilz* identisch seien, bis Gordon Wasson von der mazatekischen Heilerin María Sabina in den Geheimkult eingeführt wurde. Die Pilze werden eingenommen, um hellsichtig zu machen, um Krankheiten zu erkennen und zu bannen, aber auch um die Kräfte der Gesunden zu stärken. In dem Rausch treten Erscheinungen von „kleinen Männchen", wilden Tieren (Jaguar, Krokodil, Octopus usw.) und anthropomorphen Riesenpilzen – verbündeten Geistwesen – auf. Die Zauberer und Heiler halten mit diesen Wesen Zwiesprache und bekommen von ihnen die für die Heilung notwendigen Kräfte.

Pharmakologie: Die in den Zauberpilzen enthaltenen Alkaloide Psilocybin und Psilocin sind blutdrucksenkend, fiebersenkend und in hohen Dosen (10–30 frische oder getrocknete Pilze) psychedelisch. Sie können farbenprächtige Visionen erzeugen, die oft an mexikanische Motive erinnern.

Literatur: Emboden 1982, Estrada 1980. Hofmann 1979, Ott & Bigwood 1978, Roldan 1975, Rubel & Gettelfinger-Krejci 1976, Wasson 1980.

TEUFELSDRECK (Ferula asa-foetida). Teufelsdreck ist der Name für den eingedickten Milchsaft des Stinkasants, der in den subtropischen Zonen Vorderindiens gedeiht. Diese Substanz hat einen stark knoblauchartigen Geruch. Teufelsdreck gehört zu den ältesten Zaubermitteln der Schamanen des Himalayagebietes, besonders den Bönpo (Zauberer in präbuddhistisch-tibetischer Tradition). Es wurde hauptsächlich zur Vertreibung von Dämonen aus Besessenen benutzt. Möglicherweise wurde es auch von Schamanen eingenommen oder inhaliert, um in Trance zu geraten. Noch heute hat der Teufelsdreck einen zentralen Platz in der

tibetischen Medizin. Er wird mit Baldrian, →*Kalmus,* Pfauenfedern, Schlangenhaut und Katzenkot zu einem geisterbannenden Räucherstoff verarbeitet. Innerlich wird Teufelsdreck bei allen psychischen Leiden, besonders denen durch sexuelle Unausgeglichenheit verursachten, verabreicht. Es heißt, der Teufelsdreck entfacht das Lebensfeuer, beruhigt die Nerven, erhöht die Potenz und fördert den – dämonenfreien – Schlaf. Teufelsdreck gehörte schon im 3. Jahrtausend v. Chr. zu den in Mesopotamien gebräuchlichsten Heil- und Schutzmitteln. Er wurde zusammen mit →*Ingwer,* →*Kalmus,* →*Hanf,* Zimt, Sandelholz und Granatapfel aus Indien importiert. Der Gebrauch des Teufelsdrecks hat sich bis nach Somalia verbreitet. Dort wurde er zu Amuletten verarbeitet, die als Schutzmittel gegen böse Geister und Dämonen wirksam waren.
Als der Teufelsdreck nach Europa kam, wurde er sogleich in ähnlicher Weise eingesetzt. Man verstreute ihn, um Hexen und Dämonen fernzuhalten, Besessene zu exorzieren und Wahnsinnige zu heilen. Seit dem Altertum galt Teufelsdreck als universelles Gegengift und Aphrodisiakum, weshalb er zum Liebeszauber gebraucht wurde. Bis ins zwanzigste Jahrhundert hinein hängten Mütter ihren Kindern Beutelchen mit Teufelsdreck um den Hals, damit alle Kinderkrankheiten ferngehalten werden.

Pharmakologie: Der Teufelsdreck (Asa foetida) ist eine Cumarin-Droge, die hauptsächlich aus Umbelliferon besteht. Es hat sedative, karminative und krampflösende Eigenschaften. „Innerlich eingenommen, verursacht der Stink-Asant eine eigentümliche Stimulierung des Nervensystems und zudem eine Erregung des Harn- und Geschlechtsapparates; dadurch soll es bei Männern zur erhöhten Geschlechtslust und zur Reizung der Eichel kommen.“ (Haerkötter 1986: 99)

Literatur: Clifford 1984, Müller-Ebeling & Rätsch 1986, Schöpf 1986.

TOLLKIRSCHE (Atropa belladonna). Die Tollkirsche wurde bereits von den Sumerern als Heilmittel bei vielen durch Dämonen verursachten Leiden benutzt. Die alten Ägypter kannten sie nicht, wohl aber die Griechen. Im alten Griechenland galt die Tollkirsche als das Geschwister der →*Alraune.* Sie wurde in Wein getrunken als Aphrodisiakum genutzt. Sie war ein wichtiges Ingredienz vieler Liebestränke der thessalischen Hexen. Im osteuropäischen Volksglauben gilt die Wurzel der Tollkirsche als Liebeszauber. Will man die Gunst eines Mädchens erringen, muß man eine Tollkirsche finden, die Wurzel ausgraben und in dem Loch einige Opfergaben an den Pflanzengeist hinterlassen. Ähnliche Ausgraberituale

sind auch in anderen Gebieten bekannt. Die Wurzel wurde ähnlich wie die →*Alraune* als Amulett und Zauberwurzel benutzt. Sie konnte Glück im Spiel und in der Liebe bescheren (vgl. →*Tollkraut*).
Aufgrund der „toll“ (= geil) und „rasend“ (= ekstatisch) machenden Wirkung wurde die Tollkirsche zu den Hexenpflanzen gezählt und als Bestandteil der →*Hexensalben* betrachtet. Die Pflanze wurde mit einem wunderschönen, verführerischen weiblichen Geist identifiziert (Belladonna = Schöne Frau), den man sich durch die Kenntnis bestimmter Rituale und Zauberformeln dienstbar machen konnte. Allerdings konnte der Pflanzengeist auch Wahnsinn, Wut und Tod bescheren.

Pharmakologie: Alle Pflanzenteile enthalten Atropin und weitere Tropanalkaloide (vgl. →*Bilsenkraut,* →*Engelstrompete,* →*Manaka,* →*Pituri,* →*Stechapfel*). Atropin hat erregende Wirkungen, die über delirante Zustände zum Tod durch Atemlähmung führen. Der Pflanzenextrakt hat stark halluzinogene und verhaltensändernde Eigenschaften (Tanzlust, Raserei, übermäßiges Lachen, Wahnbilder, Wirklichkeitsverlust usw.).

Literatur: Hansen 1981, Harner 1973, Hauschild 1981, Mehra 1979, Münch 1785.

TOLLKRAUT (Scopolia carniolica). Das zur Familie der Nachtschattengewächse zählende Tollkraut oder Glockenbilsenkraut ist in Mittel- und Osteuropa, besonders in den Karpaten, heimisch. Es wird in der Volksmedizin und Zauberkunde ähnlich wie →*Bilsenkraut* oder →*Tollkirsche* benutzt. Das Tollkraut wurde oft für Giftmorde und Schadenzauber mißbraucht. Seit dem Mittelalter war es ein wichtiger Bestandteil in manchen Rezepten für →*Hexensalben* und Liebestränken. Es wurde gerne als Aphrodisiakum benutzt. Dazu wurde es auf das Tanzparkett bei einem Fest gestreut. Es hieß, wer darüber hinweg tanze, würde liebestoll und gefügig werden. In Rumänien wurde die Tollkrautwurzel als Ersatz für die echte →*Alraune* benutzt.

Pharmakologie: Alle Pflanzenteile enthalten Tropan-Alkaloide, besonders aber *l*-Scopolamin (vgl. →*Bilsenkraut,* →*Stechapfel*). Der Pflanzenextrakt wirkt stark psychoaktiv, kann aber bei Überdosierung zum Tode durch Atemlähmung führen.

Literatur: Müller-Ebeling & Rätsch 1986, Römpp 1950.

TRUNKELBEERE (Vaccinium uliginosum). Die Trunkel- oder auch Rauschbeere ist ein kleines Gewächs, das ganz der Blaubeere *(Vaccinium myrtil-*

lus) gleicht. Es gedeiht in ganz Eurasien. Die Beeren sind eßbar, sollen aber einen leichten Rausch erzeugen. Möglicherweise leitet sich der Name von dem sibirischen Fliegenpilzgetränk ab. Dort werden →*Fliegenpilz*-Extrakte in dem ausgepreßten Trunkelbeerensaft genossen. In Tirol heißt es, Kinder würden den Verstand verlieren, wenn sie die „Schwindelbeeren" gegessen haben. Über genauere Anwendungen als Rausch- und Zauberpflanze ist nichts bekannt.
Der Name „Rauschbeere" wird auch dem kleinen Strauch *Empetrum nigrum* gegeben.

Pharmakologie: Trunkelbeeren enthalten Gerbstoffe, Fruchtsäuren, Vitamine, Minerale und eventuell Glycoside. Toxische Inhaltsstoffe konnten bislang nicht gefunden werden. Über die Giftwirkung liegen sehr widersprüchliche Aussagen vor. Berauschende, narkotische oder psychedelische Wirkstoffe konnten nicht festgestellt werden. Möglicherweise ist ein schmarotzender Pilz *(Sclerotinia megalospora)* für die der Trunkelbeere zugeschriebenen Eigenschaften verantwortlich.

Literatur: Engel 1982: 109, Hartwich 1911: 257.

TULASI (Ocimum sanctum). Die Tulasi-Pflanze wächst in Indien und Nepal. Dort wird sie bei Tempeln als apotropäisches Zaubermittel angepflanzt und in häuslichen Kulten verehrt. Die Pflanze soll aus einer ehemaligen Geliebten des Liebesgottes Krishna entstanden sein. Der Duft gilt als dämonenabwehrend und heilsam. Das Kraut wird auch als Heilmittel gebraucht. Der ausgepreßte Saft ist ein Verjüngungsmittel (Rasayana). Die Blätter werden mit →*Orchideen*-Wurzeln und Kardamom zu einem aphrodisischen Liebestrank verkocht. Die pulverisierten Blätter werden bei Nasennebenhöhlenvereiterungen geschnupft.
Tulasi ist eine heilige Pflanze der Brahmanen und den Göttern Vishnu und Shiva geweiht. Wer die Pflanze mit der gebührenden Achtung pflegt, wird Glück und Gesundheit bekommen, für einen Augenblick den Gott erschauen und ewigen Segen und Jugend erwerben. Ein Trank Wasser, in dem Tulasiblätter gelegen haben, gilt als Allheilmittel. Im Totenkult wird Tulasi zu einer transformierenden Pflanze. Sie wird den Sterbenden zu trinken gegeben und den Toten mit ins Grab gelegt. Dadurch kann die Seele des Verstorbenen unmittelbar in den Himmel aufsteigen.

Pharmakologie: Tulasi enthält ein ätherisches Öl (bestehend aus Terpenderivaten, Thymol und Kampfer), das schleimfördernd, antiseptisch und insektizid wirkt. Psychoaktive Wirkungen konnten nicht beobachtet werden.

Literatur: Henglein 1985, Knecht 1985.

VILLCA (Anadenanthera colubrina). Die Zauberer der peruanischen Küsten- und Andenländer benutzten Villca-Früchte oder Samen, um sie der Chicha (vgl. →*Mais*) zuzusetzen. Das entstandene Getränk hatte starke Wirkungen und öffnete den Zauberern die Tore in die unsichtbaren Welten, in denen sie fliegen konnten, ihre Tiergeister antrafen und mit den göttlichen und dämonischen Kraften zusammenprallten. Sie nahmen das Getränk immer dann, wenn sie Rat suchten, die Zukunft vorhersagen wollten und um Kranken zu helfen. Villca hatte auch in einem Reinigungsritual eine zentrale Bedeutung. Aus der Frucht wurde ein Trank bereitet, der zur Hälfte getrunken, zur Hälfte als Klistier verabreicht wurde. Nach der Frucht wurde das Klistiergerät *villca-china,* „Villcafrucht-Dienerin", genannt.
Ähnliche Bedeutung hatten die aromatischen Samen der *espingo*-Pflanze *(Quararibea sp.).*

Pharmakologie: Villca enthält die stark psychoaktiven Tryptaminderivate DMT, 5-Meo-DMT und Bufotenin, die aber oral nicht wirksam sind (vgl. →*Schnupfpulver*). Daher sind die Angaben in den alten Quellen sicherlich unvollständig. Villca kann in der Chicha nur seine psychoaktiven Wirkungen entfalten, wenn noch eine MAO-Hemmer zugefügt wird (vgl. →*Ayahuasca*). Inhaltsstoffe und Pharmakologie der *espingo*-Pflanze sind noch ungeklärt.

Literatur: Rätsch 1987d, Smet 1985, Wassén 1979.

WACHOLDER (Juniperus spp.). In fast allen gemäßigten Klimazonen der Welt wachsen Wacholderbüsche. Kaum ein Volk, in dessen Lebensraum der Wacholder gedeiht, hat nicht dessen medizinisches und magisches Potential entdeckt. In der Antike wurde das Wacholderholz für kultische und medizinische Räucherungen gebraucht. Den alten Germanen war der Wacholder heilig, er galt als „Baum des Lebens". Zweige wurden zum Schutz vor dämonischen Mächten an Häusern angebracht und den Toten auf ihren Weg nach Walhal mitgegeben. Im Mittelalter wurden ständig

Wacholderzweige verbrannt, um die vielen Dämonen, Teufel, Hexen, Kobolde, das Ungeziefer und die satanischen Schlangen aus den menschlichen Siedlungen zu verbannen. Ein Absud der Beeren sollte prophetische Gaben verleihen, der Blütenstand soll Liebeszauber bewirken und dem nekromantischen Exorzismus dienen. Wacholderrauch wird von den Schamanen vieler sibirischer Völker zur Erzeugung der schamanischen Trance inhaliert. Die Schamanen der meisten Himalayavölker (Sherpa, tibetische Nomaden, Tamang, Nepali) inhalieren Wacholderrauch, bevor sie Rituale, Exorzismen oder Heilungen vornehmen. Meist werden die Nadeln des Hochgebirgswacholders *(Juniperus recurva)* benutzt. Oft werden sie mit Weihrauchharz vermischt.
Den Schamanen der Darden in Nordwestpakistan und den Trancepriestern der benachbarten Kafiren gilt der Wacholder als heiliger Baum. Vor allen zauberischen Handlungen wird der Rauch eingeatmet. Von den *Bitaiyo* genannten Schamanen der Hunza heißt es: „*Bitaiyo* gelten in Hunza als Menschen mit übernatürlichen Kräften, deren Dienste als Propheten, Zauberer und Heiler in Anspruch genommen wurden. Sie entfalteten ihre Fähigkeiten erst nach dem Inhalieren von Rauch brennender Wacholderzweige und dem Genuß warmen Ziegenblutes. Anschließend tanzten sie zu rhythmischen Trommelschlägen, bis sie einen Trancezustand erreichten. Nach der Zukunft befragt, gaben sie dann die Botschaften der Feen in Liedform weiter." (Felmy 1986: 19). Manchmal kombinieren die Hunza Wacholderzweige mit den Samen der →*Steppenraute.* In ähnlicher Weise werden Wacholderzweige bei vielen indianischen Völkern gebraucht. Besonders die Tarahumara benutzen Wacholder als rituelles Räuchermittel.

Pharmakologie: Alle Wacholderarten enthalten ein ätherisches Öl, das hauptsächlich aus Monoterpenen besteht. Es wirkt tonisierend, antiseptisch, diuretisch, blutreinigend und verdauungsfördernd. Psychotrope Eigenschaften konnten bislang nicht nachgewiesen werden.

Literatur: Felmy 1986, Knoll-Greiling 1959, Knecht 1971.

WAHRSAGESALBEI (Salvia divinorum). Die Wahrsagesalbei oder *Yerba de la Pastora,* „Hirtenkraut", wächst nur in dem mexikanischen Bundesstaat Oaxaca. Die Blätter werden von den Schamanen der Mazateken benutzt, wenn sie keine Zauberpilze (→*Teonanacatl*) zur Verfügung haben. Die Mazateken halten die Wahrsagesalbei für ein Geschwister des →*Buntblattes.* Beim Sammeln der Pflanzenteile müssen rituelle Waschungen vorgenommen, an der lebenden Pflanze eine Opferhandlung vollzogen und an den Pflanzengeist ein Gebet gerichtet werden. Die Blätter werden eingenommen, um verlorene Dinge wiederzufinden oder Diebstähle aufzuklären. Die Wahrsagesalbei ist eine von vielen ähnlich benutzten mexikanischen Prophetenpflanzen (vgl. →*Ololiuqui*, →*Stechapfel*, →*Winde*, →*Zacatechichi*). Möglicherweise ist die Wahrsagesalbei mit der in alten Quellen beschriebenen aztekischen Zauberpflanze *pipiltzintzintli* identisch.

Pharmakologie: Der Pflanzenextrakt ist bisher erfolglos chemisch analysiert worden. Daß er psychoaktive Wirkungen besitzt ist experimentell nachgewiesen worden.

Literatur: Hofmann 1979, Mayer 1977, Rätsch 1986a, Wasson 1962.

WEIN (Vitis vinifera). Wann und wo genau der Wein kultiviert wurde, läßt sich nicht sicher bestimmen. Jedenfalls ist er seit Urzeiten im östlichen Mittelmeerraum und im anschließenden Zweistromland bekannt. Wann der erste Wein gekeltert wurde, ist auch unbekannt. Im Altertum gehörte der Wein zu den heiligen Getränken, die mit den Göttern in Verbindung standen („Trank der Götter") und den Kontakt zu ihnen ermöglichten. Bei den alten Ägyptern war der Weinstock ein Baum des Lebens. Als Isis, die Göttin der Magie, von den Trauben aß, wurde sie schwanger und gebar Horus. Ihr Bruder und Gemahl Osiris wurde der Herr des Weines und machte das Getränk zu einem Zaubermittel. Der Wein galt als lebenserhaltende Nahrung der Toten. Der Wein wurde bei Tempelfesten und bei der praktischen Magie getrunken. Allerdings setzten die Ägypter dem bloßen aus der Rebe gekelterten Wein stark wirksame Zauberpflanzen wie →*Alraunen*, →*Bilsenkraut* und →*Stechapfel* zu; vielleicht auch Opium (vgl. →*Mohn*), →*Qat*, und blaue →*Seerosen*.

Bei den alten Griechen galt der Wein, das „Blut der Erde", als ein universales Heilmittel, Aphrodisiakum und Antidot. Er wurde bei Vergiftungen durch solche Zauberpflanzen wie →*Akonit*, →*Mistel*, →*Mohn*, →*Nieswurz*, →*Pilzen*, aber auch bei Schlangenbissen und Skorpionsbissen empfohlen. Dem griechischen Wein wurden eine Reihe von Kräutern zugesetzt, damit er bestimmte Wirkungen entfalte: →*Alraune*, →*Bilsenkraut*, →*Mohn*, →*Nieswurz*, →*Safran*, →*Tollkirsche*, Weihrauch, Balsam, Myrrhe, Alpenveilchen *(Cyclamen)*, Oleander *(Nerium)* usw. Der griechische Wein wurde immer mit Wasser verdünnt getrunken (1:3). Der Wein war das berauschende Getränk, das bei den Aphrodisien und Dionysien ge-

trunken wurde, um die ekstatischen Orgien zu Ehren der Götter zu entfachen. Dionysos war vermutlich ein Gott schamanischen Ursprungs, der aus Asien kam und in Griechenland ekstatisch-erotische Kulte einführte. Dionysos war der Gott der Exstase und somit Gott der Zauberpflanzen, die dazu führten. Der Weinstock war eines seiner Zeichen und wurde auch als Zaubermittel eingesetzt.
Der Weinranke wurden magische Eigenschaften zugeschrieben, die sich in einem slawischen Brauch erhalten haben. Möchte ein Mädchen von ihrem Geliebten im Traum heimgesucht werden, muß sie eine Weinranke unter das Kopfkissen legen. Wenn man einen aufgezwungenen Liebeszauber brechen möchte, muß man eine weiße Weinranke ausreißen und in einen Bach werfen. Der Wein als Getränk dient auch als Liebeszauber: „Wenn das Mädchen in der Thomasnacht Wasser in den Keller oder in die Stube stellt und hochoben herab Wein hineingießt, da kann sie den zukünftigen Gatten sehen." (Aigremont 1987: 94) Die Reputation, daß Wein als Aphrodisiakum wirke, hat sich bis heute gehalten.

Pharmakologie: Gekelterter Wein enthält über 250 Wirkstoffe, darunter Vitamine, Minerale (Eisen und Phosphor), Spurenelemente und natürlich Alkohol. Wein hat in kleinen Dosierungen anregende, stärkende, leicht antibakterielle, entzündungshemmende und harntreibende Wirkungen. Die heftig berauschenden und ekstatischen Wirkungen des Weines, die in den alten Quellen beschrieben sind, kommen durch die alkaloidhaltigen Zusätze zustande.

Literatur: Emboden 1977, Lurker 1987, Müller-Ebeling & Rätsch 1986, Ruck 1982, Wasson et al. 1984.

WINDE (Ipomoea spp.). Windengewächse gibt es auf der ganzen Welt. Einige sind als Zierpflanzen, andere als Heilmittel oder Zauberpflanzen kulturell bedeutsam geworden (vgl. →*borrachero*, →*Holzrose*, →*Lakshmana*, →*Ololiuqui*). Die Azteken kannten die violettblühende Trichterwinde *(Ipomoea violacea)* unter dem Namen Tlitliltzin und gebrauchten sie genauso wie die →*Ololiuqui*-Ranke. Der spanische Arzt Fernando Hernandez schrieb darüber: „Wenn die Indianer bei ihren Opfern ihre Götter befragen und ihre Antworten erhalten wollten, aßen sie soviel von dieser Pflanze, daß sie sinnlos wurden und tanzend durch den Dämon, der sich um sie herumtrieb, hervorgebrachte Phantome und Visionen sahen." Noch heutzutage werden Windensamen von *Ipomoea rubrocaerulea* und *Ipomoea tricolor* von Heilern und Wahrsagern in Oaxaca eingenommen.

Die Samen der weißen Trichterwinde *(Ipomoea violacea* var. *Pearly Gates),* die bei den Maya *xtóntikin,* „trockener Penis", heißt, werden von den Hebammen den niederkommenden Frauen zur Erleichterung der Geburt gegeben. Das Kraut dieser Winde wird von den Maya als Aphrodisiakum geraucht.

Die Irokesen bezeichnen die Wurzel der *Ipomoea pandurata* als „Menschenwurzel" (vgl. →*Ginseng*). Die Medizinmänner warnen vor den Zauberkräften der Wurzel. Wer sie auf die Finger reibt, kann einen anderen durch das bloße Berühren töten. Von Jägern wurde die Wurzel mitgeführt. Sie verlieh ihnen die Kräfte, zwei Hirsche zu tragen. Als Medizin genommen gibt die Wurzel Kraft und heilt alle Krankheiten. Sie wurde in den verschiedenen Einweihungsriten bei den Langhaus-Geheimgesellschaften benutzt. Darüber ist aber wegen der strengen Geheimhaltung nichts weiter bekannt. Diese Wurzel kann aber auch für die dunklen Ränke der Hexen mißbraucht werden. Sie wird deshalb auch als „Hexe" an sich betrachtet und gefürchtet.

Pharmakologie: identisch mit →*Ololiuqui.*

Literatur: Herrick 1983, Hofmann 1979, Schultes & Hofmann 1980, Wasson 1962.

YOHIMBE (Corynanthe yohimbe). Der in Westafrika wachsende Yohimbébaum ist seit alten Zeiten ein Zaubermittel der Fetischpriester. Aus der Rinde brauen sie Liebestränke, Potenzmittel und Aphrodisiaka. Bantusprachige Völker benutzen die Innenrinde als Sakrament bei der Heirat. Zweifelhaften Berichten zufolge soll die Rinde auch dazu gedient haben, Jungfrauen für die Stammesoberhäupter, denen das Recht der ersten Nacht zukam, gefügig zu machen und bei Stammesorgien, die zehn Tage dauerten, in ekszessiven Mengen eingenommen wurde. Yohimbe wurde aber auch rituell bei Initiationen und bei Divinationen gebraucht: „In Afrika lassen die schwarzen Zauberer ihre Jünger, um bei ihnen den Rausch, welcher die großen fetischistischen Einführungen vorbereiten soll, den Johimbe und den →*Iboga* trinken. Man läßt den Kandidaten eine große Menge Iboga, sei es in natürlichem Zustande, sei es als Abkochung, einnehmen. Bald danach spannen sich alle Nerven in außergewöhnlicher Weise; ein epileptischer Wahnsinn ergreift ihn, währenddessen er unbewußte Worte ausstößt, die, wenn sie von Eingeweihten aufgegriffen werden, einen prophetischen Sinn haben und beweisen, daß der Fetisch in ihnen wohnt." (Rouhier 1986) Obwohl der Yohimbebaum aufgrund seiner Wirkung weltberühmt wurde, ist seine ethnobotanische Stellung nur sehr dürftig erforscht. Yohimberinde ist in modernen Hexenkulten und sexualmagischen Kreisen ein beliebtes Sakrament.

Pharmakologie: Yohimberinde enthält als Hauptwirkstoff das Indolalkaloid Yohimbin (vgl. →*Niando,* →*Quebracho*). Yohimbin ist ein MAO-Hemmer (vgl. →*Ayahuasca,* →*Steppenraute*) und wirkt erregend auf die Sexualzentren im Sakralmark und kann heftige, langandauernde Erektionen auslösen. In höheren Dosen hat es psychedelische Wirkungen.

Literatur: Gilg & Schürhoff 1926, Miller 1985, Müller-Ebeling & Rätsch 1986, Stafford 1983.

YÜN-SHIH (Caesalpinia sepiaria). Yün-shih ist eine der ältesten in China medizinisch genutzten Wildpflanzen. Es ist eine krautige Ranke aus der Familie der Bohnengewächse. Sie ist in ganz Südchina und Zentralasien verbreitet. Die Wurzeln, Blüten und Samen werden in der traditionellen chinesischen Medizin verwendet. Die Blüten – so heißt es in alten Texten – sollen okkulte Kräfte in sich bergen. Nach dem *Pen Ts'ao Ching* heißt es davon: „(Die Blüten) ermöglichen es einem Geister zu sehen, aber wenn sie im Übermaße genommen werden, verblödet man. Werden sie über einen langen Zeitraum genommen, erzeugen sie eine körperliche Levitation und fördern die Kommunikation mit den Geistern." Ein anderer Text *(Tao Hun-ching)* heißt: „(Die Blüten) vertreiben die bösen Geister. Wenn sie in Wasser gelegt oder verbrannt werden, können Geister herbeigerufen werden . . . Die Samen sind wie die von Langtang (→*Bilsenkraut*); werden sie verbrannt, können Geister herbeigerufen werden." Ob die Pflanze noch heute für zauberische Zwecke verwendet wird ist unbekannt.

Pharmakologie: unbekannt.

Literatur: Li 1978.

ZACATECHICHI (Calea zacatechichi). Dieser gelbblühende Strauch aus der Familie der Korbblütler wächst in ganz Mittelamerika. Das Kraut wird volksmedizinisch als Abführ- und Fiebermittel verwendet. Der mexikanische Name Zacatechichi leitet sich aus dem Aztekischen her und bedeutet „bitteres Gras". Möglicherweise ist es identisch mit der in kolonialzeitlichen Quellen beschriebenen berauschenden Pflanze *chichixihuitl.* Die Chontal-Indianer, die im mexikanischen Bundesstaat Oaxaca leben,

Abb. 12: Alte Darstellung der Pflanze Yün-Shih (aus dem *Cêng-lei pên-ts'ao* von 1249).

nennen das Kraut *thle-pela-kano*, „Blatt Gottes". Die Heiler der Chontal kochen aus den frischen zerquetschten Blättern einen kräftigen, adstringierenden Sud, den sie trinken, um Visionen und hellsichtige traumähnliche Zustände zu erzeugen. Dazu legen sie sich in einen halbdunklen Raum und rauchen eine Zigarette aus getrockneten Zacatechichi-Blättern. Oft werden im Rausch die Stimmen von Göttern und Geistern wahrgenommen, die Ursachen von Krankheiten aufgedeckt, die Zukunft entschlüsselt und verlorene Objekte wiedergefunden.

Pharmakologie: Das Kraut enthält verschiedene Germacranolide (Caleicine und Analoge), ein noch unbekanntes, vermutlich leicht halluzinogen wirksames Alkaloid. Diaz (1979: 79) zufolge gibt es eine psychoaktive und eine unaktive Variante der Pflanze.

Literatur: Diaz 1979, Mayagioita et al. 1986, Schultes & Hofmann 1980.

ZAUBERHASEL (Hamamelis virginiana). Die Zauberhasel ist eine alte Heilpflanze der nordamerikanischen Indianer. Zur Zauberpflanze wurde sie vermutlich erst durch die europäischen Siedler. Die hielten sie für eine Verwandte des europäischen Haselnußbaumes *(Coryllus avellana)*, der ein altgermanisches Zaubermittel und für die Herstellung von Wünschelruten berühmt war. Die Siedler erkannten in der Zauberhasel noch stärkere okkulte Kräfte und machten aus den Zweigen Wünschelruten, um Wasser und Gold zu suchen.

Pharmakologie: Die Hamamelisblätter enthalten *ß*-Hamamelitanin und weitere Gerbstoffe, Seifenstoffe, Flavonglykoside und etwas ätherisches Öl. Die genaue Pharmakodynamik der Hamameliswirkstoffe ist noch unbekannt; sie wirken leicht adstringent und antiseptisch und beeinflussen den venösen Blutkreislauf. Der Gebrauch einer Pflanze als Wünschelrute ist wahrscheinlich weniger von der Pharmakologie als von der Elastizität der Zweige abhängig.

Literatur: Aigremont 1987, Engel 1979, Weiner 1972.

ZEDER (Cedra libani, Pinus cedrus, Cedrella mexicana). Zedernholz und -öl wurde und wird von vielen Völkern wegen des Duftes, der medizinischen Eigenschaften und dem magischen Gebrauch sehr geschätzt. Die alten Ägypter verbrauchten riesige Mengen Zedernöl (aus *Cedra libani*) zur Herstellung von magischen Kosmetika, heiligen Duftstoffen, üppigen Räucherungen und zur Einbalsamierung ihrer Mumien. Die Zeder war im ägyptischen Baumkult sehr bedeutend: der Baum galt als Symbol der ewigen Wiederkehr, er war aus dem Gott Osiris hervorgekommen. Deshalb barg das Holz, besonders aber das Öl, Zauberkräfte, die mit entsprechenden Zaubersprüchen freigesetzt werden konnten. In einem Pyramidentext ist ein derartiger Spruch überliefert: „O Balsam, o Balsam, erhebe dich, eile! (Der du bist) auf der Braue des Horus, komm hervor! *Erstklassiges Zedernöl.* Beeile dich! (Der du bist) auf Horus, du bist gestrichen auf die Braue dieses Unas, so daß er die Süße empfinden kann unter dir, daß du ihn zu einem Geist unter dir machst. Du gewährst ihm Kraft über seinen Körper, du gewährst ihm, daß seine Schrecken in den Augen aller Geister sind, wenn sie ihn anblicken, und in den Augen von jedem, der seinen Namen vernimmt. Osiris Unas, ich bringe dir das Auge des Horus, welches er nimmt, welches auf deiner Braue ist. *Glänzendes Libysches Öl.*" (nach Brier 1984: 86) Ähnliche Bedeutung hatte die Zeder auch im Zweistromland errungen. Von dem Zedernharz weiß Dioskurides: „Es hat die Kraft lebende Körper in Fäulnis zu bringen, todte dagegen zu conserviren. Deshalb haben Einige auch dasselbe das Leben des Todes genannt."

Auch in der Neuen Welt gehörten verschiedene Zedernarten zu den heiligen Bäumen und magischen Pflanzen. Die Paraná-Zeder *(Cedrella sp.)* ist ein heiliger Baum der Guaraní-Indianer, dessen Holz und Öl zur Zauberei verwendet werden: „Ein Mädchen wollte ins Paradies (= das Land ohne das Böse) gelangen, ohne zu sterben. Das war nur durch Keuschheit möglich und rituelle Tänze, die ein Schamane erfand. Am Abend der Vollendung warb ein junger Guaraní-Krieger um Liebe, und sie erlag der Versuchung. Nanderuvuzu (guaranischer Schöpfergott) verwandelte sie daraufhin in diese Zeder. Ihr Holz ist so hart, daß es auch unter Wasser nicht fault. Die Guaraní nennen sie Ywyra Ne-ery, ‚die das Wort fließen macht'. Der Saft der Zeder ist ein Teil der Ewigkeit, und der Schamane kann mit ihm einen Toten zum Leben erwecken. Bettet man einen Verstorbenen in einen Zedernsarg, ist seine Auferstehung gesichert. Die Urform der Zeder steht im Paradies. Sie war der erste Baum überhaupt, den Nanderuvuzu geschaffen hat." (Melzer 1985: 41) Die Lakandonen-Indianer haben in früheren Zeiten aus dem Zedernholz (aus *Cedrella mexicana*) Statuen geschnitzt, die als Zaubermittel in den Dörfern verehrt wurden. Sie hielten die in Winden inkarnierten Krankheiten (wie Kopfschmerzen, Erbrechen, Bauchschmerzen) von den Menschen fern. In der nordamerikanischen Peyote-Kirche werden Zedernholzstücke (von *Juniperus oxycedrus;* vgl. → *Wacholder*) bei allen rituellen Handlungen, die mit →*Peyote* zusammenhängen, verbrannt. Der Rauch soll alles Böse und Verdorbene fern halten und den Peyotisten bei der Suche nach sich selbst unterstützen.

Pharmakologie: Zedernöl hat eine ähnliche Zusammensetzung wie das ätherische Öl vom →*Wacholder.* Es wirkt leicht irritierend, insektizid und antiseptisch.

Literatur: Brier 1984, Lurker 1987, Ma'ax & Rätsch 1984, Melzer 1985.

26: Die alten Götter Oxomoco und Cipactonal bei kultisch-magischen Handlungen wie Räucherung und dem Orakel mit Maiskörnern. (Ausschnitt aus Codex Borbonicus, S. 21).

27: Nächste Seiten: Zeremonialer Pilzgenuß. (Ausschnitt aus Codex Vindobonensis Mexicanus 1).

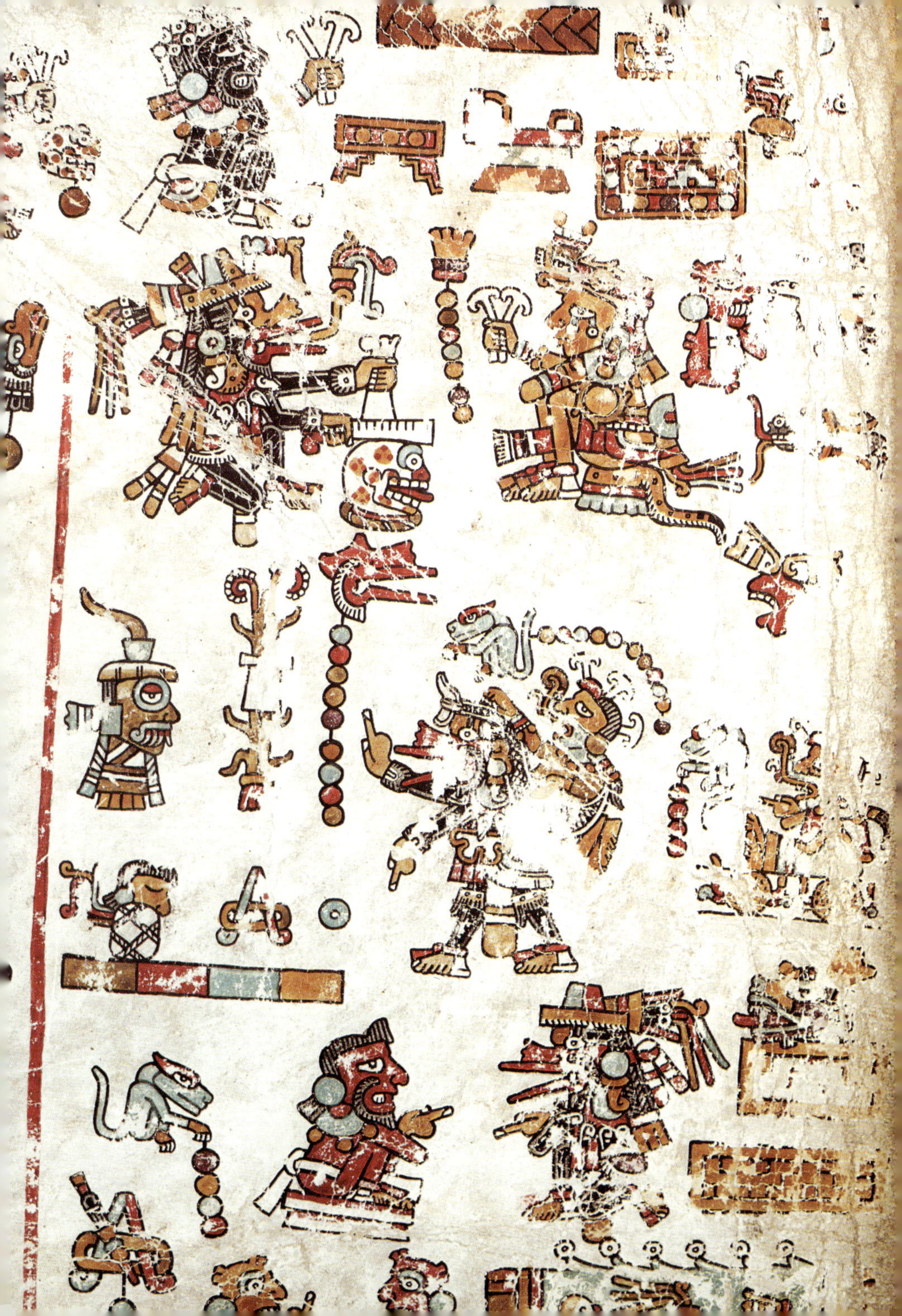

28: Die Göttin der Agave als Seele der Pflanze. (Ausschnitt aus Codex Borbonicus, S. 8).

ANHANG

Verzeichnis der Zauberpflanzen nach den botanischen Bezeichnungen

Der → bedeutet: Siehe unter Lexikoneintrag . . .

Abrus precatorius	Paternostererbsen
Achillea millefolium	Schafgarbe (→ Tabak)
Aconitum ferox	Akonit
Aconitum napellus	Sturmhut (→ Akonit)
Aconitum vulparia	Gelber Eisenhut (→ Akonit)
Acorus calamus	Kalmus
Acorus graminae	Ch'ang-p'u (→ Hanf)
Agava americana	Agave
Alcornea floribunda	Niando
Allium moly	Zauberlauch (→ Moly)
Allium sativa	Knoblauch
Allium victorialis	Allermannsharnisch
Allium victorialis var. *platyphyllum*	Pukusa
Aloe barbadensis	Aloe
Aloe spp.	Aloe, Sabila
Aloe vera	Aloe
Alstonia scholaris	Dita
Alstonia venenata	Dita
Amanita muscaria	Fliegenpilz
Amanita pantherina	Pantherpilz (→ Pilze)
Amanita phylloides	Knollenblätterpilz (→ Pilze)
Anacyclus pyrethrum	Bertramwurzel (→ Hanf)
Anadenanthera colubrina	Villca
Anadenanthera peregrina	Epená (→ Schnupfpulver)
Andropogon sp.	Arjunari (→ Soma)
Ansellia gigantea	Orchideen
Aplectrum hyemale	Orchideen
Arctostaphylos uva-ursi	Bärentrauben, Kinickinik (→ Tabak)
Areca catechu	Betelpalme, Arekanuß
Arethusa bulbosa	Orchideen
Argemone mexicana	Stachelmohn
Argyreia nervosa	Holzrose
Argyreia tuberosa	Holzrose
Ariocarpus fissuratus	→ Peyote
Ariocarpus retusus	„Falscher → Peyote"
Artemisia abrothanum	Beifuß (→ Artemisia)
Artemisia absinthium	Wermut (→ Artemisia)
Artemisia frigida	Artemisia

Artemisia keiskiana	Artemisia
Artemisia ludviciana	Steppenbeifuß (→ Artemisia)
Artemisia mexicana	Artemisia
Artemisia scopulorum	Sage (→ Artemisia)
Artemisia tilesii	Artemisia
Aspidosperma quebracho-blanco	Quebracho
Atropa belladonna	Tollkirsche
Banisteriopsis caapi	Ayahuasca
Banisteriopsis rusbyana	Ayahuasca
Basella cordifolia	Putika (→ Soma)
Betula spp.	Birke (→ Tabak)
Boletus spp.	→ Pilze
Brugmansia spp.	Engelstrompete
Brunfelsia spp.	Manaka
Bryonia spp.	Zaunrübe (→ Alraune)
Cacalia cardiofolia	→ Peyote
Cacalia decomposita	→ Peyote
Caesalpinia bonduc	→ Soma
Caesalpinia separia	Yün-Shih
Calea zacatechichi	Zacatechichi
Calonyction muricatum	Lakshmana
Calotropis gigantea	Mudar (→ Soma)
Canavalia maritima	→ Bohnen
Canella alba	Kaneelbaum
Cannabis sativa	Hanf
Capsicum spp.	Chilli (→ Schnupfpulver)
Carica papaya	Papaya (→ Tabak)
Carnegiea gigantea	→ Peyote
Catha edulis	Qat
Cedra libani	Zeder
Cedrella mexicana	Zeder
Cestrum laevigatum	Dama da noite (→ Buntblatt)
Centella asiatica	Gotu-kola (→ Fo-ti-tieng)
Chelidonium majus	Schöllkraut (→ Alraune)
Claviceps purpurea	Mutterkorn
Clidema setosa	Orchideen
Coffea arabica	Kaffee
Cola acuminata	Kolanuß
Cola nitida	Kolanuß
Coleus blumei	Buntblatt
Coleus pumilus	Buntblatt
Conocybe siligineoides	→ Pilze
Copelandia cyanescens	Jambur
Cornutum spp.	Hartriegel (→ Tabak)
Corrigiola telephiifolia	→ Steppenraute

Ferraria glutinosa	Gaise Noru Noru
Ferula asa-foetida	Teufelsdreck
Ficus petiolaris	Amate
Ganoderma lucidum	Ling-chih
Gaultheria anastomosans	Borrachero
Goodenia lunata	Pituri
Goodyera pubescens	Orchideen
Hamamelis virginiana	Zauberhasel
Heimia salicifolia	Sinicuiche
Helleborus officinalis	Nieswurz
Hydrocotyle asiatica minor	Fo-ti-tieng
Hyoscyamus albus	Bilsenkraut
Hyoscyamus faleslez	Bilsenkraut
Hyoscyamus niger	Bilsenkraut
Hyoscyamus niger var. *chinensis*	Lang-tang (→ Bilsenkraut)
Hyoscyamus physaloides	Bilsenkraut
Ilex guayusa	Guayusa
Ilex paraguariensis	Maté
Impatiens montana	Bergspringkraut (→ Fliegenpilz)
Iochroma fuchsioides	Guatillo
Ipomoea carnea	Borrachero
Ipomoea pandurata	Winde
Ipomoea rubrocaerulea	Winde
Ipomoea tricolor	Winde
Ipomoea violacea	Winde
Juniperus oxycedrus	→ Zeder
Juniperus recurva	Wacholder
Juniperus spp.	Wacholder
Justicia pectoralis var. *stenophylla*	Schnupfpulver
Kaempferia galanga	Galangan
Lactuca virosa	Lattich
Lagenaria sp.	→ Kava-Kava
Laurus nobilis	Lorbeerbaum
Ledum palustre	Sumpfporst
Liquidambar styraciflua	Styrax (→ Tabak)
Lissochilus arenarius	Orchideen
Lobelia cardinalis	Lobelie
Lobelia inflata	Lobelie
Lobelia tupa	Lobelie
Lonchocarpus violaceus	Balche'
Lophophora diffusa	Peyote

Lophophora fricii	Peyote
Lophophora williamsii	Peyote
Lupinus angustifolius	Lupine
Lupinus hirsutus	Lupine
Lycoperdon spp.	→ Peyote, → Pilze
Lycopodium sp.	Bärlappkraut (→ San Pedro)
Mamillaria craigii	→ Peyote
Mamillaria grahamii	→ Peyote
Mamillaria heyderii	→ Peyote
Mammillaria senilis	„Falscher → Peyote"
Mandragora officinarum	Alraune
Mandragora turkomanica	→ Soma
Maquira sclerophylla	Rapé dos Indios (→ Schnupfpulver)
Mentha aquatica	Bachminze (→ Mutterkorn)
Mesembryanthemum sp.	Canna
Methysticodendron amesianum	Borrachero
Mimosa hostilis	Jurema
Mimosa nigra	Jurema
Mitragyna speciosa	Kratom
Myristica fragrans	Muskatnußbaum
Nelumbo nucifera	Lotus
Nicotiana benthamii	Pituri
Nicotiana glauca	Picietl
Nicotiana gossei	Pituri
Nicotiana ingulba	Pituri
Nicotiana megalosiphon	Pituri
Nicotiana ondulata	→ Tabak
Nicotiana rustica	Bauerntabak (→ Tabak)
Nicotiana tabacum	Tabak
Nicotiana velutina	Pituri
Nigella sativa	→ Steppenraute
Nuphar lutea variegata	Seerose
Nymphaea alba	Seerose
Nymphaea ampla	Seerose
Nymphaea caerulata	Blaue → Seerose
Obregonia denegrii	→ Peyote
Ocimum sanctum	Tulasi
Oncidium ceboletta	Orchideen
Pachycereus pecten-aboriginum	→ Peyote
Pagamea macrophylla	Schnupfpulver
Panaeolus papilionaceus	Lachpilz
Panax ginseng	Ginseng
Panax quinquefolium	Ginseng

Papaver somniferum	Mohn
Paullinia cupana	Guaraná
Peganum harmala	Steppenraute
Pedilanthus itzaeus	Pedilanthus
Pedilanthus tithymaloides	Pedilanthus
Pelecyphora aselliformis	Peyotillo, → Peyote
Pelecyphora pseudopectinata	→ Peyote
Periploca aphylla	→ Soma
Pernettya spp.	Borrachero
Peucedanum japonicum	Fang-k'uei
Phallus impudicus	Morchel (→ Pilze)
Phasaeolus vulgaris	Bohnen
Phoenix dactylifera	Dattelpalme
Phoradendron flavescens	Mistel
Physostigma venenosum	Kalabarbohne
Phytolacca acinosa	Shang-lu
Piper betle	Betel
Piper interitum	Schnupfpulver
Piper methysticum	Kava-Kava
Piper nigrum	Pfeffer (→ Muskatnuß)
Pithecolobium diversifolium	Jurema
Pleurothallis cardiothallis	Orchideen
Podophylum peltatum	Mandrake
Polygonatum canaliculatum	Salomonssiegel
Polygonatum commutatum	Salomonssiegel
Polygonatum multiflorum	Salomonssiegel
Polygonatum odoratum	Salomonssiegel
Polygonium multiflori	Sho Koo (→ Fo-ti-tieng)
Protium heptaphyllum	Tacamahaca (→ Tabak)
Psilocybe spp.	Teonanácatl
Psychotria viridis	Schnupfpulver
Punica granatum	Granatapfel (→ Hoama)
Quararibea sp.	Espingo (→ Villca)
Ruta graveolens	Raute
Ruta montana	Bergraute (→ Steppenraute)
Rynchosia phaseoloides	→ Colorines, → Paternostererbse
Salvia divinorum	Wahrsagesalbei
Salvia spp.	Salbei (→ Bilsenkraut)
Sarcostemma acidum	→ Soma
Sassafras albidum	Sassafras
Sassafras officinale	Sassafras
Schinus molle	Molle (→ Quebracho)
Scirpus atrovirens	Bakana (→ Peyote)
Sclerocarya caffra	→ Canna

Sclerocarya schweinfurthi	→ Canna
Sclerotinia megalospora	→ Trunkelbeere
Scopolia carniolica	Tollkraut
Senecio spp.	Kreuzkraut (→ Peyote)
Senecio canicida	→ Peyote
Senecio cardiophylus	→ Peyote
Senecio grayanus	→ Peyote
Senecio praecox	→ Peyote
Senecio tolucanus	→ Peyote
Solanum nigrum	Nachtschatten
Solandra brevicalyx	Goldkelch
Sophora secundiflora	→ Bohnen
Stropharia cubensis	Teonanacatl (→ Soma)
Strychnos nux-vomica	Brechnuß
Styrax tokinense	Benzoe
Tabernanthe iboga	Iboga
Tagetes lucida	Tagetes
Tamarix africana	Tamariske
Tamarix mannifera	Tamariske
Tanaecium nocturnum	Koribó
Tephrosia piscatoria	→ Kava-Kava
Thea sinensis	Tee
Thuja occidentales	Lebensbaum
Toxicodendron	Sumach (→ Qat)
Trichocereus pachanoi	San Pedro
Trichocereus peruvianus	San Pedro
Turbina corymbosa	Ololiuqui
Turnera diffusa	Damiana (→ Holzrose)
Ungnadia speciosa	prähistorischer → Peyoteersatz
Vaccinium floribundum	Borrachero
Vaccinium myrtillus	Blaubeere (→ Trunkelbeere)
Vaccinium uliginosum	Trunkelbeere
Vanda tesselata	Orchideen
Vanilla planifolia	Vanille (→ Orchideen)
Veratrum album	Nieswurz
Verbena officinalis	Eisenkraut
Virola calophylla	Schnupfpulver
Virola calophylloidea	Schnupfpulver
Virola elongata	Schnupfpulver
Virola theiodora	Yopo (→ Schnupfpulver)
Viscum album	Mistel
Vitex negundo	Indrahasta (→ Soma)
Vitis vinifera	Wein

Withania somnifera	Jangida
Zea mays	Mais (Chicha)
Zingiber officinarum	Ingwer
Zornia latifolia	Maconha brava (→ Buntblatt)

BIBLIOGRAPHIE

ADOVASIO, J. M. & G. F. FRY
1976 „Prehistoric Psychotropic Drug Use in Northern Mexico and Trans-Peco Texas“ *Economic Botany* 30: 94–96
AERO, Rita
1980 *The Complete Book of Longevity* New York: Perigee
AIGREMONT, Dr.
1917 *Volkserotik und Pflanzenwelt* (2 Bde.) Leipzig: Krauss (Reprint 1986, Berlin: EXpress)
AJAYA, Swami
1980 *Living with the Himalayan Masters* Honesdale, Penn.: Himalayan International Institute
ALBERT-PULEO, Michael
1978 „Mythobotany, Pharmacology, and Chemistry of Thujone-Containing Plants and Derivatives“ *Eonomic Botany* 32: 65–74
ALDRICH, Michael R.
1977 „Tantric Cannabis Use in India“ *Journal of Psychedelic Drugs* 9 (3): 227–233
ALEGRE, Dennis G.
1980 *Sagada: A Survey of the Folk Herbal Practices of the Sagada Igorots in Mountain Provinces and Some Important Implications* Los Baños, College of Agriculture, University of the Philippines (MS)
ALEIJOS
1977 *T'u Ch'uan – grüne Wunderdroge Tee* Wien: Braumüller
ALLEGRO, John
1971 *Der Geheimkult des heiligen Pilzes* Wien: Molden
ANDERSON, Edward F.
1980 *Peyote – the Divine Cactus* Tucson: University of Arizona Press
ANDREWS, George & David SOLOMON (Hg.)
1975 *The Coca Leaf and Cocaine Papers* New York: Harcourt Brace Jovanovich
ANDREWS, George & Simon VINKENOOG (Hg.)
1968 *The Book of Grass* New York: Grove Press
ANONYM
1974 „Navajo Witchcraft“ *El Palacio* 80 (2): 38–43
ANTONIL
1978 *Mama Coca* London: Hassle Free Press
APPLEGATE, Richard B.

1975 „The Datura Cult Among the Cumash“ *The Journal of Californian Anthropology* 2 (1): 7–17

ARTAUD, Antonin

1975 *Die Tarahunaras – Revolutionäre Botschaften* München: Rogner & Bernhard

AVESTA →WOLFF 1910

AYALA FLORES, Franklin & Walter H. LEWIS

1978 „Drinking the South American Hallucinogenic Ayahuasca“ *Economic Botany* 32: 154–156

BAER, Gerhard

1986 „ Der vom Tabak Berauschte‘ – Zum Verhältnis von Rausch, Ekstase und Wirklichkeit *Verhandlungen der Naturforschenden Gesellschaft in Basel* 96: 41–84

BASKER, D. & M. NEGBI

1983 „Uses of Saffron“ *Economic Botany* 37 (2): 228–236

BECKER, Hans & Helga SCMOLL gen. Eisenwirth

1986 *Mistel: Arzneipflanze – Brauchtum – Kunstmotiv im Jugendstil* Stuttgart: Wissenschaftliche Verlagsgesellschaft

BEHR, Hans-Georg

1980 *Weltmacht Droge* Wien usw.: Econ

1982 *Von Hanf ist die Rede* Basel: Sphinx

BERGE, Fr. & V. A. RIECKE

1845 *Giftpflanzen-Buch* Stuttgart: Hoffmann'sche Verlagsbuchhandlung

BERRY, Michael I. & Betty P. JACKSON

1976 „European Mandrake (*Mandragora officinarum* L. and *M. autumnalis* Bertol.); the Structure of the Rhizome and Root“ *Planta Medica* 30: 281–290

BIBRA, Ernst Freiherr von

1855 *Die Narkotischen Genußmittel und der Mensch* Nürnberg: W. Schmid

BIEDERMANN, Hans

1972 *Medicina Magica: Metaphysische Heilmethoden in spätantiken und mittelalterlichen Codices* Graz: Akademische Druck- u. Verlagsanstalt

1976 *Handlexikon der magischen Künste* München, Zürich: Droemer Knaur

1984 *Höhlenkunst der Eiszeit* Köln: DuMont

BOLAND, Maureen & Bridget

1983 *Was die Kräuterhexen sagen* München: dtv

BOULOS, Loutfy

1983 *Medicinal Plants of North Africa* Algonac, Mich.: Reference Publ.

BOUQUET, Armand

1969 *Féticheurs et médecines traditionelles du Congo (Brazzaville)* Paris: O.R.S.T.O.M. (Mémoires No. 36)

BRAMLEY, Serge

1977 *Im Reiche des Wakan* Basel: Sphinx

BREWER-CARIAS, Charles & Julian A. STEYERMARK

1976 „Hallucinogenic Snuff Drugs of the Yanomamo Caburiwe-Teri in the Cauaburi River, Brazil" *Economic Botany* 30: 57–66

BRØNDEGAARD, V. J.

1972 „Artemisisa in der gynäkologischen Volksmedizin" *Ethnomedizin* 2 (1/2): 3–16

1985 *Ethnobotanik* Berlin: Mensch und Leben

BRUHN, J. G. et al.

1971 „*Carnegiea gigantea:* The Saguaro and Its Uses" *Economic Botany* 25 (3): 320–329

1973 „Alkaloids and Ethnobotany of Mexcan Peyote Cacti and Related Species" *Economic Botany* 27 (2): 241–251

1976 „Alkaloids of *Carnegiea gigantea*" *Lloydia* 39 (4): 197–203

BRUNNER, Theodore F.

1977 „Marijuana in Ancient Greece and Rome? The Literary Evidence" *Journal of Psychedelic Drugs* 9 (3): 221–225

BYE, Robert A.

1979 „Hallucinogenic Plants of the Tarahumara" *Journal of Ethnopharmacology* 1: 23–48

CALDERON, J. B.

1896 „Estudio sobre el arbusto llamado Sinicuiche" *Anales del Instituto Médico Nacional (México)* 2: 36–42

CASTANEDA, Carlos

1973 *Die Lehren des Don Juan* Frankfurt/M.: Fischer

1975 *Eine andere Wirklichkeit* Frankfurt/M.: Fischer

1976 *Reise nach Ixtlan* Frankfurt/M.: Fischer

CHRISTENSEN, Bodil & Samuel MARTI

1979 *Witchcraft and Pre-Columbian Paper* Mexico: Euram

CLIFFORD, Terry

1984 *Tibetan Buddhist Medicine and Psychiatry* York Beach, Maine: S. Weiser

COOPER, John M.

1949 „Stimulants and Narcotics" *Handbook of South American Indians* 5: 525–558, Washington: Smithsonian Institute

CROWLEY, Aleister

1979 *Energized Enthusiasm* New York: S. Weiser
CUNNINGHAM, Scott
1983 *Magical Herbalism* St. Paul, Minnesota: Llewellyn Publications
DAHL, Jürgen
1985 „Die Zauberwurzel der kleinen Leute ..." *Natur* 6/85: 83–84
DAVENPORT, John
1966 *Aphrodisiacs and Love Stimulants* New York: Lyle Stuart
DAVIS, E. Wade
1986 *Die Toten kommen zurück* München: Droemer Knaur
DEIMEL, Claus
1985 „Die Peyoteheilung der Tarahumara" *Schreibheft* 25: 155–163
DELTGEN, F.
1979 *Mit Flinte und Blasrohr* Köln: Rautenstrauch-Joest-Museum
DIAZ, José Luis
1977 „Ethnopharmacology of Sacred Psychoactive Plants Used by the Indians of Mexico" *Annual Review of Pharmacology and Toxicology* 17: 647–675
1979 „Ethnopharmacology and Taxonomy of Mexican Psychodysleptic Plants" *Journal of Psychedelic Drugs* 11 (1–2): 71–101
DIOSKURIDES
1902 *Arzneimittellehre* Stuttgart: Enke
DOBKIN DE RIOS, Marlene
1968a „Folk Curing with a Psychedelic Cactus in Northern Peru" *International Journal of Social Psychiatry* 15: 23–32
1968b „*Trichocereus pachanoi* – A Mescaline Cactus Used in Folk Healing in Peru" *Economic Botany* 22 (2): 194–199
1970 „*Ban isteriopsis* Used in Witchcraft and Folk Healing in Iquitos, Peru" *Economic Botany* 24 (35): 296–300
1972 *Visionary Vine: Psychedelic Healing in the Peruvian Amazon* San Francisco: Chandler
1974 „The Influence of Psychotropic Flora and Fauna on Maya Religion" *Current Anthropology* 15 (2): 147–164
1977 „Plant Hallucinogens and the Religion of the Mochica" *Economic Botany* 31 (2): 189–203
1982 „Plant Hallucinogens, Sexuality and Shamanism in the Ceramic Art of Ancient Peru" *Journal of Psychoactive Drugs* 14 (1–2): 81–90
1984 *Hallucinogens: Cross-Cultural Perspectives* Albuquerque: University of New Mexico Press
1985 „Schamanen, Halluzinogene und Erdaufschüttungen in der Neuen

Welt“ *Unter dem Pflaster liegt der Strand* 15: 95–112

EBERHARD, Wolfram

1983 *Lexikon chinesischer Symbole* Köln: Diederichs

EFRON, Daniel H. (Hg.)

1967 *Ethnopharmacologic Search for Psychoactive Drugs* Washington: U.S. Department of Health, Education, and Welfare

ELIADE, Mircea

1942 „La Mandragore et les mythes de la ‚naissance miraculeuse'“ *Zalmoxis* 3: 3–48

1982 *Von Zalmoxis zu Dschingis-Khan: Religion und Volkskultur in Südosteuropa* Köln–Lövenich: Hohenheim

EMBODEN, William A.

1972 *Narcotic Plants* New York: Macmillan

1974 *Bizarre Plants* New York: Macmillan

1977 „Dionysus as a Shaman and Wine as a Magical Drug“ *Journal of Psychedelic Drugs* 9 (3): 187–192

1978 „The Sacred Narcotic Lily of the Nile“ *Economic Botany* 32 (4): 395–407

1979 „*Nymphaea ampla* and Other Maya Narcotic Plants“ *Mexicon* 1: 50–52

1982 „The Mushroom and the Water Lily“ *Journal of Ethnopharmacology* 5: 139–148

ENGEL, Fritz-Martin

1979 *Zauberpflanzen – Pflanzenzauber* Hannover: Landbuch

1982 *Die Giftküche der Natur* Hannover: Landbuch

ESTRADA, Alvaro

1980 *Maria Sabina – Botin der heiligen Pilze* München: Trikont

EVANS, Arthur

1978 *Witchcraft and the Gay Counterculture* Boston: FAG RAG

FADIMAN, J.

1965 „*Genista canariensis:* A Minor Psychedelic“ *Economic Botany* 19: 383–384

FEILBERG, H. F.

1897 „Zwieselbäume nebst verwandtem Aberglauben in Skandinavien“ *Zeitschrift des Vereins für Volkskunde* 7: 42–53

FERNANDEZ, James W.

1972 „Tabernanthe Iboga: Narcotic Ecstasis and the Work of the Ancestors“ in: → FURST (Hg.): 237–260

FIELDS, Herbert F.

1968 „*Rivea corymbosa:* Notes on Some Zapotecan Customs“ *Economic Botany* 23: 206–209
FILLIPETTI, Harvé & Janine TROTEREAU
1979 *Zauber, Riten und Symbole: Magisches Brauchtum im Volksglauben* Freiburg iB: Bauer
FINDLAY, W.P.K.
1982 *Fungi: Folklore, Fiction, & Fact* Richmond: Richmond Publ. Co.
FINK, Hans
1983 *Verzaubertes Land: Volkskult und Ahnenbrauch in Südtirol* Innsbruck, Wien: Tyrolia
FLATTERY, David St.
1984 *Synopsis of Arguments for the Identification of „Soma“ as Peganum harmala L.* Berkeley: Unpublished Paper
FULDER, Stephen
1984 *Über Ginseng* Bonn: Hörnemann
FURST, Peter T.
1972 (Hg.) *Flesh of the Gods* London: Allen & Unwin
1972 „Ritual Use of Hallucinogens in Mesoamerica“ *Religión en Mesoamerica, XII Mesa Redonda:* 61–68, México, D. F.
1976 *Hallucinogens and Culture* San Francisco: Chandler & Sharp
FURST, Peter T. & Barbara G. MYERHOFF
1966 „Myth as History: The Jimson Weed Cycle of the Huichols of Mexico“ *Antropologia* 17: 3–39
GARDNER, Gerald B.
1965 *Ursprung und Wirklichkeit der Hexen* Weilheim: O. W. Barth
GEDDES, William Robert
1976 *Migrants of the Mountains* Oxford: Clarendon Press
GELPKE, Rudolf
1982 *Vom Rausch im Orient und Okzident* Frankfurt/M. usw.: Ullstein
GESSMANN, G. W.
o. D. *Die Pflanzen im Zauberglauben* Den Haag: J. J. Couver
GIFFORD, Edward S.
1964 *Liebeszauber* Stuttgart: Steingrüben
GILG, E. & P. N. SCHÜRHOFF
1926 *Aus dem Reiche der Drogen* Dresden: Schwarzbeck
GIMLETTE, John D.
1971 *Malay Poisons and Charm Cures* Kuala Lumpur usw.: Oxford University Press
GOLOWIN, Sergius

1970 *Hexer und Henker im Galgenfeld* Bern: Beuteli
1974 *Die Magie der verbotenen Märchen* Hamburg: Merlin
GREVE, Paul
1938 *Der Sumpfporst* Hamburg: Hansischer Gildenverlag
HAND, Wayland D. (Hg.)
1980 *American Folk Medicine* Berkeley, Los Angeles, London: University of California Press
HANSEN, Harold
1981 *Der Hexengarten* München: Trikont-Dianus
HARGOUS, Sabine
1976 *Beschwörer der Seelen: Das magische Universum der südamerikanischen Indianer* Basel: Sphinx
HARNER, Michael
1973 „The Role of Hallucinogenic Plants in European Witchcraft" in: ders. (Hg.), *Hallucinogens and Shamanism* London usw.: Oxford University Press
HARRIS, Lloyd J.
1984 *Nicht nur gegen Vampire: Ein Knoblauch-Buch* Reinbek: Rowohlt
HARRISON, R. K.
1963 „Healing Herbs of the Bible" *Janus* 50: 2–54
HARTWICH, Carl von
1911 *Die menschlichen Genußmittel* Leipzig: Tauchnitz
HASKINS, James
1984 *Witchcraft, Mysticism and Magic in the Black World* Garden City, NY: Doubleday
HAUSCHILD, Thomas
1981 „Hexen und Drogen" in: *Rausch und Realität,* Bd. 2, Köln: Rautenstrauch-Joest-Museum
1982 *Der Böse Blick* Berlin: Verlag Mensch und Leben
HEFFERN, Richard
1974 *Secrets of Mind-Altering Plants of Mexico* New York: Pyramid
1976 *The Complete Book of Ginseng* Millbrae, CA: Celestial Arts
HEISER, Charles B.
1969 *Nightshades: The Paradoxical Plants* San Francisco: Freeman
HENGLEIN, Martin
1985 *Die heilende Kraft der Wohlgerüche und Essenzen* München: Schönberger
HERMANNS, M.
1980 *Mythen und Mysterien der Tibeter* Stuttgart: Magnus-Verlag

HERRICK, James W.
1983 „The Symbolic Roots of Three Potent Iroquois Medicinal Plants" in L. ROMANUCCI-ROSS et al. (Hg.), *The Anthropology of Medicine:* 134–155, Massachusetts: Bergin & Garvey Publ.
HILL, W. W.
1938 „Navajo Use of Jimson Wee" *New Mexico Anthropologist* 3 (2): 19–21
HIRSCHFELD, Magnus & Richard LINSERT
1930 *Liebesmittel* Berlin: Mann
HÖFLER, Max
1908 *Volksmedizinische Botanik der Germanen* Wien
HOFMANN, Albert
1964 *Die Mutterkornalkaloide* Stuttgart: Enke
1975 „LSD und die mexikanischen Zauberdrogen" *Nordwestdeutsche Gesellschaft für ärztliche Fortbildung*
1979 *LSD – mein Sorgenkind* Stuttgart: Klett-Cotta
1986 *Einsichten – Ausblicke* Basel: Sphinx
HU, Shiu Ying
1976 „The Genus *Panax* (Ginseng) in Chinese Medicine" *Economic Botany* 30: 11–28
HUBER, E.
1929 *Das Trankopfer im Kulte der Völker* Hannover-Kirchrode: Oppermann
JACKSON, Betty P. & Michael I. BERRY
1979 „*Mandragora* – Taxonomy and Chemistry of the European Species" in: J. G. HAWKES et al. (Hg.), *The Biology and Taxonomy of the Solanacea* London usw.: Academic Press
JAHN, Janheinz
1986 *Muntu – die neoafrikanische Kultur* Köln: Diederichs
JANIGER, Oscar & Marlene DOBKIN DE RIOS
1973 „Suggestive Hallucinogenic Properties of Tobacco" *Medical Anthropology Newsletter* 4 (4): 6–11
1976 „Nicotiana an Hallucinogen?" *Economic Botany* 30: 149–151
KAMAL, Hassan
1975 *Encyclopaedia of Islamic Medicine* Cairo: GEBO
KAPPSTEIN, Stefan
1980 *Das Buch vom Ginseng* Bern: Morzsinay Verlag
KATZ, Richard
1985 *Num – Heilen in Ekstase* Interlaken: Ansata

KENNEDY, Alison & Christian Rätsch
1985 „Datura: Aphrodisiac?" *High Frontiers* 2: 20, 25
KHLOPIN, Igor N.
1980 „Mandragora turcomanica in der Geschichte der Orientalvölker" *Orientalia Lovaniensia Periodica* 11: 223–231
KIMMINS; Andrew C. (Hg.)
1975 *Tales of Ginseng* New York: Morrow
1977 *Tales of Hashish* New York: Morrow
KNAB, Tim
1977 „Notes Concerning Use of *Solandra* Among the Huichol" *Economic Botany* 31: 80–86
KNECHT, Sigrid
1966 „Mexikanische Zauberpapiere" *Tribus* 15: 131–148
1971 „Rauchen und Räuchern in Nepal" *Ethnomedizin* 1 (1): 209–222
1985 „Die heilige Heilpflanze *Tulasi* ..." *Curare* Sonderband 3/85: 95–100
KNOLL-GREILING, Ursula
1959 „Rauschinduzierende Mittel bei Naturvölkern und ihre individuelle und soziale Wirkung" *Sociologus* 9 (1): 47–60
KRAUSE, M.
1909 „Die Gifte der Zauberer im Herzen Afrikas" *Zeitschrift für experimentelle Pathologie und Therapie* 6: 1–4
KREUTER, Marie-Luise
1982 *Wunderkräfte der Natur* München: Heyne
KRISS-RETTENBECK, Lenz & Liselotte HANSMANN
1977 *Amulett und Talisman* München: Callway
KRONFELD, Moritz
1981 *Donnerwurz und Mäuseaugen: Zauberpflanzen und Amulette in der Volksmedizin* Berlin: Zerling (Reprint von 1891)
LA BARRE, Weston
1970 „Old and New World Narcotics" *Economic Botany* 24 (1): 73–80
1975 *The Peyote Cult* New York: Schocken Books
LANGDON, E. Jean
1979 „*Yagé* Among the Siona: Cultural Patterns in Visions" in D. L. BROWMAN & R. A. SCHWARZ (Hg.), *Spirits, Shamans, and Stars:* 63–80, The Hague: Mouton
LATORRE, Dolores L. & Felipe A.
1977 „Plants Used by Mexican Kickapoo Indians" *Economic Botany* 31 (3): 340–357
LEHANE, Brendan

1977 *The Power of Plants* Maidenhead: McGraw-Hill

LEUENBERGER, Hans

1970 *Im Rausch der Drogen* München: Humboldt

LEUNER, Hanscarl

1981 *Halluzinogene* Bern, Stuttgart, Wien: Huber

LEWIN, Louis

1886 *Ueber Piper Methysticum* Berlin: Hirschwald

1929 *Gottesurteile durch Gifte und andere Verfahren* Berlin: Stilke (Beiträge zur Giftkunde, Heft 2)

1980 *Phantastica* Linden: Volksverlag

1986 *Banisteria Caapi, eine neues Rauschgift und Heilmittel* Berlin: EXpress

LI, Hui-Lin

1974 „The Origin and Use of *Cannabis* in Eastern Asia: Linguistic-cultural Implications" *Economic Botany* 28: 293–301

1974 „An Archaeological and Historical Account of *Cannabis* in China" *Economic Botany* 28: 437–448

1978 „Hallucinogenic Plants in Chinese Herbals" *Journal of Psychedelic Drugs* 10 (1): 17–26

LITZINGER, William J.

1981 „Ceramic Evidence for Prehistoric *Datura* Use in North America" *Journal of Ethnopharmacology* 4: 57–74

LOCKWOOD, Tommie E.

1979 „The Ethnobotany of Brugmansia" *Journal of Ethnopharmacology* 1: 147–164

LOWY, Bernard

1972 „Mushroom Symbolism in Maya Codices" *Mycologia* 64: 816–821

1974 „*Amanita muscaria* and The Thunderbolt Legend in Guatemala and Mexico" *Mycologia* 66 (1): 188–191

1977 „Hallucinogenic Mushrooms in Guatemala" *Journal of Psychedelic Drugs* 9 (2): 123–125

LURKER, Manfred

1987 *Lexikon der Götter und Symbole der alten Ägypter* Bern usw.: Scherz

McGUIRE, Thomas M.

1982 „Ancient Maya Mushroom Connections" *Journal of Psychoactive Drugs* 14 (3): 221–238

MA'AX, K'ayum & Christian RÄTSCH

1984 *Ein Kosmos im Regenwald* Köln: Diederichs

MADSEN, William & Claudia

1972 *A Guide to Mexican Witchcraft* Mexico: Minutae Mexicana
MARTIN, Richard T.
1969 „The Role of Coca in the History, Religion, and Medicine of South American Indians" *Economic Botany* 23: 422–438
MARTIN, Rudolf
1905 *Die Inlandstämme der malayischen Halbinsel* Jena: Gustav Fischer
MARZELL, Heinrich
1927 „Alraun" in: *Handwörterbuch des Deutschen Aberglaubens,* Bd. 1: 311–323, Berlin, Leipzig: de Gruyter
1964 *Zauberpflanzen – Hexentränke* Stuttgart: Kosmos, Bd. 241
MATSUMOTO, Kosai II
1979 *The Mysterious Reishi Mushroom* Santa Barbara: Woodbridge Press
MAYAGIOITIA, Lilien, José-Luis DIAZ & Carlos M. CONTRERAS
1986 „Psychopharmacologic Analysis of an Alleged Oneirogenic Plant: Calea Zacatechichi" *Journal of Ethnopharmacology* 18 (3): 229–244
MAYER, Karl H.
1977 „Salvia Divinorum: Ein Halluzinogen der Mazateken von Oaxaca" *Ethnologia Americana* 14 (2), No. 80: 776–779
MEHRA, K. L.
1979 „Ethnobotany of Old World Solanacaea" in: HAWKES et al. (Hg.), *The Biology and Taxonomy of the Solanacaea:* 161–170
MEIER, P. Joseph
1913 „Die Zauberei bei den Küstenbewohnern der Gazelle-Halbinsel, Neupommern, Südsee" *Anthropos* 8: 1–11, 285–305, 688–713
MELZER, Dietmar H.
1984 *Märchen der Guaraní-Indianer* Friedrichshafen: Verlag D. Melzer
1985 *Indio Guaraní – vergessenes Volk am Rio Paraná* Friedrichshafen: Verlag D. Melzer
1987 *Dschungelmärchen* Friedrichshafen: idime
MERCATANTE, Anthony
1980 *Der magische Garten* Zürich: Schweizer Verlagshaus
METZNER, Ralph
1986 „Molecular Mysticism: The Role of Psychoactive Substances in the Transformation of Consciousness" (in Press)
1987 *Hineingehen* Freiburg: Phoenix
1987 „Transformation Processes in Shamanism, Alchemy, and Yoga" in: Sh. NICHOLSON (Hg.), *Shamanism:* 233–252, Wheaton, Ill. usw.: The Theosophical Publishing House
MILLER, Richard Allen

1983 *The Magical & Ritual Use of Herbs* New York: Destiny
1985 *The Magical & Ritual Use of Aphrodisiacs* New York: Destiny
MITROVIC, Alexander
1907 „Mein Besuch bei einer Zauberfrau in Norddalmatien" *Anthropophyteia* 4: 227–236
MITSUHASHI, Hiroshi
1976 „Medicinal Plants of the Ainu" *Economic Botany* 30: 209–217
MORTIMER, W. Golden
1974 *Coca – The Divine Plant of the Incas* San Francisco: And/Or Press
MÜLLER-EBELING, Claudia
1987 „Die Alraune in der Bibel" in → SCHLOSSER: 141–149
MÜLLER-EBELING, Claudia & Christian RÄTSCH
1986 *Isoldens Liebestrank: Aphrodisiaka in Geschichte und Gegenwart* München: Kindler
1987 „Kreisrituale" *Sphinx* 6/86: 42–47
o.J. *Heilpflanzen der Seychellen* Berlin: EXpress (im Druck)
MÜNCH, Burchard Friedrich
1785 *Practische Abhandlung von der Belladonna und ihrer Anwendung* Göttingen: Dieterich
MÜNZEL, Mark
1977 *Schrumpfkopfmacher?* Frankfurt/M.: Museum für Völkerkunde
MUNIZAGA A., Carlos
1960 „Uso actual de *Miyaya* (Datura stramonium) por los araucanos de Chile" *Journal de la Société des Américanistes:* 4–43
MUSES, Charles
1986 „The Sacred Plant of Ancient Egypt" (im Druck)
NAHAS, Gabriel G.
1982 „Hashish in Islam 9th to 18th Century" *Bull.N.Y.Acad.Med.* 58 (9): 814–831
NARANJO, Claudio
1969 „Psychotherapeutic Possibilities of New Fantasy-Enhancing Drugs" *Clinical Toxicology* 2 (2): 209–224
NARANJO, Plutarco
1974 „El cocaísmo entre los aborígenes de Sud América" *América Indígena* 34 (3): 605–628
1983 *Ayahuasca: Etnomedicina y Mitología* Quito: Libri Mundi
NEMEC, Helmut
1976 *Zauberzeichen* Wien, München: Schroll
OTT, Jonathan

1976a *Hallucinogenic Plants of North America* Berkeley: Wingbow Press
1976b „Psycho-Mycological Studies of Amanita – From Ancient Sacrament to Modern Phobia“ *Journal of Psychedelic Drugs* 8 (1): 27–35
1985 *Chocolate Addict* Vashon, W. A.: Natural Products Co.
OTT, J. & J. BIGWOOD (Hg.)
1978 *Teonanacatl: Hallucinogenic Mushroom of North America* Seattle: Madrona
OWNBEY, G.
1961 „The Genus *Argemone* in South America and Hawaii“ *Brittonia* 13: 91–109
PELT, Jean-Marie
1983 *Drogues et plantes magiques* Paris: Fayard
PENZER, N. M.
1952 *Poison-Damsels and other Essays* London: Privately Printed
PEREZ DE BARRADAS, José
1957 *Plantas magicas americanas* Madrid: Inst. „Bernardino de Sahagun“
PETERSON, Nicolas
1979 „Aboriginal Uses of Australian Solanaceae“ in HAWKES et al. (Hg.), *The Biology and Taxonomy of the Solanaceae:* 171–189, London: Academic
PEUCKERT, Will-Erich
1960 „Hexensalben“ *Medizinischer Monatsspiegel* 8: 169–174
PLIES, Rainer & Herman de VRIES
1987 *die steppenraute harmal, peganum hamala l., und ihre medizinische verwendbarkeit neue erkenntnisse einer alten heilpflanze* Eschenau: MS
POLLOCK, Steven H.
1975 „The Psilocybin Mushroom Pandemic“ *Journal of Psychedelic Drugs* 7 (1): 73–84
1975 „The Alaskan Amanita Quest“ *Journal of Psychedelic Drugs* 7 (4): 397–399
1977 *Magic Mushroom Cultivation* San Antonio: HMRF
POPE, H. G.
1969 „*Tabernanthe iboga* – an African Narcotic Plant of Social Importance“ *Economic Botany* 23: 174–184
PRANCE, Ghillean T.
1970 „Notes on the Use of Plant Hallucinogens in Amazonian Brazil“ *Economic Botany* 24: 62–68
PRANCE, G. T., D. G. CAMPBELL & B. W. NELSON

1977 „The Ethnobotany of the Paumarí Indians“ *Economic Botany* 31: 129–139

PREUSS, K. Th.

1899 „Die Zaubermuster der ôrang Sêmang in Malâka“ *Zeitschrift für Ethnologie* 22: 137–197

QUEZADA, Noemi

1975 *Amor y magia amorosa entre los aztecas* Mexico: UNAM

QUIJADA JARA, Sergio

1982 *La Coca en las costumbres indigenas* Huancayo: Imprenta Rios

RÄTSCH, Christian

1985 *Bilder aus der unsichtbaren Welt* München: Kindler

1986a (Hg.) *Chactun – Die Götter der Maya* Köln: Diederichs

1986b *Ethnopharmakologie und Parapsychologie* Berlin: EXpress Edition

1987a „Die Alraune heute“ in →STARCK: 87–109

1987b *Psychedelische Diagnostik im ethnographischen Kontext* Referat zum 2. Symposion über psychoaktive Substanzen vom 12.–14. Juni in Kandern

1987c „Mexikanische Prophetien – Träume und Visionen“ *Grenzgebiete der Wissenschaft* 36 (2): 116–134

1987d „Das Zepter der heroischen Medizin“ in *Das Scheiss Buch:* 80–83, Löhrbach: Der Grüne Zweig 123

1987e „Der Rauch von Delphi“ *Curare* 4/87, Vol. 10: 215–228

1987f *Indianische Heilkräuter* Köln: Diederichs

1987g „Mexikanische Drogen in Europa“ Nachwort zu Friedrich Freiherr von Gall, *Medizinische Bücher* . . ., Berlin: EXpress

1988 „Tarot und die Maya“ *Ethnologia Americana* 24(1), No 112: 1188–1190

RÄTSCH, Christian & Heinz J. PROBST

1985 „Xtohk'uh: Zur Ethnobotanik der Datura-Arten bei den Maya in Yucatan“ *Ethnologia Americana* 21/2, Nr. 109: 1137–1140

RAHNER, Hugo

1957 *Griechische Mythen in christlicher Deutung* Zürich: Rhein-Verlag

RANKE-GRAVES, Robert

1985 *Die Weiße Göttin* Reinbek: Rowohlt

RAUSCH UND REALITÄT

1981 Köln: Rautenstrauch-Joest Museum für Völkerkunde (2 Bde., hrsg. von Gisela Völger)

REGARDIE, Israel (Hg.)

1968 *Roll Away the Stone* Saint Paul, Minnesota: Llewellyn Publications

REICHEL-DOLMATOFF, Gerardo
1971 *Amazonian Cosmos* Chicago University Press
1975 *The Shaman and the Jaguar* Philadelphia: Temple University Press
1978 *Beyond the Milky Way* Los Angeles: UCLA
REKO, Blas Pablo
1945 *Mitobotánica Zapoteca* Tacubaya: Privatdruck
1947 „El arbol del papel en el México antiguo" *Sociedad Botanica de México Boletín* 5: 12–19
REKO, Victor A.
1986 *Magische Gifte* Berlin: EXpress Edition
RESCH, Andreas
1987 „Exotisches Psi – Paranormales in anderen Kulturen. Basler Psi-Tage 1986" *Grenzgebiete der Wissenschaft* 36 (1): 14–38
RIVA, Anna
1974 *Voodoo Handbock of Cult Secrets* Toluca Lake, CA: Occult Books
1974 *The Modern Herbal Spellbook* Toluca Lake, CA: Occult Books
RÖMPP, Hermann
1950 *Chemische Zaubertränke* Stuttgart: Kosmos
ROLDAN, Colores
1975 *Teonanacatl (carnita divina)* Mexico: Editorial Orion
ROSE, Jeanne
1972 *Herbs & Things* New York: Grosset & Dunlap
ROTH, Lutz, Max DAUNDERER & Kurt KORMANN
1984 *Giftpflanzen – Pflanzengifte* München: ecomed
ROUHIER, Alexandre
1986 *Die Hellsehen hervorrufenden Pflanzen* Berlin: EXpress Edition
ROWELL, Margery
1978 „Plants of Russian Folk Medicine" *Janus* 65: 259–282
RUBEL, Arthur & Jean GETTELFINDER-KREJCI
1976 „The Use of Hallucinogenic Mushrooms for Diagnostic Purposes Among Some Highland Chinantecs" *Economic Botany* 30: 235–248
RUBEN, Walter
1952 *Tiahuanaco, Atacama und Araukaner* Leipzig: Harrassowitz
RUBIN, Vera & Lambros COMITAS
1976 *Ganja in Jamaica* Garden City: Anchor
RUCK, Carl A. P.
1982 „The Wild and the Cultivated: Wine in Euripides' *Bacchae*" *Journal of Ethnopharmacology* 5: 231–270
RUIZ DE ALARCON, Hernando

1984 *Treatise on the Heathen Superstitions by . . .* ANDREWS & HASSIG (Hg.), Norman: University of Oklahoma Press

SAMI-ALI

1971 *Le haschisch en égypte* Paris: Payot

SANDERMANN, W.

1980 „Berserkerwut durch Sumpfporst-Bier“ *Brauwelt* 120 (50): 1870–1872

SANDFORD, J. H.

1972 „Japan's ‚Laughing Mushrooms‘“ *Economic Botany* 26: 174–181

1973 *In Search of the Magic Mushroom* New York: Potter

SANTA-CRUZ, Alcibíades

1937 „Las plantas mágicas mapuches“ *Rev.Chil.Hist.Nat.* 41: 172–177

SAUER, J. & L. KAPLAN

1969 „Canavalia Beans in American Prehistory“ *American Antiquity* 34 (4): 417–424

SCANZIANI, Piero

1972 *Amuleti Talismani Gahmahez* Milano: Elvetica Edizioni

SCHADEWALDT, Hans

1968 *Der Medizinmann bei den Naturvölkern* Stuttgart: Fink

SCHEIDT, Jürgen vom

1972 „Drogenrausch und parapsychische Phänomene“ *Zeitschrift für Parapsychologie* 14 (4): 244–251

SCHENK, Gustav

1954 *Das Buch der Gifte* Berlin: Safari

SCHINDLBECK, Markus

1978 „Jagdzauber der Sawos in Gaikorobi, Mittlerer Sepik, Papua-Neuguinea“ *Verhandlungen der Naturforschenden Gesellschaft in Basel* 89: 25–40

SCHLOSSER, Alfred

1986 *Die Sage vom Galgenmännlein im Volksglauben und in der Literatur* Berlin: EXpress Edition

SCHMIDBAUER, Wolfgang

1968 „Die magische Mandragora“ *Antaios* 10: 274

1984 „Mandragora“ in ders. & Jürgen VOM SCHEIDT, *Handbuch der Rauschdrogen* Frankfurt/M.: Fischer

SCHOLZ, Dieter & Dagmar EIGNER

1983 „Zur Kenntnis der natürlichen Halluzinogene“ *Pharmazie in unserer Zeit* 12 (3): 75–79

SCHRÖDER, Ekkehard (Hg.)

1985 „Ethnobotanik – Ethnobotany“ *Curare* Sonderband 3/85
SCHRÖDTER, Willy
1981 *Pflanzengeheimnisse* Kleinjörl: Schroeder
SCHULTE, Dirk F.
o. J. ... *ein Männlein steht im Walde ... der Fliegenpilz & sein gebrauch* Verlag im Nachtschatten
SCHULTES, Richard E.
1976 *Hallucinogenic Plants* Racine, Wisconsin: Western Publ.Co.
1977 „A New Hallucinogen from Andean Colombia: *Iochroma fuchsioides*“ *Journal of Psychedelic Drugs* 9: 45–49
1979 „Solanaceous Hallucinogenes and Their Role in the Development of New World Cultures“ in HAWKES et al. (Hg.), *The Biology and Taxonomy of the Solanaceae:* 137–160, London: Academic
SCHULTES, Richard E. & Albert HOFMANN
1980a *Pflanzen der Götter* Bern: Hallwag
1980b *The Botany and Chemistry of Hallucinogens* (2. Aufl.) Springfield: Charles C. Thomas
SEEFELDER, Matthias
1987 *Opium – Eine Kulturgeschichte* Frankfurt/M.: Athenäum
SELDEN, Gary
1979 *Aphrodisia* New York: Dutton
SHARON, Douglas
1980 *Magier der vier Winde* Freiburg: Bauer
SIEGEL, R. K., P. R. COLLINGS & J. L. DIAZ
1977 „On the Use of *Tagetes lucida* and *Nicotiana rustica* as a Huichol Smoking Mixture“ *Economic Botany* 31: 16–23
SIGERIST, Henry E.
1963 *Der Arzt in der mesopotamischen Kultur* Esslingen: Robugen
SKEAT, Walter William
1967 *Malay Magic* New York: Dover
SMET, Peter A. G. M. de
1985 *Ritual Enemas and Snuffs in the Americas* Amsterdam: Cedla
SMET, Peter de & Nicholas M. HELLMUTH
1986 „A Multidisciplinary Approach to Ritual Enema Scenes on Ancient Maya Pottery“ *Journal of Ethnopharmacology* 16 (1–2): 213–262
SMITH, Elvin D.
1985 „Argyreia nervosa“ *Psychedelic Monographs and Essays* 1
SPILMONT, Jean-Pierre
1984 *Magie* München: Heyne

SPRANZ, Bodo
1961 „Zauberei und Krankenheilung im Brauchtum der Gegenwart bei Otomí-Indianern in Mexiko" *Zeitschrift für Ethnologie* 51–67
STAFFORD, Peter
1983 *Psychedelics Encyclopedia* Los Angeles: Tarcher
STAMETS, Paul
1978 *Psilocybe Mushrooms and Their Allies* Seattle: Homestead
STARCK, Adolf Taylor
1986 *Der Alraun: Ein Beitrag zur Pflanzensagenkunde* Berlin: EXpress Edition
STARK, Raymond
1984 *Aphrodisiaka und ihre Wirkung* München: Heyne
STERN, Bernhard
1903 *Medizin, Aberglaube und Geschlechtsleben in der Türkei* Berlin: Barsdorf
STORL, Wolf-Dieter
1986 *Vom rechten Umgang mit heilenden Pflanzen* Freiburg: Bauer
SWIDERSKI, Stanislav
1965 „Le Bwiti" *Anthropos* 60: 541–576
TABOR, Edward
1970 „Plant Poisons in Shakespeare" *Economic Botany* 24 (1): 81–94
TAYLOR, Norman
1966 *Narcotics – Nature's Dangerous Gifts* New York: Dell
TERCINET, L.
1950 *Mandragore Qui-es-tu?* Paris: Privatdruck
THAMM, Berndt Georg
1986 *Andenschnee* Basel: Sphinx
THIEL, Josef F.
1986 *Was sind Fetische?* Frankfurt/M.: Museum für Völkerkunde
THOMPSON, C. J. S.
1968 *The Mystic Mandrake* (2. Aufl.) New York: University Books
THORWALD, Jürgen
1962 *Macht und Geheimnis der frühen Ärzte* Zürich, München: Knaur
TIERNY, Gail D.
1974 „Botany and Witchcraft" *El Palacio* 80 (2): 44–50
TOUW, Mia
1981 „The Religious and Medicinal Uses of *Cannabis* in China, India and Tibet" *Journal of Psychoactive Drugs* 13 (1): 23–34
TRUPP, Fritz

1984 *Die letzten Indianer Kulturen Südamerikas* Wörgl: Perlinger
URCHS, Ossi
1986 „Die Lust wächst wild" *Playboy* Nr. 4/86: 117–118, 180–191
VALNET, Jean
1986 *Aromatherapie* München: Heyne
VETTERLING, Bernhard
o.J. *Halluzinogene Pilze bei uns* Löhrbach: Grüne Kraft (Der Grüne Zweig 65)
VERRILL, A. Hyatt
1939 *Wonder Plants and Plant Wonders* New York: Appleton
VILLOLDO, Alberto & Stanley KRIPPNER
1986 *Heilen und Schamanismus* Basel: Sphinx
VINCI, Leo
1980 *Incense: Its Ritual Significance, Preparation and Use* New York: Weiser
VIOLA, Severino
1979 *Piante medicinali e velenose della flora italiana* Milano: Edizioni Artistiche Maestretti
VON HAGEN, Victor W.
1944 *The Aztec and Maya Papermakers* New York: Augustin
1979 *Die Wüstenkönigreiche Perus* Bergisch-Gladbach: Bastei-Lübbe
VRCHOTKA, Jaroslav
1974 *Mandragora: Illustrovaná Kniha Vèdecká 15.–17. Století* Katalog vystavy Národní muzeum v Praze
VRIES, Herman de
1984 *natural-relations I – die marokkanische sammlung* Stuttgart: Mueller-Roth
1985 „die steppenraute, ihr gebrauch in marokko als heilpflanze und psychotherapeutikum" *Salix* 1 (1): 36–40
1986 *über die sogenannten hexensalben* vorlesung WEMT-3, Würzburg
WALLNÖFER, Heinrich
1968 *Zauberdrogen – Ärzte – Menschenopfer* Stuttgart: Fink
WALTON, James W.
1969 „Muinane Diagnostic Use of Narcotics" *Economic Botany* 23: 187–188
WARBURG, Otto
1897 *Die Muskatnuß* Leipzig: Engelmann
WASSEN, S. Henry
1979 „Was *Espingo (Ispincu)* of Psychotropic and Intoxicating Importance

for the Shamans in Peru?“ in D. L. BROWMAN & R. A. SCHWARZ (Hg.), *Spirits, Shamans, and Stars:* 55–62, The Hague: Mouton

WASSON, R. Gordon

1971 „Ololiuqui and the Other Hallucinogens of Mexico“ in: *Homenaje a Roberto J. Weitlaner:* 329–348, Mexico: UNAM

1972 *Soma – Divine Mushroom of Immortality* New York: H. B. Jovanovich

1974 „The Role of ‚Flowers‘ in Nahuatl Culture“ *Journal of Psychedelic Drugs* 6 (3): 351–360

1979 „Traditional Use in North America of *Amanita muscaria* for Divinatory Purposes“ *Journal of Psychedelic Drugs* 11 (1–2)

1980 *The Wondrous Mushroom* New York: McGraw-Hill

WASSON, R. Gordon, Albert HOFMANN & Carl A. P. RUCK

1984 *Der Weg nach Eleusis: Das Geheimnis der Mysterien* Frankf./M.: Insel

WECK, Wolfgang

1986 *Heilkunde und Volkstum auf Bali* BAP Bali, Jakarta: Intermasa

WEDECK, Harry E.

1961 *Dictionary of Aphrodisiacs* New York: Philosophical Library

1963 *Love Potions* New York: Philosophical Library

1966 *A Tresury of Witchcraft* New York: Citadel

WEDEMEYER, Inge von

1972 „Mais, Rausch- und Heilmittel im alten Peru“ *Ethnomedizin* 2 (1/2): 99–112

WEINER, Michael A.

1972 *Earth Medicine – Earth Foods* New York: Collier

WILBERT, Johannes

1979 „Magico-Religious Use of Tobacco Among South American Indians“ in D. L. BROWMAN & R. A. SCHWARZ (Hg.), *Spirits, Shamans, and Stars:* 13–38, The Hague: Mouton

WLISLOCKI, Heinrich von

1891 *Volksglaube und religiöser Brauch der Zigeuner* Münster: Aschendorffsche Buchhandlung

WOLFF, Fritz

1910 *Avesta – Die heiligen Bücher der Parsen* Strassburg: Trübner

YARNELL, Richard A.

1959 „Prehistoric Pueblo Use of Datura“ *El Palacio* 66 (5): 176–178

ZECH, Paul

1982 *Die grüne Flöte vom Rio Beni: Indianische Liebesgeschichten* Frankfurt/M.: Fischer

GLOSSAR

Abortativum	Mittel zur Einleitung eines Abortus (Fehlgeburt), Mittel zur Abtreibung oder Tötung der Leibesfrucht. Viele Zauberpflanzen, besonders die Halluzinogene, wirken als Abortativa und dürfen deshalb von Frauen nicht oder nur selten benutzt werden.
Androgynie	Die Verschmelzung weiblicher und männlicher Merkmale zu einer Einheit.
Antidot	Gegenmittel, Gegengift: Substanz, die der Giftwirkung entgegentritt, Gifte neutralisiert oder zerstört. Eine Reihe von Zauberpflanzen werden als universelle Antidote benutzt.
anthropomorph	menschengestaltig; bildliche Darstellungen, in denen menschliche Züge deutlich werden. Manche Zauberpflanzen bekommen ihre Kräfte durch eine anthropomorphe Gestalt.
Aphrodisiakum	Mittel, das das erotische Erleben, den sexuellen Trieb und die damit verbundenen körperlichen Genüsse steigert. Sehr viele Zauberpflanzen werden als Aphrodisiaka benutzt.
apotropäisch	böses oder negatives abweisend, bedrohliches abwendend. Viele Zauberpflanzen gelten als apotropäisch, wenn sie als Amulett benutzt oder getragen werden.
Dekokt	Ein Sud, der durch das Abkochen einer Heil- oder Zauberpflanze bereitet wird.
Diuretikum	Mittel, das den Harndrang steigert, bzw. die Nierentätigkeit anregt. Viele Zauberpflanzen wirken diuretisch.
Divination	Wahrsagerei oder Prophetie über ein göttliches Medium. Die Divination wird oft durch die Einnahme oder den Gebrauch von Zauberpflanzen durchgeführt.
Ejakulation	Samenerguß.
epiphytisch	auf anderen Pflanzen gedeihend, schmarotzend.
Halluzinogen	Mittel, das das Bewußtsein des Menschen für Visionen empfänglich macht; Mittel, das Halluzinationen (Erscheinungen) hervorruft. Die meisten Zauberpflanzen sind Halluzinogene.
hermetisch	der Zauberlehre des Hermes Trismegistos folgend.

ithyphallisch	bildliche Darstellung eines männlichen Wesens mit erigiertem Penis; solche Darstellungen gelten meist als apotropäisch.
Mazeration	Auszug einer Heil- oder Zauberpflanze mit kaltem Wasser oder einer anderen kalten Flüssigkeit.
Metabolismus	Stoffwechsel; chemische Veränderung eingenommener Substanzen durch die inneren Organe.
Nekromanten	Zauberer, die mit der Totenwelt oder mit den Seelen Verstorbener Kontakt aufnehmen. Oft werden dabei Zauberpflanzen benutzt.
psychedelisch	das Bewußtsein erweiternd, Visionen erzeugend. Die meisten Zauberpflanzen haben psychedelische Wirkungen.
östrogen	weibliches Sexualhormon. Einige Zauberpflanzen, die zum Liebes- oder Fruchtbarkeitszauber verwendet werden, haben östrogene Inhalts- und Wirkstoffe.
Panazee	wundersames Allheilmittel. Viele Zauberpflanzen gelten als Panazee.
psychoaktiv	die Psyche oder das Bewußtsein aktivierend; gewöhnlich unbewußte psychische Inhalte in das Bewußtsein hebend. Fast alle Zauberpflanzen wirken psychoaktiv.
psychotrop	die Psyche oder das Bewußtsein verändern. Psychotrope Wirkungen können psychedelisch, psychoaktiv, sedativ, aber auch betäubend oder verwirrend sein.
Rhizotom	Wurzelgräber. Meist gräbt der Rhizotom nach Zauberpflanzen und gerät dabei leicht in den Verdacht ein Hexer zu sein.
Sedativum	Beruhigungsmittel. Manche Zauberpflanzen haben sedative Wirkung.
Substituent	Ersatzmittel.
synergistisch	sich gegenseitig verstärkend; zwei Wirkungsrichtungen miteinander kombinieren, um eine neue Wirkung zu erreichen. Für Zaubertränke werden oft verschiedene Mittel kombiniert, weil ihre synergistische Wirkung erwünscht wird.
toxisch	giftig, giftig wirkend.

In gleicher Ausstattung sind lieferbar:

Christian Rätsch/Andreas Guhr

Lexikon der Zaubersteine

204 Seiten

ISBN 3-928127-06-3

Hans Schöpf

Fabeltiere

168 Seiten

ISBN 3-928127-04-7

Hans Schöpf

Zauberkräuter

176 Seiten

ISBN 3-928127-05-5